Geistes- und Sozialwissenschaften an der Universität von morgen

Mechthild Dreyer · Uwe Schmidt
Klaus Dicke (Hrsg.)

Geistes- und Sozialwissenschaften an der Universität von morgen

Innenansichten und Außenperspektiven

2. Auflage

Herausgeber
Mechthild Dreyer   Klaus Dicke
Universität Mainz, Deutschland   Universität Jena, Deutschland

Uwe Schmidt
Universität Mainz, Deutschland

ISBN 978-3-658-05516-5   ISBN 978-3-658-05517-2 (eBook)
DOI 10.1007/978-3-658-05517-2

Die Deutsche Nationalbibliothek verzeichnet diese Publikation in der Deutschen Nationalbibliografie; detaillierte bibliografische Daten sind im Internet über http://dnb.d-nb.de abrufbar.

Springer VS
© Springer Fachmedien Wiesbaden 2014
Das Werk einschließlich aller seiner Teile ist urheberrechtlich geschützt. Jede Verwertung, die nicht ausdrücklich vom Urheberrechtsgesetz zugelassen ist, bedarf der vorherigen Zustimmung des Verlags. Das gilt insbesondere für Vervielfältigungen, Bearbeitungen, Übersetzungen, Mikroverfilmungen und die Einspeicherung und Verarbeitung in elektronischen Systemen.

Die Wiedergabe von Gebrauchsnamen, Handelsnamen, Warenbezeichnungen usw. in diesem Werk berechtigt auch ohne besondere Kennzeichnung nicht zu der Annahme, dass solche Namen im Sinne der Warenzeichen- und Markenschutz-Gesetzgebung als frei zu betrachten wären und daher von jedermann benutzt werden dürften.

Gedruckt auf säurefreiem und chlorfrei gebleichtem Papier

Springer VS ist eine Marke von Springer DE. Springer DE ist Teil der Fachverlagsgruppe Springer Science+Business Media.
www.springer-vs.de

Inhalt

Mechthild Dreyer/Uwe Schmidt/Klaus Dicke
Einführung 7

Pauline Yu
The Travels and Travails of Scholarship Today 15

Ute Frietsch
Kulturwissenschaften als Plattform für eine Neukonzeption der
Geisteswissenschaften 29

Norbert Franz
Massenfächer und Orchideen. Die kleinen und großen kulturwissenschaftlichen Fächer an der Universität von morgen 43

Tassilo Schmitt
Massenfach und Orchidee – die Perspektive der kleinen Fächer 51

Katharina Bahlmann
Die Erneuerung der Geisteswissenschaften aus der Perspektive der kleinen Fächer 59

Georg Schmidt
Selbstverantwortlich und im Verbund. Zwölf Thesen zur Neujustierung der Forschungsförderung – nicht nur aus geisteswissenschaftlicher Sicht 75

Luise Schorn-Schütte
Von der Freiheit eines Wissenschaftlers zu kommunizieren. Verbundforschung in den Geistes- und Sozialwissenschaften 85

Caspar Hirschi
Potemkinsche Projekte 89

Stefan Hornbostel
Schisma oder Diversifikation. Das Verhältnis von Natur-, Sozial-
und Geisteswissenschaften 99

Hans Mathias Kepplinger
Die Geistes- und Sozialwissenschaften in den Medien 125

Karl-Heinz Kohl
Die kleinen Fächer und die Medien: Das Beispiel der Ethnologie 129

Matthias Kohring
Vom Regen in die Traufe? Medien und Medialisierung 137

Dorothea Rüland
Auch in Zukunft attraktiv? Die Geistes- und Sozialwissenschaften am
Studienstandort Deutschland 147

Abbildungsverzeichnis 165

Literaturverzeichnis 167

Autorinnen und Autoren 181

Einführung

Mechthild Dreyer/ Uwe Schmidt/ Klaus Dicke

Die vorliegende Publikation geht auf eine Tagung zurück, die am 1. und 2. März 2011 von der Johannes Gutenberg-Universität Mainz in Zusammenarbeit mit der Hochschulrektorenkonferenz durchgeführt worden ist.[1]

Sind die Geistes- und Sozialwissenschaften im Kontext deutscher Universitäten zukunftsfähig? Diese Frage ist weit davon entfernt, rein akademisch zu sein. Die aus den unterschiedlichsten Gründen härter werdende nationale und internationale Konkurrenz und die sich abzeichnende Verschlechterung ihrer finanziellen Ausstattung zwingen die Hochschulen im In- und Ausland immer mehr dazu, ihr Fächerangebot auf (ökonomische) Effizienz, nachhaltige gesellschaftliche Relevanz und Sichtbarkeit hin zu prüfen. Deutlich besser als die Geistes- und Sozialwissenschaften scheinen unter diesen Gesichtspunkten auf den ersten Blick die naturwissenschaftlichen, technischen und medizinischen Disziplinen abzuschneiden. Die gesamtgesellschaftliche Verwertbarkeit ihrer Forschungsergebnisse, ihre Tauglichkeit für die Verbesserung der menschlichen Lebensverhältnisse, ihre offenkundige Relevanz für den globalen Fortschritt und nicht zuletzt ihre wirkliche oder scheinbare mediale Präsenz lassen keinen Zweifel daran aufkommen, dass diese Fächer einen garantierten Platz in der Universität von morgen haben werden. Ihr außerordentlich gutes Abschneiden in den beiden Durchgängen der vom Bund und den Ländern getragenen Exzellenzinitiativen unterstreicht dies noch.

Anders dagegen die Geistes- und Sozialwissenschaften. Aufgrund der geringen Bedarfe für ihre Ausstattung in Lehre und Forschung sind sie zwar kostengünstige Wissenschaften, weshalb viele ihrer Fächer inzwischen zu Massenfächern mit gleichzeitig schlechten Betreuungsrelationen geworden sind. Ihr Drittmittelaufkommen ist jedoch in der Regel, nicht zuletzt aufgrund der deutlich gestiegenen Lehrbelastung, geringer als das der naturwissenschaftlichen und medizinischen Disziplinen. Dies wirkt sich auf die Möglichkeit der Förderung des eigenen wissenschaftlichen Nachwuchses negativ aus und scheint zugleich

---

[1] Die hier abgedruckten Beiträge folgen nicht der ursprünglichen Vortragsreihenfolge und sind zudem um Aufsätze ergänzt, die spezielle Aspekte der Tagung vertiefen.

auch die forscherische Exzellenz dieser Fächer in Frage zu stellen. Aus Sicht vieler Geistes- und Sozialwissenschaftler ist jedoch schon der derzeitige Ansatz der Drittmittelvergabe für ihre Fächer ein Problem. Denn hier wird in hohem Umfang Verbundforschung gefördert, die den naturwissenschaftlichen, technischen und medizinischen Disziplinen sehr entgegenkommt, während die eigene Forschung nach wie vor eher dem Format der Individualforschung folgt. Hinzu kommt, dass die mit klein- und kleinstdiziplinären Zusammenhängen gegebenen Probleme der Ressourcensicherung und der wirtschaftlichen Effizienz insbesondere in den Geisteswissenschaften von Bedeutung sind. Und schließlich stellt sich die Frage danach, ob und wie die Geistes- und Sozialwissenschaften die Berufsqualifizierung ihrer Studierenden (*employability*) garantieren können und ob ihre Forschungsergebnisse gesamtgesellschaftlich überhaupt nutzbar sind.

Dass diese Skizze von der landläufigen Wahrnehmung einer mangelnden Zukunftsfähigkeit der Geistes- und Sozialwissenschaften doch zu holzschnittartig ist, um tragfähige Aussagen zu machen, zeigen die vorliegenden Beiträge, in denen sich Wissenschaftlerinnen und Wissenschaftler aus verschiedenen Perspektiven mit der Leitfrage befassen.

Pauline Yu konstatiert im Blick auf die aktuelle Situation der Hochschulen in den USA wie in Europa, dass ihre Situation gleichermaßen verheißungsvoll wie gefährdet ist. Einerseits hängt der wissenschaftliche und kulturelle Fortschritt einer Gesellschaft an der nachhaltigen Unterstützung und Weiterentwicklung ihrer Hochschulen. Andererseits gefährdet die finanzielle Situation vieler Länder gerade diese Unterstützung und Weiterentwicklung. Dass davon insbesondere die Geisteswissenschaften bedroht sind, verwundert nicht, wenn man bedenkt, dass sie vielerorts nur unter dem Aspekt der Bildung betrachtet werden, Bildung aber zugleich zur Privatsache des Einzelnen erklärt wird. Dem hält Pauline Yu entgegen – und sie sieht sich hier durch die Entwicklung der amerikanischen Gesellschaft in und nach dem Zweiten Weltkrieg bestätigt –, dass allen Wissenschaften eine zentrale kulturelle Funktion zukommt, und dass es gerade dank der Geisteswissenschaften möglich war und ist, den nationalen wie internationalen kulturellen Herausforderungen zu begegnen. Die „well balanced university" könne nicht ohne die Weiterentwicklung der Geistes- und Sozialwissenschaften auskommen, ja die humanitäre Bildung, die in ihren Disziplinen vermittelt werde, ihre Deutungsmacht und ihr forschender Habitus seien das Herzstück einer Hochschule in der globalen Welt.

Ute Frietsch schildert in ihrem Aufsatz den bis in die 1980er Jahre zurückreichenden Prozess innerhalb der deutschen Hochschullandschaft, die Zukunftsfähigkeit der Geisteswissenschaften durch eine institutionelle Überführung in Kulturwissenschaften zu sichern. Sie spricht sich dafür aus, in diesem noch andauernden Prozess auch die Frage der gesellschaftlichen Plausibilisierung von Wissenschaft in den Blick zu nehmen und die Universität als Betrieb und die kulturwissenschaftliche Tätigkeit als konkrete Berufstätigkeit zu verstehen.

Wenn man nach der Zukunft der Geistes- und Sozialwissenschaften fragt, kommen unweigerlich auch die sogenannten kleinen Fächer in den Blick, die es zwar auch unter den naturwissenschaftlichen Disziplinen gibt, die ihre eigentliche Ausprägung und Tradition aber in den Geisteswissenschaften haben. Drei Beiträge des vorliegenden Bandes befassen sich mit dieser Disziplinengruppe.

Norbert Franz vertritt die These, dass an der Hochschule von morgen die Kulturwissenschaften eine große Rolle spielen werden. Diesen Gedanken als Prämisse voraussetzend, zeigt er in seinem Beitrag auf, welche Aspekte bei der Gestaltung der Bachelor- und Masterstudiengänge Berücksichtigung finden müssen, um die sogenannten großen und kleinen kulturwissenschaftlichen Fächer weiterentwickeln und zukunftsfähig machen zu können.

Die neuen Bachelor- und Masterstudiengänge sind es auch, die **Tassilo Schmitt** in den Blick nimmt, wenn er seine Vorschläge zum Schutz und zum Gedeihen der sogenannten kleinen Fächer macht. Denn nach seiner Auffassung sind es nicht die derzeitigen Forschungsbedingungen, sondern die Bedingungen der Lehre, hier vor allem die Studienorganisationsvorgaben und die Kapazitätsverordnungen, die für viele der sogenannten kleinen Fächer zum gravierenden Hindernis werden, wenn es um die Sicherung der fachlichen Identität geht. Dass die kleinen Fächer ein schützenswertes Gut der deutschen Universitäten sind, steht für Schmitt außer Frage. Denn in der Vergangenheit ebenso wie in der Gegenwart verdankten die Hochschulen gerade diesen Fächern wichtige Möglichkeiten zu ihrer Profilierung und internationalen Sichtbarkeit.

Diese Einschätzung teilt auch **Katharina Bahlmann**. Ihr Beitrag beleuchtet zwar auch das Thema der Zukunft der Universitäten und die Bedeutung der kleinen Fächer für diese, allerdings macht sie auf einen anderen Aspekt aufmerksam. Sie geht von der Prämisse aus, dass diese Disziplinen weniger als eine Besonderheit des deutschen Universitätssystems, sondern als ein spezifisch geisteswissenschaftliches Phänomen eingestuft werden müssen. Daraus ergibt sich für sie die Frage, ob nicht diese Disziplinen es ermöglichen, die spezifische Entwicklungslogik und Kultur der Geisteswissenschaften besser zu verstehen. Der Beitrag selbst klärt diese Frage nicht, zeigt aber auf, dass die heute gängigen Modelle zur Deutung der Entwicklung der Geisteswissenschaften Defizite aufzeigen, die es nahelegen, einen anderen Zugang zu suchen.

Mit der Forschungsförderung der Geisteswissenschaften, insbesondere mit der Bedeutung der Verbundförderung für diese Disziplinen befassen sich die Aufsätze von Georg Schmidt, Luise Schorn-Schütte und Caspar Hirschi.

Georg Schmidt betont im Rahmen seiner „Zwölf Thesen zur Neujustierung der Verbundforschung (...)", dass die oftmals proklamierte Entgegensetzung von Einzel- und Verbundforschung in den Geisteswissenschaften wenig zielführend ist. Auch wenn diese Disziplinen traditionell den einzelnen verantwortlichen Verfasser kennen, so kommt doch die Forschungstätigkeit des Geisteswissenschaftlers nicht ohne den Diskurs und die Vernetzung mit anderen Wissenschaftlern aus. Gerade in der interdisziplinären Vernetzung, insbesondere mit den Naturwissenschaften, liegen große Potentiale für die Geisteswissenschaften, die deutlich mehr als bislang genutzt werden sollten. Zugleich aber plädiert Schmidt angesichts derzeit bestehender gravierender Probleme im Umfeld der Drittmittelförderung für einen radikalen Systemwechsel.

Luise Schorn-Schütte folgt Schmidt in seiner Einschätzung der Bedeutung der Verbundforschung für die Geistes- und Sozialwissenschaften, stellt aber zugleich heraus, dass es entsprechend den verschiedenen methodischen Wegen auch unterschiedliche Institutionalisierungen von Wissensformen geben muss: Einzelforschung steht gleichberechtigt neben Verbundforschung und ist wie diese zu fördern.

Auch für **Caspar Hirschi** trägt eine Debatte um die Vor- oder Nachteile von Verbundforschung an sich in den Geisteswissenschaften in der Sache nichts aus. Seine Kritik richtet sich vielmehr auf eine bestimmte Form dieser Forschungsorganisation, die der Sonderforschungsbereiche und Exzellenzcluster. Seiner Meinung nach ist die Bereitschaft deutscher Geisteswissenschaftler, ihre Forschung in diesen beiden Formen zu organisieren, letztlich rein extrinsisch motiviert. Was aber für Hirschi noch deutlich negativer zu Buche schlägt, weil es sich letztlich gegen die Geisteswissenschaften selbst richtet, sind die Folgen, die sich aus der Organisation geisteswissenschaftlicher Forschung in Clustern und SFBs ergeben. Die für ihn gravierendste ist die (unkontrollierte) übermäßige Steigerung der Zahl von Nachwuchswissenschaftlerinnen und -wissenschaftlern, weil diese kaum eine Chance haben, dauerhaft an den Hochschulen des Landes zu bleiben.

Thematisieren mit Ausnahme der Überlegungen von Pauline Yu die bisher vorgestellten Aufsätze die Zukunft der Geistes- und Sozialwissenschaften an der Universität von morgen gleichsam aus der Innenperspektive, folgt nun der Blick von außen auf diese Disziplinen.
    Wer diese Perspektive einnimmt, stößt unweigerlich auf das beinahe schon zur Tradition gewordene Spannungsverhältnis zu den Naturwissenschaften.

Denn die Etablierung der Geisteswissenschaften im 19. Jahrhundert war auf das Engste mit dem Streit um ihren Wissenschaftscharakter verknüpft: Sind diese Disziplinen überhaupt Wissenschaften, wie dies die Naturwissenschaften zweifelsfrei sind? Der in diesem historischen Kontext immer wieder erhobene Anspruch der Geisteswissenschaften, gleichwertige und zugleich andersartige Wissenschaften zu sein, scheint bis heute ihr Selbstverständnis mit zu bestimmen.

Stefan Hornbostel stellt in seinem breit angelegten Beitrag unter dem Obertitel „Schisma oder Diversifikation" diese Selbstabgrenzung der Geistes- von den Naturwissenschaften im Ausgang von der historischen Debatte auf den Prüfstand. Anhand der Aspekte ‚Kooperation und Arbeitsteilung', ‚Drittmittel', Nachwuchs und Karriere' sowie ‚Governance und Performanzindikatoren' untersucht er, wie es um die Andersartigkeit der Geisteswissenschaften gegenüber den Naturwissenschaften bestellt ist.

Eine der wichtigsten Außenperspektiven für die Geistes- und Sozialwissenschaften bieten die Medien. Dass Wissenschaftskommunikation Wissenschaft fördern, aber in ihrer Arbeit auch beeinträchtigen kann, dass der Weg von der Medienberichterstattung über Wissenschaften zur ihrer Mediatisierung kurz ist, dies und anderes thematisieren die folgenden drei Beiträge. **Hans Mathias Kepplinger** eröffnet die Reihe mit einigen grundsätzlichen Überlegungen zum Thema. Er zeigt auf, dass die Analyse von Wissenschaftskommunikation voraussetzungsreich ist und nur dann tragfähige Ergebnisse hervorbringt, wenn sie theoretisch und methodisch differenziert betrieben wird.

Am Beispiel der Geschichte der Ethnologie zeigt **Karl-Heinz Kohl** zunächst, welche Bedeutung die Öffentlichkeit für die Entwicklung einer wissenschaftlichen Disziplin haben kann, um im Anschluss daran auf die nicht zu unterschätzende Bedeutung von Medienpräsenz für die Geistes- und Sozialwissenschaften hinzuweisen, die deutlich über die der Naturwissenschaften und Medizin hinausreiche. Georg Francks Begriff der Ökonomie der Aufmerksamkeit aufgreifend vertritt er die These, dass auch (oder gerade?) die Berichterstattung der Medien mit über die Zukunft insbesondere der sogenannten kleinen Fächer entscheide.

Matthias Kohring schließlich widmet sich in seinem Beitrag in einem ersten Schritt dem Spannungsverhältnis zwischen Wissenschaft und Journalismus, das aus dem Umstand herrühre, dass die Berichterstattung über Wissenschaft sich primär an den Interessen und Bedürfnissen der Medienpublika und erst nachgeordnet an den Gegebenheiten von Wissenschaft orientiert. Im zweiten Teil befasst er sich mit der in den letzten Jahren deutlich zunehmenden Tendenz der Wissenschaft, sich im Sinne einer „Selbstmediatisierung" aktiv an den Regeln öffentlicher Aufmerksamkeit auszurichten.

Der letzte Aufsatz des vorliegenden Bandes schließt in gewisser Weise den argumentativen Kreis zum Eröffnungsbeitrag. Wurde hier im Blick auf die Vereinigten Staaten den Geistes- und Sozialwissenschaften attestiert, dass es gerade ihnen möglich war und ist, nationalen wie internationalen kulturellen Herausforderungen zu begegnen, geht **Dorothea Rüland** in ihrem Beitrag drei Fragen nach: „Braucht die globalisierte Welt Kulturwissenschaften?"; „Sind die deutschen Kulturwissenschaften international nachgefragt?"; und schließlich „Wie können wir die Attraktivität der Kulturwissenschaften sichern?"

Ohne einer detaillierten Auseinandersetzung mit den einzelnen Beiträge vorgreifen zu wollen, wird man doch als erstes Fazit festhalten müssen: Die Situation der Geistes- und Sozialwissenschaften ist viel differenzierter zu betrachten, als dass die eingangs skizzierte landläufige Einschätzung so zutreffen könnte. In einer globalisierten Welt sind gerade die Forschungsergebnisse der Geistes- und Sozialwissenschaften von gesamtgesellschaftlicher Relevanz, nicht zuletzt weil sie ein Verstehen der Vielfalt der aufeinandertreffenden Kulturen ermöglichen und damit die Grundlage zu einem friedlichen Zusammenleben der Menschen bilden. Aus der Außenperspektive gesehen verfügen die Geistes- und Sozialwissenschaften – möglicherweise nicht zuletzt aufgrund ihrer kulturerschließenden Funktion – zudem über eine große mediale Präsenz. So hat die quantitative Medienforschung der letzten Jahre gezeigt, dass die Geistes- und Sozial-, nicht aber die Naturwissenschaften die höchste Sichtbarkeit haben. Und was noch verwunderlicher ist: Die sogenannten Orchideenfächer liegen an der Spitze medialer Aufmerksamkeit und wissen – wie das Beispiel der Ethnologie deutlich macht – diese Aufmerksamkeit sogar bewusst zu inszenieren. Auch das Vorurteil, ein Studium der Geistes- und Sozialwissenschaften erfolge im Elfenbeinturm, fern ab von jeder beruflichen Wirklichkeit, findet in der Außenperspektive keine Bestätigung. Stellvertretend für andere Bereiche kann für den Fernsehjournalismus nachgewiesen werden, dass ein Studium dieser Fächer durchaus das für den Beruf notwendige Wissen sowie die passenden Kompetenzen vermittelt.

Nimmt man die Innen- oder Binnenperspektive der Geistes- und Sozialwissenschaften ein, so ist – wie die Beiträge zeigen – deutlicher Widerspruch gegen die These zu hören, dass die Existenz als geisteswissenschaftliches Massenfach forscherische Exzellenz ausschließt. Dass die Verbundforschung, wie sie die Naturwissenschaften und die Medizin vorbildlich ausgebildet haben, in den Geistes- und Sozialwissenschaften nicht das Maß aller Dinge darstellt, sondern dass auch die Einzelforschung hier immer noch zu herausragenden Ergebnissen führt, wird nachdrücklich betont.

Dass dennoch in diesen Fächern nicht alles so bleiben kann wie bisher, dass gerade in der geistes- und sozialwissenschaftlichen Forschung auch ein Umdenken notwendig ist, um in Zukunft neben den Naturwissenschaften bestehen zu

Einführung

können, zeigt der vorliegende Band u.a. mit dem Beitrag von Stefan Hornbostel, der die jüngsten Ergebnisse der soziologischen Wissenschaftsforschung vorstellt. Die weltweite Vernetzung der Naturwissenschaften, ihre ausgeprägte Verbundforschung und die umfangreichen Forschungskooperationen lassen ihre Disziplinen deutlich besser dastehen als die Sozial-, erst recht aber als die Geisteswissenschaften. Gerade der immer noch sehr hohe Anteil der Individualforschung, einher gehend mit der geringen Neigung zur Interdisziplinarität, verhindert nationale wie internationale Sichtbarkeit. Daraus kann jedoch nicht gefolgert werden, dass die Geistes- und Sozialwissenschaften in der nationalen Forschungsförderung benachteiligt sind. Auch wenn sie in den beiden Runden der vom Bund und den Ländern finanzierten Exzellenzinitiative schlecht abgeschnitten haben mögen, so werden sie – gemessen an der Zahl ihrer Anträge – in der regulären Förderung dennoch in vergleichbarem Umfang unterstützt wie die Naturwissenschaften. Allerdings stellen deren Vertreter dreimal so viele Anträge wie jene der Geistes- und Sozialwissenschaften.

Die gesellschaftliche Relevanz der Geistes- und Sozialwissenschaften in einer globalisierten Welt wird ihnen auch in der Universität der Zukunft neben den naturwissenschaftlichen, medizinischen und technischen Fächern einen Platz sichern. Möglicherweise sind es gerade die Ergebnisse und Erfolge naturwissenschaftlicher, lebenswissenschaftlicher und medizinischer Forschung, die diesen Platz absichern. Hermann Lübbe hat kürzlich darauf hingewiesen, dass erstens gerade „die moderne wissenschaftlich-technische Zivilisation (…) eine sich selbst historisierende Zivilisation" sei und sich zudem die Zahl der Jahre verringere, „über die hinweg Museumsreife erlangt wird", und dass zweitens der „Herausforderungscharakter der Nutzungsmöglichkeiten anwendungsfähigen Wissens politische Konsequenzen" hervorbringe, die nach Orientierungswissen verlangen und insoweit die Besorgnisse über die Zukunftsfähigkeit der Geisteswissenschaften „gegenstandslos" seien.[2] Den damit benannten Herausforderungen müssen sich die Geistes- und Sozialwissenschaften stellen.

---

[2] Hermann Lübbe: Hochschulen in der Demokratie. Zukunftsfähige Gesellschaft und ausdifferenzierte Wissenschaft. In: Die Politische Meinung 517 (2012), S. 13–18.

The Travels and Travails of Scholarship Today

Pauline Yu

I am much honored to address this conference and wish to thank President Krausch for his kind invitation to do so. It is a privilege to be visiting for the first time Johannes Gutenberg University, which is so ably led by President Krausch and his team. I also want to thank Vice Dean Alfred Hornung for his help in setting this program. As a scholar of American studies, he knows, I am sure, that for many years my organization, the American Council of Learned Societies (ACLS), and the Deutsche Gesellschaft für Amerikastudien provided valuable opportunities for young German Americanists to carry out research in the United States. Prof. Dr. Hornung has been a principal in establishing a number of other exchange programs, including one that brought a young Mainz PhD, Dr. Nicole Stahlmann, to the United States and eventually to the ACLS, where she is now the Director of Fellowship Programs, overseeing the award of more than $15 million in fellowship stipends this year. Nicole is a valued colleague, and I want to thank the university and Dr. Hornung for preparing her so well for her considerable responsibilities.

It's a special pleasure for me to be speaking to you today because I, too, was part of the transatlantic traffic between Germany and the United States, albeit in the other direction and many decades ago, while an undergraduate at Harvard University. I had decided to major in modern French and German history and literature but did not have sufficient German to undertake the coursework. Since Harvard at the time did not have any programs for study abroad (how could anyone, after all, obtain a better education than in Cambridge, Massachusetts?!), my only option was to take a year's leave of absence. My German instructor urged me to go, as he had, to the Freie Universität in West Berlin, which seemed like a fine idea. This was the fall of 1968. Some of you may remember what things were like at European universities that year. By January everyone was on strike. I didn't end up taking many classes, but I certainly had a very interesting year and left Germany hopeful to sustain the interests and connections kindled during my stay. I was therefore delighted to accept your kind invitation to speak today.

Today I bring you greetings from "the margins"—the margins of higher education policy and funding. That is where one of the most prominent online academic news sources recently located the humanities and social sciences. On

February 18, 2011, *Inside Higher Education*—a solid and reliable web-based journal—carried a report on the formation of a new national Commission on the Humanities and Social Sciences, which it described as an effort to put those fields "on an equal footing on the public agenda with science, technology, engineering and mathematics." The story was headlined "Yanked from the Margins," as if such a location were appropriate to denote our beleaguered fields.

I am pleased to be a member of this Commission, and we have a challenging task ahead, for while the humanities and social sciences are unquestionably central to the intellectual vitality of the university, these domains—the humanities especially — have suffered in current American national policy deliberations. Let me give you an example. You may know that President Obama is a former university law professor and an accomplished, articulate author who—unusually for an American politician — actually writes the books that bear his name. Our president is a forceful advocate of education and research. In his January 2011 State of the Union message, he called for the US to "out-innovate, out-educate, and out-build the rest of the world" in order to "win the future." You might predict, therefore, that the president would include the National Endowment for the Humanities among those research and education agencies exempt from the reductions applied to what is considered "discretionary spending." You would be wrong to do so. It is an unambiguous comment on public appreciation of the humanities that President Obama's proposed budget seeks an increase of 13% in the appropriation for the National Science Foundation, which funds the natural sciences, yet seeks to cut the funding of the National Endowment for the Humanities by the same percentage. This approach would be unbalanced if the agencies were funded equally to begin with, but they most assuredly are not: in Fiscal Year 2010, the last year for which there was a Congressional appropriation, the NSF received $6.9 billion and the NEH but $140 million. And this is the position of the Democratic administration, which generally supports the humanities. A substantial fraction of Congressional Republicans have proposed to abolish the Humanities Endowment altogether. One understands the sense of marginality.[3]

This is a matter of some moment to me, for the organization I represent is the leading representative of humanities scholarship in the United States. The American Council of Learned Societies (ACLS) is a federation of 71 learned societies whose membership ranges from just under 500 to well over 30,000 working scholars. Our mission is to advance humanistic studies in all fields of the humanities and social sciences and to strengthen relations among national organizations dedicated to those studies. We do this principally through a wide

---

[3] Fall 2011 update. The outlook for federal funding of humanities scholarship has worsened since this address was delivered. The legislative process has been particularly chaotic for the last few months, but the most likely appropriation to pass the House of Representatives will put NEH funding, when adjusted for inflation, at the lowest level in 40 years. Proposals to reduce funding further or to abolish the agency altogether are continually proposed.

The Travels and Travails of Scholarship Today

range of fellowship programs and through strategic initiatives addressing key issues in such topics as international studies and scholarly communication. We see a porous boundary between the humanities and the social sciences, so when I speak of the humanities, I hope you'll understand that I include the social sciences as well. ACLS was founded in 1919 to represent the United States in international academic circles, so it is especially appropriate that I have the opportunity to address you today.

Today's sense of marginalization is not new. In 1930, Abraham Flexner, a prominent educational reformer, wrote that "with the quick march of science, philosophy and humanism have gone under a cloud; when they assert themselves, they are prone to do so apologetically."[4] This afternoon I will not apologize when asserting the value of the humanities, for I believe that they are intellectually central to the university, even if they are too often to be found at its fiscal periphery. And that periphery is a dangerous place to be in times of fiscal stress. The difficult position of NEH is only the leading edge — should I say "bleeding edge"? — of the budgetary axe. Our major disciplinary associations report a desperate job market for new PhDs, and even employed scholars worry about their programs being closed and their tenure abolished.

The travails of the humanities and related social sciences in higher education in the United States are but one aspect of a larger set of anxieties about the future of the American university. "The American model [of the university] is beginning to creak and groan," says James Duderstadt, the president emeritus of the University of Michigan.[5] Fifty years after the 1960 California Master Plan framed what became the world's finest public university system, many academic leaders feel, as the president of Arizona State University, Michael Crow, put it, that "You have to rethink everything, every aspect of the university."[6] Critiques have been launched from every direction. If there is, as we are so often told, a crisis in scholarly publishing, that problem does not seem to extend to the burgeoning set of publications about the crisis of scholarship and the university. These volumes have no consistent point of view, but they do present scoundrels aplenty: rapacious, short-sighted, unprincipled university administrators willing to sell out to the market Zeitgeist; cosseted, self-satisfied and aloof tenure-track faculty unwilling even to acknowledge their privilege as adjuncts do ever more teaching; capitalists who seek to undermine any independent voice that might question their hegemony.

In these books, we often find a longing for the academic Eden of the mid-

---

[4] Abraham Flexner: Universities: American, English, German. New York 1930, p. 20.
[5] Karin Fischer/Ian Wilhelm: Experts Ponder the Future of the American University. In: The Chronicle of Higher Education, June 21, 2010.
[6] Kathryn Masterson: College Leaders Share Ideas for 'Reinventing' Higher Education to Meet New Needs. In: The Chronicle of Higher Education, October 4, 2010.

twentieth century. In the past forty years, US universities and colleges have undertaken many expedients and adjustments aimed at restoring the conditions of the golden age after World War II, when funding, enrollments, and public support were all on the increase. As government support has declined, better-off parents in the US will pay higher tuition rates. Double-digit endowment returns will fund plant and program expansion. Better-off parents around the world, it is now discovered, will pay higher tuition rates. Increased use of contingent faculty could aid budgetary adjustments. But now, many agree that these expedients have been exhausted. These buttresses to the extant business model can no longer contain the model's internal strains.

While the particularities of this story are specific to the US, I am sure that its message is not unfamiliar to you. Today, in the US, the UK, in Germany and elsewhere in Europe, pressures on public finance are disrupting extant models of university operation as well as the fundamental compact between the university and society. We are in a time of both promise and peril for higher education. There is promise in the worldwide growth in higher education, growth that responds to increased demand grounded in the recognition that the knowledge economy of the twenty-first century rewards education and expertise. As I will discuss, there has always been a global transmission, adaptation, and retransmission of academic ideals and paradigms of university systems. What is notably different now is the presence of a new class of actors: first, a global student body with the means and mobility to reward educational excellence; and second, a widened and intensified arena of institutional competition. All ambitious university leaders aspire for their institutions to rise in global rankings.

The peril of this moment is that as policy-makers and educational leaders respond to budgetary pressures, it seems as if we are working out a new relationship between the state and the university, one in which market memes dominate the discussion and higher education is conceived of more as a commodity than as a community. The concept of education then becomes interchangeable simply with "workforce preparation" or "training."

This shifting conceptual framework holds particular perils for the humanities. These fields were at the core of the university as it emerged in early modern Europe, but are now but a fraction of the academic enterprise. And they are a poorly understood and underappreciated fraction. The demands of global economic competition and global competition among universities and university systems, it is suggested, demand efficiencies that cannot accommodate an educational domain of small fields of study with no apparent economic pay-off.

The international travels of university ideals and models have been a great engine of scientific and cultural progress. The challenge going forward will be to articulate and exemplify the ideals of the twenty-first century global university, ideals that must be grounded in an academic vision that encompasses but is not subsumed by market dynamics. Indeed, if we look at the history of that transit, we see that the humanities have been integral to the university's role as a knowledge-bearing institution, as an incubator of innovation, and as an essential repository of intellectual freedom. We must keep this centrality in our sights.

How has the interplay between national and transnational forces shaped the contemporary university? My exploration of this question shall pay special attention to the current travails of the humanities in American academia.

At the moment, the loudest themes being played in the symphony of American higher education are the insistent drumbeat of financial crisis and the clanging cymbals of political conflict. The economic meltdown of 2008 destroyed a considerable amount of the endowment wealth supporting private universities and accelerated the long-term decline in government support of higher education, a decline affecting all sectors of our system but particularly devastating to public universities. Until 2008, the secular decline in revenue from the federal and state governments was made up by increased contributions from tuition-payers — parents and students — and faculty. The faculty bearing this burden are not those fortunate enough to be tenured professors or at least on the tenure-track, but the growing ranks of "contingent faculty," adjunct faculty hired to teach for a contracted term at lower cost and without the possibility of a permanent position or the expectation of producing research.

In 1970 faculty members in part-time positions represented only 22.0% of all faculty members teaching in US colleges and universities; in 2007 they represented 48.7%. Of faculty members who are fulltime, well over a third does not have access to tenure. When graduate teaching assistants are included in the calculations, barely one-quarter of the instructional staff are full-time and have access to tenure. This shift toward a more contingent workforce is occurring at all types of institutions in both the public and private sectors.[7]

Contingent faculty cannot uphold the ideal of the scholar-teacher, a conception that lies at the heart of the research university as an institution that both creates and transmits knowledge. This paradigm — so deeply assumed that it is often implicit — posits that the scholar-teacher whose intellectual horizons are broadened by research can best educate students in the liberal arts, broadening their intellectual horizons and inculcating in them the same habits of lifelong critical inquiry practiced by the scholar-teacher. Reacting to the fiscal crisis, some universities and several state legislatures are moving to increase teaching loads and reduce or eliminate faculty sabbaticals and research leaves, thereby reducing opportunities for scholarly discovery. American higher education's growing reliance on a part-time, poorly paid academic workforce undermines the

---

[7] Modern Language Association of America (Hg.): Issue Brief: The Academic Workforce, http://www.mla.org/pdf/awak_issuebrief09.pdf.

ideal of the scholar-teacher more effectively than the broadsides of those critics I mentioned earlier who see research simply as faculty feather-bedding. There are no easy solutions to this issue. It is like the national debt. It took a long time to get to this point, and it will take years to unwind from it, but you must start by recognizing the problem.

For the past two years, ACLS has made a modest intervention into the employment patterns of the academic humanities. After the 2008 economic meltdown, many new PhDs confronted a "jobless market," as colleges and universities cut back on hiring. A generous grant from the Andrew W. Mellon Foundation helped us confront this situation of market failure, by developing a "mini-market" for placing the most promising young humanists, selected in rigorous, national, peer-reviewed competition, in two-year positions at our leading colleges and universities. The participating institutions paid some of the cost of these positions, but the subsidy provided by ACLS and Mellon allowed them to hire excellent scholar-teachers into positions that allowed for classroom experience, research and professional development. We have found that a growing interval between receiving a PhD degree and beginning a tenure-track position is becoming a common stage in the academic career-path in the humanities, as it has long been in the sciences. In the coming years, we will be working with our partner institutions to see how we can structure this post-doctoral "space" in the most constructive way possible.

Another space that is opening up is the gap in financial capacity between our public and private universities. Thirty years ago, a newly-tenured professor at, say, the University of Illinois had the same salary as one at the University of Chicago, and there was similar parity between the University of Texas and nearby Rice University. But today, faculty at private universities out-earn their public colleagues by 20%.[8] That difference often extends to research support, graduate student aid, library acquisitions and other critical elements of the scholarly infrastructure. The secular decline in public support for higher education is overdetermined by many causes, including a generalized economic weakness, tax aversion, and misconceptions about public investment in education. UC Berkeley professor David Hollinger, one of the foremost US intellectual historians, was moved last year to ask, painfully, if Berkeley can continue to be both "really public" and "really good."[9] There is no doubt that the eroding position of public universities raises serious concerns of educational equity.

The fault line between the public and private realm is an ideological contest as well as an institutional divide. Much of the current policy discourse in the US

---

[8] Peter Orszag: A Health Care Plan for College. In: New York Times, September 18, 2010.
[9] David A. Hollinger: Being Really Good vs. Being Really Public: Is This Our Choice?. In: Doreen B. Townsend Center for the Humanities. April 2010, http://townsendcenter.berkeley.edu/point_of_view_Hollinger.shtml.

treats higher education as a private good, as a means of individual career advancement, and not, as in the past, as a public good—as the means by which society makes a collective investment in human capital, an investment that will bring returns to the whole society, not the least of which is the assurance that a broad swath of the population has opportunities for social mobility. How far will this conceptual shift proceed?

"In tough times, the humanities must justify their worth," asserted a headline two years ago in the *New York Times*.[10] If the chief aim of both national educational policy and the individual student's enrollment is economic competitiveness, then the humanities are too easily caricatured as vestigial, what you would call *Orchideenfächer,* luxuries that have become unaffordable and expendable in a fiscal crisis. Should a hard-pressed university reduce instruction in foreign languages or in science, technology, engineering and medicine? The president of the State University of New York at Albany answered that question by announcing that his university would end admissions to programs in French, Italian, Russian and classics. Tenured faculty teaching in those programs were told that their positions would be terminated in two years.

For a research university to take such action is indeed dramatic and may have been intended exactly for that effect, for the New York state university system is seeking authority to raise its own tuition as the state government reduces its support. But language instruction, one of the humanities' key curricular building blocks, has been declining across a wide range of American institutions even as student interest in learning languages has surged, displaced in many cases by programs that promise to fit students into specific occupational categories by offering courses in accounting, business management or health care delivery.

This is an unwise approach, for the capacities of the humanities and related social sciences are ever more necessary in an interconnected world where individuals and cultures brush up against each other, interact, and recombine. As the sociologist Nancy Ruther pointed out in a 2003 conference on international education, "Higher education is an aquifer not a spigot."[11] Building on this point, the former president of the Modern Language Association, Mary Louis Pratt, writes that universities "cannot be built in response to immediate needs, as the spigot someone can turn on for the expertise they need at the moment...[but] should be conceived as a deep reserve, built up slowly and sustained over the long term, on the assumption that though specific needs will arise, they cannot be anticipated." Understanding the rest of the world takes time and commitment: "Deep knowledge of particular parts of the world cannot be produced overnight. It has

---

[10] February 24, 2009.
[11] The International and Foreign Language Human Capital Challenge of the U.S. Federal Government. In: Duke University Conference, January 23-25, 2003, p. 33, http://ducis.jhfc.duke.edu/archives/globalchallenges/pdf/ruther.pdf.

to be built up over years, supported through real relationships with people and institutions abroad, passed along, invested in, and valued independent of the contingencies, fears, and passions of a moment."[12] This is why no understanding of the globalizing world can be achieved without a sustained commitment to humanistic study.

Our scholars themselves understand this well. One of the great intellectual shifts in the humanities and related social sciences in the US in the past half century has been the movement of research on different world areas from the periphery of these fields to the center. Since the 1920s, ACLS has nurtured work in specialized international programs, but now upwards of 40% of the awards in our central research competitions concern the study of cultures and societies outside North America, Europe, and the ancient Mediterranean — cultures, that is, that were once studied principally within the framework of exotic "area studies" and thus outside of what was considered the mainstream of academia. Within this wealth of projects, we have also seen a recent surge of interest in exploring how countries with mixed ethnic, racial, and religious populations have flourished, as well as how trade and commerce have exerted a cultural, as well as economic, impact.

Another promising area for the humanities is the terrain opened up by innovations in information technologies. In 2006, our program in the digital humanities awarded Todd Presner, professor of Germanic languages and literatures at the University of California, Los Angeles, a grant for "Hypermedia Berlin," which is "an interactive, Web-based research platform and collaborative authoring environment for analyzing the cultural, architectural, and urban history of a city space." Its fully annotated digital maps interlink "hotspots" at hundreds of key regions, structures, and streets over Berlin's nearly 800-year history, integrating cultural and urban history with the spatial analyses and modeling tools used by geographers. Earlier this year, Presner and his colleagues responded to the dramatic events on the Nile by creating "HyperCities Egypt," a digital map of Cairo that locates and archives tweets from the uprising, bringing Egyptian voices to the rest of the world while also preserving them for the future.

Presner explains: "We wanted the world to be able to hear these voices coming out of Egypt since they add a very different perspective and dimension when compared to traditional broadcast media. To date, we have archived and mapped more than 300,000 tweets coming out of Egypt since the project began. These are searchable and can be studied by scholars interested in understanding the roles that social media played in documenting and fomenting the revolution in Egypt. At the project's core are values central to the next wave of digital hu-

---

[12] Mary Louise Pratt: The Archive and the Aquifer (President's Column). In: Modern Language Association Newsletter 35,4 (Winter 2003), p. 3.

manities: harnessing new technologies to expand the global public sphere, animating the archive in new ways, and using technologies to increase the purview, relevance, and importance of the humanities in the world."[13]

Philip Lewis, vice president of the Andrew W. Mellon Foundation, believes that higher education is "too big and too important to fail," and will perforce make adjustments to the pressures about it.[14] Universities are complex, sprawling institutions and systems of tertiary education exponentially even more intricate. How do education leaders navigate in these difficult times? If competition among universities were driven not by values mediated by economic markets, but instead by the proven values of the academic market, then we would have a contest that does not conclude with a zero-sum result but instead enriches all by enlarging the global community that creates, preserves, and transmits knowledge. The history of higher education as an international system gives ample evidence of this result. Let me now glimpse briefly into that history.

I already have noted the present crisis of the University of California, but now I would recall the hopeful moment of its founding in 1872, for we see in the inaugural address of its first president, Daniel C. Gilman, the charismatic power of transnational university ideals, ideals that were to be borrowed to a considerable degree from Germany. Gilman is a notable figure in the history of the American university, for after a short term in California, he inaugurated another paradigmatic institution: The Johns Hopkins University.

There is much that is quaint, even antique, in the address delivered at the California inaugural, but it is striking that 139 years ago, President Gilman identified two dynamics that have powered the University's ascendancy. First, Gilman asserted, there were worldwide standards for university education. Individual institutions were not isolated cities on distant hills but part of an interrelated system in which universities improved through emulation and competition. "During the last few years great changes have been made in the higher educational system of this and other lands," the new president noted. "Everywhere among enlightened people, universities in their most comprehensive scope are...receiving impulses which are as credible to the spirit of the age as they are hopeful for the ages yet to come." The challenge for California, he proposed, was to join that system. "In the [r]ace for the encouragement of knowledge and education for the young," he declared, "the Occident must not be distanced." By "Occident," I should note, Gilman meant the western United States, but the same dynamic applies today as policy makers worry that the United States is falling behind Asia in "competitiveness."[15]

---

[13] ACLS Fellows: Perspectives on Egypt, February 16, 2011, http://www.acls.org/news/2-16-11/.
[14] Remarks for Panel III. Delivered at the Townsend Center and Representations workshop, University of California, Berkeley, October 15, 2010. Unpublished text in my possession.
[15] Daniel C. Gilman: The Building of the University, an Inaugural Address. November 7, 1872, http://sunsite.berkeley.edu/calhistory/inaugural.gilman.html.

Gilman's second principle was a corollary of the first. If the university movement converging toward a new mechanism of knowledge production was worldwide, its openness to new talent must equal in breadth the range of its research interests. In this regard, Gilman found this state very well positioned. California, he said, was "a community more varied than almost any in the land...whose central city is cosmopolite like Constantinople of old." The new university, he maintained, must be open to all. "California is not only granary, treasury, and mart for the American States which are growing up on this long coast," he emphasized, "but it is the portal through which the Occident and Orient must exchange their products and *their thoughts*" [emphasis added]. Indeed, he envisioned Berkeley as a kind of bilateral intercultural study center. "Would it not be fit," he asked, "that in this vicinity, near to, if not in connection with, this University, a high seminary should be founded...having the double purpose of enlightening Americans in respect to the languages, literature, and history of the East, and of instructing the Chinese and Japanese in modern languages and the sciences of Europe and America?"[16]

When President Gilman departed California to help found the Johns Hopkins University in Baltimore, he had even wider opportunity to apply the ideals of the German research university in an American setting. Many historians of American higher education have charted the enormous influence of Hopkins as an institution emphasizing graduate education, educating doctoral students in the research mode of the seminar and the laboratory. And it was a timely example, for higher education was expanding to accommodate the needs for expertise in an industrializing and urbanizing society. Hopkins faculty played prominent roles in the creation of many of the leading disciplinary scholarly societies that constitute my organization.

By the early twentieth century, higher education in the US had hybridized the German research university with a second model, the undergraduate college emphasizing liberal education, derived from English antecedents. A third institutional paradigm of American higher education is the land-grant state university serving society with special focus on "agricultural and mechanical" practicalities. It is important to note that the Morrill Act of 1862, which inaugurated this system, specifically included provision for undergraduate instruction in the liberal arts.

American higher education mixed and melded these three streams, but our university system became distinctive in the mid-twentieth century not only for its institutional shape but for its public scope, as it embodied a commitment to universal access to higher education. From the Morrill Act, through the GI Bill after World War II and into the 1960s' and 1970s' education of Baby Boomers, there

---

[16] Gilman 1872.

was an expansion of higher education that culminated in a trebling of enrollments between 1955 and 1970.[17]

Federal expenditures in scientific research and education were important drivers of this expansion, solidifying the prominence these fields have enjoyed since the emergence of the research university. The importance of science notwithstanding, the humanities, social sciences and liberal education retained core cultural functions. The struggles against totalitarianism in World War II and the Cold War reminded university leaders again of the value of ethical, philosophical, and literary inquiry, of the importance of focusing on individual human experience and not subjugating it to mass generalizations. Between the 1950s and 1970s, enrollments in the humanities and social sciences rose and the quality of instruction improved as the PhD degree became the standard for university employment. As universities enrolled more diverse student bodies, the humanities helped to ignite and interpret the "dynamics of inclusion" so important in a pluralistic society.[18]

Today, the US system of higher education is at the apogee of its worldwide influence, even as it creaks and groans at home. Many national educational systems are converging on American models. However startling it is for US observers to behold the astonishing expansion and ambition of higher education around the world, especially in Asia, it is particularly heartening, therefore, that we see positive valuations of humanities in the patterns of the global university.
President Richard Levin of Yale University has written recently about this in an article on "The Rise of Asia's Universities."[19] The "governments of China, India, Singapore and South Korea," he reports, "understand that world-class universities are the ideal place to educate students for careers in science, industry, government, and civil society—creating people who have the intellectual breadth and critical-thinking skills to solve problems, to innovate, and to lead."[20] Scientists, engineers, and corporate leaders have pointed to the Asian university boom and warned of a "gathering storm" of economic and educational competition in which those nations will dwarf American educational capacities and, by extension, economic innovation and productivity. President Levin notes a different dynamic. "While U.S. and British politicians worry that Asia, and China in particular, is training more scientists and engineers than the West," he writes, "the Chinese and others in Asia are worrying that their students lack the independence and creativity necessary for their countries' long-term economic growth. They fear that specialization makes their graduates narrow and that traditional

---

[17] Clark Kerr: The Uses of the University. Cambridge 2011, p. 202.
[18] See David A. Hollinger (Ed.): The Humanities and the Dynamics of Inclusion. Baltimore 2006.
[19] Richard Levin: Top of the Class. The Rise of Asia's Universities. In: Foreign Affairs 89,3 (2010), p. 63–75.
[20] Ibid., p. 66.

Asian pedagogy makes them unimaginative. Officials in China, Singapore, and South Korea have become increasingly attracted to the American model of undergraduate education," a model of multidisciplinary liberal education.[21] Indeed, Yale is responding to this motivation by cooperating with the National University of Singapore to develop a new residential liberal arts college with the humanities at the heart of the curriculum. Similarly, the vaunted Indian Institutes of Technology are now seeking to develop humanities curricula. And premier Chinese universities like Beida and Fudan are experimenting with the new form of the small honors college pioneered in the States and general education curricula modeled on those first developed at Columbia and Chicago. It's hard not to see the irony in this turn of events, for at this very moment, when there is intense concern about competitiveness in the global economy, institutions and governments around the world may be striving to adopt just those educational practices and values at risk in America.

Part of the zeal of Chinese university leaders for a well-balanced university with a strong liberal arts component derives from historical experience with diverting higher education from its humanistic core. Professor William Kirby of Harvard has described that history, which portrays the desolate cul-de-sac awaiting university systems that marginalize the humanities to the point of extinction.[22] In an article entitled "On Chinese, European, and American Universities," Professor Kirby takes note of the contemporary global ferment in higher education. Universities are expanding, changing their curricula, and extending their reach in all three regions. In China, that expansion is on an epoch scale, "a revolution in mass higher education that dwarfs that of the United States in the 1950s and that of Europe in the 1970s," he writes. "By 2020, China aims to enroll as much as 40 percent of young adults in colleges and universities," he reports.[23] Chinese universities now lead the world in the annual production of PhDs.

Professor Kirby correctly states that this astonishing growth is "a welcome challenge to American universities — a challenge for both competition and cooperation."[24] But, as Professor Kirby stresses, this is a competition among institutions, not among nation-states. Harvard, Oxford, Beida, Tōdai, and Mainz all confront this question:

How do we ensure that—even though our universities will still be based in a home country, with national responsibilities—we also fulfill our international responsibilities, training students who will be citizens of the world?[25]

---

[21] Levin 2010, p. 70.
[22] See William C. Kirby: On Chinese, European & American Universities. In: Daedalus 137,3 (2008), S. 139–146.
[23] Ibid., p. 141.
[24] Ibid.
[25] Ibid., p. 142.

One of the most effective answers to that question is to place liberal education and the humanities at the core of the university. Professor Kirby finds great global interest and especially Chinese interest in the "counterintuitive" move of stressing these values "in an age increasingly dominated by science and technology."[26] The ideal of a broad, humanistic general education is not new to Chinese civilization, even if the new label comes from the West. Traditional Chinese general education demanded deep immersion in and continuing conversation with the classics of Chinese philosophy, religion and literature. As Kirby observes, "China is the world's longest continuous civilization, with the longest continuing sets of philosophical and literary traditions. The study of that tradition defined not only what it meant to be a scholar, but also what it meant to be powerful."[27]

But after the fall of the Qing dynasty in 1911, Chinese education was "reformed" to be part of a state mobilization for international competitiveness. Mathematics, science and engineering became the focus of the curriculum. Arts and culture "were to be firmly subordinated to the purposes of the developmental state," under both the KMT and the Communists. "By 1949," Professor Kirby notes, "less than 10 percent of the graduates of Chinese public universities graduated with degrees in humanistic disciplines. The Communists then took that number to the vanishing point."[28] And what was the result of this transformation? China "denigrated nearly every aspect of a civilization that, just a century earlier, was the most sophisticated and accomplished on Earth."[29]

As the twenty-first century began, China found an emptiness at the heart of education, and a disjuncture between a technocracy and the civic purposes education is to serve. As China discovers how to "build institutions of learning that are at the forefront of science and technology and yet also honor and promote the humanities," there is a new desire to reconnect with cultural foundations. This is why, Professor Kirby notes, that "statues of Confucius are replacing statues of Mao." "[E]ven though," he adds, "their works may still equally unread."[30]

Conclusion

In 1912, the British statesman Viscount Richard Haldane, one of the founders of the London School of Economics and Political Science, published a series of lectures entitled *Universities and National Life*. There he argues that "to maintain the University at a high level is an act of high patriotism on the part of the

---

[26] Kirby 2008, p. 143.
[27] Ibid., p. 144.
[28] Ibid., p. 145.
[29] Ibid., p. 146.
[30] Ibid.

citizens," for "it is in the Universities . . . that we see how the soul of a people at its highest mirrors itself."[31] With the university's increasingly global footprint, the correspondence between national ethos and the scholarly community instantiated in the university becomes more complicated, but also more dynamic. It becomes all the more necessary that the interpretive power of the humanities, and their relentless pursuit of inquiry, lie at the heart of the global university.

On this point I wish to conclude by quoting one of the twentieth century's most humane leaders, former Czech president Vaclav Havel. Speaking to the Academy of Sciences and Humanities in Paris, President Havel said:

[T]he world cannot just be explained, it must be grasped and understood as well. It is not enough to impose one's own words on it: one must listen to the polyphony of often contradictory messages the world sends out and try to penetrate their meaning. We as a society will not be able to listen to the world's polyphony if we do not develop, conserve, and transmit to the next generation the learning and knowledge of the humanities. We will not be able to penetrate the meanings of that polyphony if we do not maintain the spirit of disciplined and interdisciplinary inquiry of humanistic scholarship.[32]

Humanistic education can temper self-love with self-doubt and will balance self-fulfillment with an awareness of our connectedness to others. Humanism must always look backward even as it looks forward. It must be both innovative and conservative, valuing the local and embracing the global. We should ask for nothing less.

---

[31] Viscount Richard Haldane: Universities and National Life. London 1919, p. 9, 29.
[32] Vaclav Havel: The Art of the Impossible. Politics as Morality in Practice. New York 1998, p. 107.

Kulturwissenschaften als Plattform für eine Neukonzeption der Geisteswissenschaften

Ute Frietsch

1 Ausgangslage: Wir Idealist/-innen

In der zweiten Hälfte des 20. Jahrhunderts wurde die Auseinandersetzung mit – kaum lösbaren – Legitimationsproblemen zu einem Charakteristikum der Geisteswissenschaften. Der Versuch der Selbstlegitimierung stellte das humanistische Selbstverständnis von Geisteswissenschaftlern und Geisteswissenschaftlerinnen auf die Probe und förderte ein wissenschaftsgeschichtliches Interesse, das sich allerdings oftmals in einer Reflexion der *naturwissenschaftlichen* Arbeit erschöpfte. Die geisteswissenschaftliche Arbeit wurde der naturwissenschaftlichen Arbeit als andersartig entgegengesetzt; selten widmeten sich Geisteswissenschaftler jedoch einer detaillierten Analyse von geistes- oder sozialwissenschaftlichen Praktiken.[33]

Auch zu Beginn des 21. Jahrhunderts, wo die Universitäten im Zuge des Bologna-Prozesses eine Reihe von Strukturreformen vollzogen haben und Evaluationen zu einem festen Instrument der Qualitätssicherung geworden sind, ringen Geisteswissenschaftler/-innen weiterhin mit Legitimationsproblemen. Diese scheinen sich allerdings zunehmend als Vermittlungsprobleme interpretieren zu lassen. Der folgende Artikel argumentiert für eine solche Interpretation, da sie dazu beitragen kann, Fragen der gesellschaftlichen Plausibilisierung von Wissenschaft konkreter in den Blick zu nehmen. Der Vorschlag besteht darin, die Universität als Betrieb und die geistes- oder kulturwissenschaftliche Tätigkeit als konkrete Berufstätigkeit zu fokussieren.

---

[33] Ausnahmen hiervon sind beispielsweise: Peter J. Brenner (Hg.): Geist, Geld und Wissenschaft. Arbeits- und Darstellungsformen von Literaturwissenschaft. Frankfurt am Main 1993; Anthony Grafton: Die tragischen Ursprünge der deutschen Fußnote. Aus dem Amerikanischen von H. Jochen Bußmann. München 1998.

1.1 Idealismus-Problematik

Geisteswissenschaftler/-innen fällt es oftmals schwer, sich selbst und den gesellschaftlichen Instanzen, mit denen sie in Kontakt treten, transparent zu machen, worin ihre Tätigkeit besteht. Diese Problematik erklärt sich zum Teil aus der idealistischen Selbstkonzeption der Geisteswissenschaften im 19. und 20. Jahrhundert.

Im 19. Jahrhundert, als sich die philosophische Fakultät aus ihrer der Theologie, Jurisprudenz und Medizin untergeordneten Stellung emanzipierte und sich die Universitäten des Neuhumanismus von den alten Universitäten der Aufklärung abgrenzten, wurde zunächst mit ihrer Wissenschaftlichkeit argumentiert, die sich der Berufsausbildung und Nützlichkeit der vormals höheren Fakultäten als eigenständiger Wert entgegensetzen ließ. Wie mittlerweile gut erforscht ist, diente zwar auch die philosophische Fakultät im 19. Jahrhundert der Berufsausbildung, und zwar der Berufsausbildung der Beamten. Die Ausbildung der Beamten musste jedoch zunächst auf eine von der Theologie unabhängige Grundlage gestellt werden. Sie forderte insofern keine bloße Schulung zur Verwaltungstätigkeit, sondern ein philosophisches Gedankengebäude und die Explikation eines neuen Menschenbildes.[34] Die Selbstbeschreibungen von Wissenschaft waren insofern zugleich programmatisch und legitimatorisch. Es wurde die nationale „Bildung" betont, welche die Geisteswissenschaften hervorbrachten, und diese war – im Kontext der Zeit – eine originäre und produktive Leistung.

Die programmatische und legitimatorische Selbstreflexion setzte sich im 20. Jahrhundert fort, wobei die Aufgabe nun darin bestand, Geistes-, Natur- und Technikwissenschaften, die sich bereits seit der Mitte des 19. Jahrhunderts nicht länger als *eine* Wissenschaft integrieren ließen, in ihrem Weltbezug zu differenzieren: Zu diesem Zweck wurde mit dem „Verstehen" argumentiert, das die Geisteswissenschaften angeblich leisteten, im Unterschied zu einem naturwissenschaftlichen Erklären der Welt.[35] Diese Selbstbeschreibungen waren am *Sinn* von Wissenschaft orientiert. Im Fall der Beschreibung des Sinns von Geisteswissenschaft als „Verstehen" führten sie zu einer eher rezeptiven Selbstdarstellung. Die berufliche Realität von Geisteswissenschaftler/-innen in ihren konkreten Erscheinungsformen musste der Zeit entsprechend nicht in den Blick gelangen und konnte es so auch nicht. Die Selbstbeschreibung der Leistung von Geisteswissenschaften als „Verstehen" fokussierte einerseits auf überzeitliche und andererseits auf mentale interiore Prozesse, sie ließ die damit befassten Personen in der idealistischen Tradition als Geist- oder Seelen-Wesen erscheinen; zudem blieb eine Unterscheidung der (geistes-) wissenschaftlichen Tätigkeit von

---

[34] Vgl. Friedrich A. Kittler: Das Subjekt als Beamter. In: Manfred Frank (Hg.): Die Frage nach dem Subjekt. Frankfurt am Main 1988, S. 401–420.
[35] Vgl. Wilhelm Dilthey: Der Aufbau der geschichtlichen Welt in den Geisteswissenschaften (Gesammelte Schriften VII). Stuttgart/Göttingen 1992, S. 77–291.

psycho-sozialen Alltagsleistungen aus.³⁶ In der gesellschaftlichen Öffentlichkeit mag man diese Verstehensleistung der Geisteswissenschaften in der Regel als holistische und rezeptive, jedoch nicht direkt als produktive Tätigkeit interpretiert haben.

1.2 1980er- und 90er-Jahre

In den 1980er- und 1990er-Jahren wiederholte sich die Befragung der Universitäten auf ihren Nutzen, die bereits im 18. Jahrhundert durchgeführt und im 19. Jahrhundert im Sinne des Idealismus und Neuhumanismus gegen das ‚Nützlichkeitsdenken' der Aufklärung entschieden worden war, erneut und auf veränderte Weise. Ende der 1980er-Jahre wurde von Wissenschaftsrat und Westdeutscher Rektorenkonferenz eine Projektgruppe eingesetzt, deren Aufgabe darin bestand, die Zukunftsfähigkeit der deutschen Geisteswissenschaften zu eruieren; das Unterfangen erhielt durch die deutsche Wiedervereinigung eine zusätzliche Brisanz. In ihrer so genannten Denkschrift forderte die Projektgruppe dazu auf, Geisteswissenschaften durch eine institutionelle Transformation in Kulturwissenschaften zu modernisieren.³⁷

Die Denkschrift vermittelte zunächst die Einsicht, dass eine Selbstbeschreibung der wissenschaftlichen Tätigkeit in Hinblick auf „Geist" nicht länger zeitgemäß war: Diese Selbstbeschreibung hatte einer bestimmten idealistischen Tradition entsprochen, – und zwar weniger den pragmatischen Konzepten des Diplomaten Wilhelm von Humboldt als den Theoremen des Philosophen Hegel von der Absolutheit des Geistes. In der postmodernen Gesellschaft, die aufgrund der neuen Informationstechnologien mit einer globalen Öffnung der Medienwelt einher ging, musste die Orientierung an Geist und Verstehen hingegen als abstrakt und – allem Eigendünkel mancher Kulturpessimisten zum Trotz – als unterkomplex erscheinen: Mit der Orientierung am Geist ließen sich die konkreten Fragestellungen der Gegenwart nicht länger fassen.³⁸

1.3 Der Kultur-Begriff

Heute hat der Kultur-Begriff im Unterschied zum Geist-Begriff zunächst den Vorteil der internationalen Anschlussfähigkeit: Während eine Situierung in der

---

[36] Zu dieser Kritik vgl. auch: Dieter Teichert: Geisteswissenschaften. In: Helmut Reinalter/Peter J. Brenner (Hg.): Lexikon der Geisteswissenschaften. Sachbegriffe – Disziplinen – Personen. Wien/Köln/Weimar 2011, S. 250–257, hier S. 254.
[37] Wolfgang Frühwald/Hans Robert Jauß/Reinhart Koselleck/Jürgen Mittelstraß/Jürgen/Burkhart: Geisteswissenschaften heute. Eine Denkschrift. Frankfurt am Main 1996.
[38] Vgl. dazu auch: Friedrich A. Kittler (Hg.): Die Austreibung des Geistes aus den Geisteswissenschaften. Programme des Poststrukturalismus. Paderborn/München/Wien/Zürich 1980.

Gesellschaft in der Bezeichnung Geisteswissenschaften nicht wirklich deutlich wurde, sind die Wissenschaften von der Kultur – ähnlich den Wissenschaften vom Menschen (*humanities, human sciences, sciences humaines*) – zumindest dem Namen nach als situiertes Wissen ausgewiesen. Mit der Umbenennung von Geistes- in Kulturwissenschaften geschieht zunächst nicht viel mehr als eine Akzentsetzung. Die Kulturwissenschaften verlassen die Sphären des Transzendentalen und Mentalen und kommen in der körperlichen Welt der Erscheinungen an. Für Kulturwissenschaftler/-innen liegt es nahe, explizit zu reflektieren, auf welche Weise ihre Tätigkeiten in der Gesellschaft verortet und durch sie bedingt sind; und diese Reflexionen – beispielsweise auf die informationstechnologischen Voraussetzungen – sind den Tätigkeiten nicht länger nachgeordnet.

Die aktuellen Drittmittel-Programme, für die sich Kulturwissenschaftler/-innen schon aufgrund der mangelhaften Grundfinanzierung der Universitäten interessieren müssen, weisen dabei eine Reihe von thematisch neuen Schwerpunktsetzungen auf. Auf internationaler Ebene erweisen sich gerade auch Fragestellungen und Themen als fortschrittsrelevant, die auf nationaler universitärer Ebene lange als marginal gehandelt wurden: So werden etwa die Fragen nach den Kategorien „race", „class" und „gender" auf EU-Ebene in interkulturelle Kontexte gestellt und zeigen auf diese Weise ein Potential, das offensichtlich nicht länger nur für Randgruppen von Belang ist. Strukturen der sozialen Ungleichheit, die sich anhand von ethnischen, sozialen und geschlechtlichen Zuschreibungen reproduzieren, wachsen sich zu Konfliktfeldern des interkulturellen Dialoges aus. Deren gesellschaftliche Explizierung und Bewältigung erfordert nicht allein technisches *Know-how*, sondern zugleich umfassende kulturwissenschaftliche Kompetenzen.

Die neuen Fragestellungen des interkulturellen Dialogs lassen den Kulturbegriff ihrerseits als attraktiv erscheinen, da sich mit ihm mehr fassen lässt als mit dem Begriff des Geistes, der schon an Themenkomplexen wie dem ‚Körper' abgleiten musste. Die institutionellen Machtkämpfe von Nachwuchswissenschaftler/-innen, die seit den 1980er-Jahren ihre zeitgeschichtlichen (‚poststrukturalistischen') Fragestellungen in traditionell geisteswissenschaftlich orientierten Fächern zu etablieren suchten, erhalten so unter dem *Label* der Kulturwissenschaften eine neue Verbindlichkeit. Kulturwissenschaftlich lässt sich für theoretische, methodische und interdisziplinäre Vielfalt argumentieren, Vielfalt selbst (‚diversity') wird zu einem positiv konnotierten Begriff. Setzt man einen weiten Kulturbegriff voraus – und dies ist in den Kulturwissenschaften üblich – so beschränkt sich die Unterscheidung von Kulturen nicht auf die Unterscheidung von Zivilisationen. Mit dem Kulturbegriff der Kulturwissenschaften ist weniger der Gegenstand kulturwissenschaftlicher Arbeit gemeint als die kulturalisierende Methode des Kontextualisierens. Kulturwissenschaften müssen sich daher auch nicht auf einen bestimmten Begriff von Kultur fixieren: Sie können Gegenstandsfelder aus unterschiedlichen Zivilisationen analysieren und widmen sich

Produkten sowohl der ‚Hoch-' wie der Populärkultur.

Die allgemeine Wende vom Geist zur Kultur signalisiert, dass sich die wissenschaftliche Arbeit um zeitgeschichtlich relevante Themenkomplexe zu gruppieren beginnt, die für heutige Gesellschaften Herausforderungen bergen, so etwa: Migration, Interkulturalität, das Verhältnis von Kultur und Subkultur, die Heterogenität sowie die Integrationsleistungen von Gesellschaften, der *Clash* weniger von Zivilisationen als von Symbolsystemen, die Globalisierung der Wirtschaft und die damit verbundenen Verwerfungen, die ‚neuen' Kriege, die Digitalisierung der Medien etc. Kulturwissenschaften können, indem sie einen weiten Kulturbegriff vertreten, zudem das Alltagsverständnis, demzufolge sich vermeintlich homogene, territorial gebundene Kulturen/Zivilisationen konfliktuös entgegenstehen[39], differenzieren. Gegen eine nationale Auffassung von Kulturen sind die intrakulturelle Heterogenität der jeweiligen Zivilisationen und damit deren interkulturelle Prägung und Offenheit sowie das Immer-Schon-Übersetztsein von Sprachen und Gesellschaften zu betonen.[40] Die kulturwissenschaftliche Arbeit ist dabei notwendig zugleich eine historische Forschung, insofern sie sich den Fragen der Genese und Transformation kultureller Phänomene widmet.

1.4 Neue Selbstbeschreibungen

Die thematische Umbenennung von Geisteswissenschaften in Kulturwissenschaften sowie die institutionelle Umbenennung der philosophischen in kulturwissenschaftliche Fakultäten folgt demnach nicht allein administrativen Vorgaben. Sie ist zeitgeschichtlich u. a. durch wirtschaftliche Globalisierung, interkulturelle Vernetzung und die neuen Informationstechnologien bedingt; innerwissenschaftlich lässt sie sich durch neue Fragestellungen, Arbeitsbedingungen und Arbeitstechnologien (Digital Humanities) begründen und erscheint vielen Wissenschaftler/-innen als längst überfällig. Es handelt sich daher auch nicht lediglich darum, Geisteswissenschaft in einem ‚Gewand' der Kulturwissenschaftlichkeit zukunftsfähig zu machen. Die Transformation der Geistes- in Kulturwissenschaften sollte zu einer sehr viel grundsätzlicheren Transformation der Inhalte, Arbeitsweisen und Selbstbeschreibungen führen.

Eine konkretere Beschreibung setzt nicht beim gesellschaftlichen Sinn der Geistes- oder Kulturwissenschaften an, sondern bei ihren Praktiken: Studierende der Kulturwissenschaften lernen beispielsweise wissenschaftlich zu schreiben

---

[39] Vgl. hierzu die populärwissenschaftliche Schrift: Samuel Huntington: Kampf der Kulturen. Die Neugestaltung der Weltpolitik im 21. Jahrhundert. München 2002.
[40] Vgl. Naoki Sakai: Translation and Subjectivity. On »Japan« and Cultural Nationalism. Minneapolis/London 1997, S. 1–17.

und ihre Thesen vor einem Auditorium zu präsentieren; professionelle Kulturwissenschaftler/-innen legen Ordnungssysteme an und konzipieren Ausstellungen; sie schreiben und redigieren Texte oder Bücher; sie organisieren Tagungen, Vorlesungs- und Filmreihen; sie reisen, halten Vorträge auf internationalen Kongressen, dolmetschen und übersetzen; sie vernetzen sich in nationalen und internationalen Kooperationen, schreiben Gutachten, fungieren als Herausgeber/-innen, unterrichten Studierende in Vorlesungen und Seminaren und arbeiten an Konzepten. Eine Darstellung von Geistes- oder Kulturwissenschaften ausgehend von den wissenschaftlichen Praktiken hat den Vorteil, dass sie mit den gesellschaftlichen Rahmenbedingungen in Kontakt bleibt, in denen diese Tätigkeiten verortet sind. Auf diese Weise eröffnen sich Themenfelder, die in dem geisteswissenschaftlichen Argumentationszusammenhang bis in die 1980er-Jahre kaum sichtbar werden konnten: So werden etwa der Zusammenhang von Zentrum und Peripherie, das Verhältnis von Universität und Stadt, das gesellschaftliche „Reisen" von Begriffen durch unterschiedliche diskursive Felder (Hochschule, Medien, Politik etc.) und das Übersetzen zwischen den Kulturen aussagekräftig – und dies sowohl für die (kultur-) wissenschaftliche *Persona*[41] wie für die Befindlichkeiten von Gesellschaften.

2 Zur Institutionalisierung der Kulturwissenschaften in Deutschland

Kulturwissenschaft/en gab es in Deutschland bereits vor der genannten Empfehlung des Wissenschaftsrates. Ihre institutionellen Ausformungen waren und sind allerdings außerordentlich divers. So stehen etwa die empirischen Kulturwissenschaften, die u. a. an den Universitäten Tübingen und Marburg gelehrt werden, in einer Tradition mit dem Fach Volkskunde resp. Ethnologie. Sie werden insbesondere als wissenschaftliche Analyse der Alltagskulturen praktiziert und richten sich sowohl auf fremde wie auf ‚eigene' Zivilisationen. Das Fach Kulturwissenschaft (Cultural History and Theory) wiederum, das heute an der Humboldt-Universität zu Berlin unterrichtet wird,[42] hat seine institutionelle Herkunft in dem Fach Kulturwissenschaft, das in den 1960er-Jahren in der DDR (in den Städten Berlin und Leipzig) eingerichtet wurde.[43] In Berlin wird Kulturwissen-

---

[41] Zum Konzept der wissenschaftlichen *Persona* vgl. Lorraine Daston/H. Otto Sibum: Introduction: Scientific Personae and Their Histories. In: Science in Context 16, 1/2 (2003), S. 1–8.
[42] Zum Selbstverständnis dieser Kulturwissenschaft vgl. u.a.: Hartmut Böhme/Peter Mattusek/ Lothar Müller: Orientierung Kulturwissenschaft. Was sie kann, was sie will. Reinbek bei Hamburg 2002.
[43] Vgl. dazu: Hannes Siegrist/Thomas Höpel/UtaKösser: Kulturwissenschaften. In: Ulrich von Hehl/ Uwe John/Manfred Rudersdorf (Hg.): Geschichte der Universität Leipzig 1409-2009. Band 4,1: Fakultäten, Institute, Zentrale Einrichtungen. Leipzig 2009, S. 760–784 [als pdf unter: http://www.uni-leipzig.de/~kuwi/ressource/Kulturwissenschaften.pdf (abgerufen am 04.10.2010)]; Peer Pasternack: Geisteswissenschaften in Ostdeutschland 1995. Eine Inventur. Vergleichsstudie im

schaft heute – nach der politischen Systemwende und der wissenschaftlichen Neuausrichtung – u. a. als Kulturtheorie, Kulturgeschichte, Medientheorie, *Gender Studies* und Ästhetik gelehrt und fokussiert auf eine Analyse der kulturellen Symbolsysteme, so beispielsweise auf die Geschichte der unterschiedlichen Schriftsysteme. Neben dem Vorbild der angloamerikanischen *Cultural Studies* dürfte die konzeptionelle Arbeit der unterschiedlichen Kulturwissenschaften den Wissenschaftsrat mit zu seiner Empfehlung motiviert haben, wenngleich auf die unterschiedlichen institutionellen Erscheinungsformen von Kulturwissenschaft/en in der Denkschrift nicht explizit Bezug genommen ist. Für die aktuelle universitätspolitische Konzeption von Kulturwissenschaft/en ist zudem die Neuformierung von Teilen der Geistes- und Sozialwissenschaften als Studies (*Cultural Studies, Postcolonial Studies, Critical Whiteness Studies, Gender Studies, Queer Studies, Science Studies* etc.), die seit den 1970er-Jahren international in Gang ist, von Belang. Dass dieser Prozess auch in Deutschland auf institutioneller Ebene umsetzbar ist, zeigen unter anderem die übersetzenden Aneignungen von Lehr- und Forschungsfeldern: Jüngst wurde beispielsweise das universitäts- und länderübergreifende interdisziplinäre Zentrum Jüdische Studien Berlin-Brandenburg (ZJS) zur Doktoranden- und Postdoc-Ausbildung gegründet, wobei man zentral mit der historischen Bedeutung Berlins für die jüdische Kultur und die Wissenschaft des Judentums argumentiert.[44] Die methodische Vorgehensweise in Studien wird demnach nicht länger als angloamerikanischer ‚Import' verstanden, sondern für Studien wird sozusagen pfadabhängig auf die deutsche Geschichte rekurriert. Wie die Kulturwissenschaften im deutschsprachigen Raum anschlussfähig an die – aber nicht identisch mit den – angloamerikanischen *Cultural Studies* sind, so können sich Studien generell entsprechend den jeweiligen Traditionen und Fragestellungen ausprägen. Neben der Geschlechterforschung resp. den *Gender Studies*, die sich an unterschiedlichen Universitäten in Deutschland als Studiengänge etabliert haben, sind Postkoloniale Studien, Kritische Weißseinsforschung, Queer-Forschung und weitere Studien zumindest auf der Ebene des Wissenschaftlichen Nachwuchses und der Studierenden stark nachgefragt, was wiederum für ihre Zukunftsfähigkeit spricht.

Helmut Reinalter und Peter J. Brenner sprechen im Vorwort zu dem von ihnen herausgegebenen *Lexikon der Geisteswissenschaften* von dem „Ideenlaboratorium", zu dem die Geistes- oder Kulturwissenschaften werden können, wenn sie

---

Anschluss an die Untersuchung „Geisteswissenschaften in der DDR", Konstanz 1990. Leipzig 1996, S. 153–161.
[44] Vgl. URL: http://www.zentrum-juedische-studien.de/. Zu geisteswissenschaftlichen Forschungskollegs sowie Zentren und ihrer Aufgabe der kooperativen fachübergreifenden Forschung siehe auch: Wissenschaftsrat: Empfehlungen zur Entwicklung und Förderung der Geisteswissenschaften in Deutschland. Berlin 2006.

"neue Denksysteme und -modelle und den schon längst fälligen interkulturellen Vergleich in Forschung und Lehre entwickeln".[45] Die generell kulturwissenschaftlich geprägten Studien und ihre Institutionalisierung in Zentren stellen konkrete Umsetzungen dieser Vorstellung dar. Sie existieren bereits als „Ideenlaboratorien" der intra-, inter- sowie transkulturellen Forschung und Lehre. Ähnliches gilt für weitere kulturwissenschaftliche Verbundprojekte, wie beispielsweise den Forschungsschwerpunkt Mainzer Historische Kulturwissenschaften (Historical Cultural Sciences), der ebenfalls als Ideenlaboratorium interpretiert werden kann.[46] Der Forschungsverbund, der im Jahr 2008 an der Universität Mainz eingerichtet wurde, leistet in erster Linie eine Neukonzeption der geisteswissenschaftlichen Zusammenarbeit sowie in zweiter Linie eine Transformation des Selbstverständnisses der sich beteiligenden geisteswissenschaftlichen Fächer.[47] Im Sinne einer kulturwissenschaftlichen Schwerpunkt- und Profilbildung wird die inter- und transdisziplinäre Zusammenarbeit um Themen herum organisiert, die zwar von den einzelnen Fächern je unterschiedlich angegangen werden, deren gemeinsame Analyse jedoch zu Synergieeffekten und neuen Kontextualisierungen führt. Zur weiteren Strukturierung der kulturwissenschaftlichen Zusammenarbeit werden zudem ausgewiesene Kulturwissenschaftler/-innen als *Fellows* eingeladen sowie Projekte erarbeitet, die einen spezifisch kulturwissenschaftlichen Output erwarten lassen.

Die neuen kulturwissenschaftlichen Verbundprojekte können sich Potentiale der zuvor bereits institutionalisierten Kulturwissenschaften zu Eigen machen sowie älteres Gedankengut, wie etwa das der Kulturgeschichte um 1900, adaptieren. Auf diese Weise ergibt sich eine Transformation mit einer Breitenwirkung, welche die gesamte geisteswissenschaftliche Fachkultur erfasst. Es bietet sich heute an, über disziplinäre Zusammenhänge hinaus zusammen zu arbeiten, denn die Forschungsproblematiken und die neuen Formen des Austausches, die etwa durch die Neuen Medien ermöglicht werden, sind selbst nicht disziplinär verfasst. Es ist dabei davon auszugehen, dass kulturwissenschaftliche Einzeldisziplinen (Kulturwissenschaft, Empirische Kulturwissenschaften, Kulturanthropologie etc.) und kulturwissenschaftliche Verbundforschung (Forschungsschwerpunkt Historische Kulturwissenschaften an der Universität Mainz, *International Graduate Centre for the Study of Culture* an der Universität Gießen und weitere) sich nicht gegenseitig ausschließen oder ersetzen, sondern dass sie sich gegenseitig inspirieren und anspornen. Die kulturwissenschaftliche Verbundforschung

---

[45] Helmut Reinalter/Peter J. Brenner: Vorwort. In: Helmut Reinalter/Peter J. Brenner (Hg.): Lexikon der Geisteswissenschaften. Sachbegriffe – Disziplinen – Personen. Wien/Köln/Weimar 2011, S. V–X, hier S. VI.
[46] Vgl. URL: http://www.historische.kulturwissenschaft.uni-mainz.de/.
[47] Vgl. Jan Kusber/ Mechthild Dreyer/Jörg Rogge/Andreas Hütig (Hg.): Historische Kulturwissenschaften. Positionen, Praktiken und Perspektiven. Bielefeld 2010.

kann der disziplinären kulturwissenschaftlichen Forschung – die sich oftmals ebenfalls als inter- oder transdisziplinär versteht – eine breitere universitäre Grundlage und insofern einen institutionellen Rückhalt geben, beispielsweise in Form von wissenschaftlichen Mitarbeiterstellen und weiteren Professuren. Die niederländische Literatur- und Kunstwissenschaftlerin Mieke Bal hat mehrfach betont, dass die Ausprägung von Kulturwissenschaften in der gegenwärtigen Situation sowohl Chancen wie Risiken berge: Eine Chance liege in der Ausrichtung der traditionellen Geisteswissenschaften auf die relevanten Themen der Gegenwart; ein Risiko liege in der Reduzierung der Fächervielfalt im Zuge der hochschulpolitischen Sparmaßnahmen.[48] Angesichts des Risikos, das zugespitzt bedeuten würde, die Bandbreite der Geisteswissenschaften durch *ein* Fach Kulturwissenschaft zu ersetzen, ist es auch strategisch geboten, an der Vielfalt von Kulturwissenschaft/en festzuhalten. Diese institutionelle und konzeptionelle Vielfalt sollte zudem für den deutschsprachigen Raum historiographisch besser erforscht werden. Die unterschiedlichen Institutionalisierungsformen sowie Auffassungen von Kulturwissenschaft/en in Deutschland sind bislang weder wissenschaftsgeschichtlich noch kulturgeschichtlich in ihrer Bandbreite erfasst und voneinander abgegrenzt.

3 Eine Praxeologie der eigenen wissenschaftlichen Tätigkeit: Zum Verhältnis von Kultur- und Sozialwissenschaften

Im Zuge der Evaluierungen der geisteswissenschaftlichen Fächer haben die Bestrebungen zugenommen, die eigene Arbeit auf diverse Weisen transparenter zu machen. Der gesellschaftlichen Notwendigkeit, die eigene Arbeit vermitteln und plausibilisieren zu müssen, korrespondiert das wissenschaftliche Bestreben, dies nicht ausschließlich und nicht in erster Hinsicht mit Blick auf wissenschaftsexterne Instanzen zu tun, sondern die Selbst-Analyse als wissenschaftliche Analyse und mit einer Adressierung an die eigenen – oder benachbarten – wissenschaftlichen *Communities* durchzuführen. Der Anspruch einer gesellschaftlichen Selbstreflexion lässt dabei Methoden wie die Praxeologie, die zuvor eher in der (Wissenschafts-) Soziologie verankert waren, auch für die Geistes- und Kulturwissenschaften attraktiv erscheinen.[49]

---

[48] Mieke Bal: Kulturanalyse. Aus dem Englischen von Joachim Schulte. Frankfurt am Main 2006, S. 7 f.; Mieke Bal: Travelling Concepts in the Humanities. A Rough Guide. Toronto/Buffalo/London 2002, S. 7.
[49] Der Begriff „Praxeologie" wurde im 20. Jahrhundert u.a. von Pierre Bourdieu verwendet, um nicht allein Praktiken zu beschreiben, sondern die Logik bzw. die Rahmenbedingungen von Praktiken in den Blick zu nehmen. Vgl. Pierre Bourdieu: Entwurf einer Theorie der Praxis auf der ethnologischen Grundlage der kabylischen Gesellschaft. Frankfurt am Main 1976; Gernot Saalmann: Art. „Praxeologie". In: Gerhard Fröhlich/Boike Rehbein (Hg.): Bourdieu-Handbuch. Leben – Werk – Wirkung. Stuttgart/Weimar 2009, S. 196–199. Zu einer ausdrücklich auf die Wissenschaften

Während Sozial- und Geisteswissenschaftler/-innen traditionell insbesondere das naturwissenschaftliche Tun wissenschaftsgeschichtlich und wissenschaftssoziologisch zu erforschen suchten,[50] treten seit ca. zehn Jahren vermehrt auch die geisteswissenschaftlichen Arbeits- und Betriebsformen in den Fokus der Analyse. Auffällig ist eine Zunahme der wissenschaftlichen Veranstaltungen (Tagungen und Workshops) zu den historischen und gegenwärtigen Praktiken der Geistes- und Sozialwissenschaften, die mit einem interdisziplinären wissenschaftsreflexiven Austausch der Geistes- und Kulturwissenschaftler/-innen über ihre Arbeit und neuen Arbeitsbedingungen (wie etwa die Digitalisierung) einher gehen.

Dabei gibt es eine auffällige Annäherung der kulturwissenschaftlichen an wissenschaftssoziologische und wissenschaftsgeschichtliche, aber auch an künstlerische Fragestellungen: So ist beispielsweise der Einsatz unterschiedlicher performativer Formate, mit denen in der Konzeptkunst der Kunst*betrieb* fokussiert wird, für die Wissenschaften von Interesse, insofern es darum geht, das Funktionieren von Wissenschaft als Betrieb in den Blick zu nehmen. Diesem institutionen-kritischen Ansatz entsprechend wird „Universität" zu einem einschlägigen Thema einer kulturwissenschaftlichen Auseinandersetzung.[51] Auch konkretere wissenschaftliche Arbeitsformen und Arbeitstechniken werden gegenwärtig praxeologisch in den Blick genommen.[52]

Wissenschaftsforschung muss sich transformieren, um die Geschichte und Gegenwart der Geisteswissenschaften reflektieren zu können. Es sind dafür etwas andere Konzepte und Begrifflichkeiten erforderlich als für die Untersuchung der Naturwissenschaften. Für diese Einsicht steht das aktuelle Schlagwort der „Wissensgeschichte" (history of knowledge). Es soll ermöglichen, insbesondere die *Praktiken* des Wissens und der Wissenschaften zu erforschen – unabhängig

---

bezogenen Konzeption von Praxeologie vgl. u.a. Steffen Martus/Carlos Spoerhase: Praxeologie der Literaturwissenschaft. In: Geschichte der Germanistik 35/36 (2009), S.89–96 sowie Ute Frietsch/ Jörg Rogge (Hg.): Über die Praxis des kulturwissenschaftlichen Arbeitens. Ein Handwörterbuch. Bielefeld 2013.
[50] Als besonders einschlägig vgl. Bruno Latour: Science in Action. How to follow Scientists and Engineers through Society. Cambridge 2003.
[51] Vgl. exemplarisch: Jacques Derrida: Die unbedingte Universität. Aus dem Französischen von Stefan Lorenzer. Frankfurt am Main 2001; Ulrike Haß/Nikolaus Müller-Schöll (Hg.): Was ist eine Universität? Schlaglichter auf eine ruinierte Institution. Bielefeld 2008; Johanna-Charlotte Horst/ Johannes Kagerer/Regina Karl u.a. (Hg.): Unbedingte Universitäten. Was passiert? Stellungnahme zur Lage der Universität, Zürich 2010; Johanna-Charlotte Horst/Johannes Kagerer/Regina Karl u.a. (Hg.): Unbedingte Universitäten. Was ist Universität? Texte und Positionen zu einer Idee. Zürich 2010; Jan Masschelein/Maarten Simons: Jenseits der Exzellenz. Eine kleine Morphologie der Welt-Universität. Zürich 2010; Plinio Prado: Das Prinzip Universität (als unbedingtes Recht auf Kritik), gefolgt von Ein in der Universität verirrter Poet (Wittgenstein und die Erfindung der ‚Non-lectures'). Zürich 2010.
[52] Vgl. exemplarisch: Alexander Kraus/Birte Kohtz (Hg.): Geschichte als Passion. Über das Entdecken und Erzählen der Vergangenheit. Zehn Gespräche. Frankfurt am Main/New York 2011; Anne Kwaschik/Mario Wimmer (Hg.): Von der Arbeit des Historikers. Ein Wörterbuch zu Theorie und Praxis der Geschichtswissenschaft. Bielefeld 2010; Frietsch/Rogge 2013.

davon, in welchem Sektor der Wissenschaften diese situiert waren und sind. Wissensgeschichtlich kann auch geistes- und sozialwissenschaftliches Arbeiten erforscht werden, was im Rahmen der traditionellen Wissenschaftsgeschichtsschreibung – zumal der angloamerikanischen *history of science* – aufgrund des eingeschränkten Wissenschaftsverständnisses wenig nahe lag.

Die Kulturwissenschaften grenzen sich dabei ihrerseits ebenfalls weniger strikt von den Naturwissenschaften ab, als dies für die alten Geisteswissenschaften typisch war. In den Kulturwissenschaften ist die Unterscheidung von Natur und Kultur selbst zur Disposition gestellt. Kulturwissenschaft kann Naturwissenschaft insofern als Teil ihrer selbst betrachten (wenngleich diese Perspektive insofern wenig ratsam ist, als sie sich als Dominanzgebaren in der Tradition der idealistischen Philosophie interpretieren lässt).

Die Abgrenzung zwischen Kultur- und Sozialwissenschaften steht ebenfalls erneut in Frage. Der Sache nach können sich beide Wissenschaftsgebiete ergänzen und in der Zusammenarbeit weiter konkretisieren. Angesichts knapper Mittel neigen Geistes- und Sozialwissenschaften zwar dazu, sich in einem ersten Reflex weiter voneinander abzugrenzen. Strategisch wäre es jedoch sinnvoller, inneruniversitäre Brücken zwischen den Kultur- und den Sozialwissenschaften zu verankern. Dies gilt insbesondere für Universitäten, an denen sowohl die Geistes- wie die Sozialwissenschaften einen im Vergleich zu den Naturwissenschaften untergeordneten Status haben. An der Universität Mainz, deren Stärke heute insgesamt eher auf dem Gebiet der Naturwissenschaften gesehen wird, wurde beispielsweise neben dem Forschungsschwerpunkt Historische Kulturwissenschaften (HKW) das Forschungszentrum Sozial- und Kulturwissenschaften Mainz (SOCUM) eingerichtet, das der interdisziplinären Forschungskooperation zwischen Sozial- und Kulturwissenschaften dient. Der geisteswissenschaftliche Forschungsschwerpunkt und das sozialwissenschaftliche Forschungszentrum überschneiden sich demnach ihrer Zuständigkeit nach im Bereich der Kulturwissenschaften, was Kooperationen von Geistes- und Sozialwissenschaftler/-innen zur Folge haben könnte oder sollte. Sozial- und Geisteswissenschaften müssen dabei nicht um ihre Eigenständigkeit fürchten, denn beide Disziplinengruppen zeichnen sich ohnehin durch sehr differente Methoden aus und pflegen je unterschiedliche Forschungsstile.

3.1 Campus und Gesellschaft: Der Beruf des Kulturwissenschaftlers / der Kulturwissenschaftlerin

Wissenschaftler/-innen haben eine soziale Herkunft und eine Hautfarbe, sie sprechen unterschiedliche Dialekte, unterscheiden sich in ihrem Temperament etc. und diese Bestimmtheiten schlagen sich in der jeweiligen Arbeit nieder. Dies war zwar auch früher bereits der Fall, musste aber aufgrund der mangelnden

Diversifizierung des wissenschaftlichen Personals nicht notwendig reflektiert werden: Der Gelehrte hatte bestimmten Anforderungen zu entsprechen, die sein Tun und seine Wissenschaftlichkeit als in jeder Hinsicht neutral und objektiv erscheinen lassen sollten. Dafür sollte er männlich, weiß, bürgerlich etc. sein. Er war ein Geistes- oder Naturwissenschaftler. Während der Geisteswissenschaftler sich in der Hauptsache dem Verstehen zu widmen schien, ist der/die Kulturwissenschaftler/-in so weit in der Gesellschaft angekommen, dass er/sie über eine geschlechtliche Bestimmtheit verfügt. Die soziologisch geschulten *Gender Studies* waren eines der Einfallstore für die Situierung des Wissenschaftlers/der Wissenschaftlerin in der Gesellschaft.[53] Eine Kulturwissenschaft, die ihre Situierung in der (Wissens-) Gesellschaft mit bedenkt, macht es auch Studierenden leichter, die Anschlussfähigkeit des jeweiligen Studienfaches zu erkennen. Nicht zuletzt treten Dozent/-innen als Vorbilder auf, die den Studierenden durch ihren eigenen Habitus ein Berufsbild zur Orientierung mitgeben. Für Studentinnen beispielsweise ist es wichtig, in der universitären Lehre nicht ausschließlich mit männlichen Dozenten konfrontiert zu sein, die für sie kein *Role*-Modell darstellen und sie möglicherweise sogar ausdrücklich von der Wissenschaft abzuhalten suchen.[54]

Bei der gesellschaftlichen Situierung und Thematisierung der Universität als Betrieb und Arbeitsplatz treten ihre Beschäftigungsstrukturen deutlicher in den Blick.[55] Eine interessante Quelle, um sich dem Metier des Kulturwissenschaftlers/der Kulturwissenschaftlerin auf dieser Ebene zu nähern, sind die aktuellen Campus-Romane und -filme. Es handelt sich dabei um eine Selbstverständigungsliteratur, die oftmals von Geisteswissenschaftler/-innen verfasst ist.[56] Aufgrund des fiktiven Charakters dieser Literatur werden manche wissenschaftlichen Interna dort offener verhandelt als in der wissenschaftlichen *Community* und Forschungsliteratur selbst. In der Campus-Belletristik werden u. a. die persönlichen Kosten problematisiert, die mit der Ausbildung eines wissenschaftlichen

---

[53] Es gibt eine Fülle von Literatur zu Geschlecht und Wissenschaft. Exemplarisch sei hier lediglich genannt: Donna Haraway: Situiertes Wissen. Die Wissenschaftsfrage im Feminismus und das Privileg einer partialen Perspektive. In: Donna Haraway: Die Neuerfindung der Natur. Primaten, Cyborgs und Frauen. Frankfurt am Main/New York 1995, S. 73–97.
[54] Vgl. dazu die explizite Selbstpositionierung eines Wissenschaftlers im Zuge seiner Emeritierung: Jürgen Trabant: Jan und Hein und Klaas und Pit. In: Berlin-Brandenburgische Akademie der Wissenschaften (Hg.): Gegenworte, Heft 12: Der Mythos und die Wissenschaft (2003), S. 46–48 [http://www.gegenworte.org/heft-12/trabant-probe.html].
[55] Einzelne Wissenschaftler thematisierten schon früher öffentlich die Frage der wissenschaftlichen Beschäftigungsverhältnisse sowie der strukturellen Prekarisierung des wissenschaftlichen Personals, vgl. Max Weber: Wissenschaft als Beruf. In: Wolfgang J. Mommsen/Wolfgang Schluchter (Hg.): Studienausgabe der Max Weber-Gesamtausgabe, Band 1/17. Tübingen 1994, S. 1–23, hier insbesondere S. 1–5.
[56] Vgl. Victoria Stachowicz: Die Selbstthematisierung des wissenschaftlichen Milieus in der deutschen Literatur des 20. Jahrhunderts. Dissertation. Wuppertal 2001 [http://elpub.bib.uni-wuppertal.de/servlets/DerivateServlet/Derivate-279/d040101.pdf].

Habitus einhergehen.[57] Wo die Literatur von Wissenschaftler/-innen verfasst ist, geschieht dies zumeist mit einer Perspektive, die sich aus der Universität (dem Campus) auf Gesellschaft richtet;[58] wo sie von Literaten verfasst ist, richtet sich der Blick eher von der Gesellschaft auf die Universität.[59] In der Campus-Literatur tritt auf diese Weise der aktuelle Austausch zwischen Universität und Gesellschaft in den Blick. Die Universität ist Teil der Gesellschaft, der Campus ist in der Stadt angekommen. In den Romanen der letzten Jahre wird dabei verstärkt die Problematik der Ökonomisierung und Prekarisierung von Universität deutlich. Es geht dabei nicht länger nur um die unglückliche Selbstbeschreibung der deutschen Universität als ‚Massenuniversität' – wobei der Ausdruck „Masse" offenbar weniger den Studierendenzahlen entspricht als der defizitären Grundfinanzierung.[60] In der Belletristik werden zudem die prekären Beschäftigungsverhältnisse von Wissenschaftler/-innen in Folge dieser defizitären Grundfinanzierung thematisiert.[61] Diese Darstellungen sind insofern besorgniserregend, als in ihnen eine Beschädigung des Rufes sowie der Funktionsfähigkeit der Universität zum Ausdruck kommt.

Dem geschilderten Imageverlust sollte von universitärer Seite aktiv begegnet werden. Auch insofern ist dafür zu plädieren, die Universität ihrer Realität entsprechend als Betrieb zu analysieren und die wissenschaftliche Tätigkeit – auch diejenige unterhalb des Professorenstatus – als normale Berufstätigkeit in den Blick zu nehmen. Eine (eher deskriptive als programmatische) kulturwissenschaftliche Auseinandersetzung mit den alltäglichen universitären Praktiken kann die wissenschaftssoziologische Analyse ergänzen und dazu beitragen, sowohl die wissenschaftlichen wie (allgemeiner) die gesellschaftlichen Funktionen der geistes- und kulturwissenschaftlichen Ausbildung selbstbewusster zu konturieren. Traditionell wird der Begriff der Theorie dem Begriff der Praxis (sowie der Empirie) gegenübergestellt und Wissenschaften – zumal Geisteswissenschaften – werden als theoretisch oder theorielastig einer gesellschaftlichen Praxis gegenübergestellt, auf die sie dann immer erst nachträglich anzuwenden sind. Indem hingegen aufgezeigt wird, dass Wissenschaften in sich praktisch verfasst sind (z. B. Archivieren, Kompilieren, Prüfen etc.), wird ein Weg eingeschlagen, die Anwendbarkeit von Geistes- oder Kulturwissenschaften anders – nämlich über deren praktisches und technisches Know-how – zu konzeptionalisieren.[62]

---

[57] Vgl. Pascal Mercier: Perlmanns Schweigen. München 1997. Bei dem Namen Pascal Mercier handelt es sich um das Pseudonym des Philosophen Peter Bieri.
[58] Vgl. Dietrich Schwanitz: Der Zirkel. Frankfurt am Main 1998.
[59] Vgl. Christoph Hein: Weiskerns Nachlass. Berlin 2011.
[60] Vgl. Dietrich Schwanitz: Der Campus. Frankfurt am Main 1995.
[61] Vgl. Hein 2011. Hein situiert seine Protagonisten zudem am Kulturwissenschaftlichen Institut in Leipzig, was seinen Roman für unseren Kontext besonders aussagekräftig macht.
[62] Zu einer entsprechenden Analyse kulturwissenschaftlicher Arbeitsformen vgl. Frietsch/Rogge 2013 sowie: Ute Frietsch: Praxeologie der Wissenschaften. In: Ebd., S. 311–317.

Massenfächer und Orchideen. Die kleinen und großen kulturwissenschaftlichen Fächer an der Universität von morgen

Norbert Franz

Klein, groß?

„Orchideen" – schön und exotisch, aber letztlich nutzlos und teuer? Übersetzt man „Massenfächer und Orchideen" in die Sprache der Verwaltung, werden daraus mehr oder weniger stark nachgefragte Studienangebote und – in einer etwas unklaren Relation dazu – mehr oder weniger gut ausgestattete Lehreinheiten. Diese bilden jeweils ein breites Spektrum, weshalb es zwischen den kleinen und großen Fächern auch jede Menge mittlerer Fächer gibt. Als „Massenfächer" sollte man solche bezeichnen, die an der Mehrzahl der Standorte eine große Anzahl Studierender mit einem dazu relativ kleinen Personalbestand betreuen, kleine Fächer dagegen sind, auch absolut gesehen, schwach ausgestattet, sehen sich aber auch keiner übermäßigen Nachfrage ausgesetzt. Beide haben als Abweichung vom „Normalmaß" in der aktuellen Universitäts- und Studienreform ihre Probleme: die Vertreter der Massenfächer ächzen unter der Last der gestiegenen Prüfungs- und Verwaltungsaufgaben, die kleineren Fächer müssen befürchten, ihre Identität in synthetischen Bachelor-Programmen zu verlieren und für eigene Master-Programme zu klein zu sein.

1   Forderungen an die Planung der Zukunft

Dass in der Universität der Zukunft die Kulturwissenschaften eine eminent wichtige Rolle spielen müssen, wird für die folgenden Überlegungen als Konsens vorausgesetzt: Sie erforschen den Menschen als kulturelles Wesen und vermitteln dieses Wissen in universitären Lehrprogrammen, aber auch oft an eine außeruniversitäre Öffentlichkeit – und tragen so Entscheidendes zu der Legitimierung jeder Art von Wissenschaft durch die Öffentlichkeit bei.

Soll die Einrichtung Universität eine Zukunft haben, müssen für die kulturwissenschaftlichen Fächer an die *Universität der Zukunft* zumindest zwei Forderungen gestellt werden. Die eine bezieht sich auf die Standards der Wissenschaftlichkeit, die andere auf die Weltoffenheit.

1.1 Zukunft der Standards - Standards der Zukunft

Unabhängig davon, wie sie letztlich organisiert werden, dürfen die Fachstudiengänge in ihren Qualifikationszielen – zumindest was den Master-Abschluss angeht – nicht hinter die in den 1970er und 1980er Jahren bei den Erstabschlüssen erreichten Standards der Wissenschaftlichkeit zurückfallen. Ziel eines solchen Studiums ist also weiterhin:
(1) eine größtmögliche Eigenständigkeit in der intellektuellen Erfassung und Strukturierung von Problemstellungen und die Kompetenz, sich den Stand der Forschung zu dem jeweiligen Problem selbst erarbeiten zu können.
Die Eigenständigkeit in der Problemerfassung setzt in den Kulturwissenschaften voraus,
(2) die für die Lektüre der Quellen relevanten Sprachen in hinreichendem Umfang zu beherrschen. Um den internationalen Forschungsstand angemessen rezipieren zu können, ist
(3) die Fähigkeit zur Lektüre der für das gewählte Fach relevanten Fremdsprachen-Voraussetzung.

Die Kenntnis der Quellensprachen ist für viele Absolventen des traditionellen deutschen Systems noch ein entscheidender Vorteil auf dem akademischen Arbeitsmarkt – diese Kenntnis haben sie nämlich denen voraus, die schon jetzt in einem gestuften System studieren und fast nur mit Übersetzungen arbeiten. Die Welt der Sprachen ist tatsächlich differenzierter als das Sprachangebot in den Schulcurricula – moderne Fremdsprachen wie Chinesisch oder Suaheli fallen ebenso unter die Desiderate wie Altgriechisch, Altkirchenslawisch oder Sanskrit.

Die Forschungsmethoden in den Kulturwissenschaften sind vielfältig. Grundlegende Kompetenzen des eigenständigen Umgangs mit kulturellen Gegenständen sollte auch in Zukunft jeder Absolvent, jede Absolventin erworben haben, d.h. sie beschreiben, analysieren und systematisieren können.

1.2 Weltoffenheit

Das Verlassen des „Nests" zum Aufbruch in die Fremde ist einerseits ein hilfreicher Schritt, persönliche Eigenständigkeit zu erlangen. Diese ist zwar hilfreich, aber nicht das primäre Ziel der Kulturwissenschaft, genauso wenig wie dies der Erwerb von beruflich einmal nutzbringend einsetzbaren Sprachkenntnissen ist. Kern der Kulturwissenschaften ist vielmehr die *methodisch kontrollierte Begegnung* mit dem (zeitlich oder räumlich) Anderen in seiner kulturellen Verfasstheit – was ohne eigene Erfahrung nur schwer möglich ist. Deshalb war und ist in den

Kulturwissenschaften traditionell ein Hochschulwechsel (Auslandsaufenthalte eingeschlossen) Usus, zumal in dieser Fächergruppe der Studienerfolg auch vom allgemeinen intellektuellen Horizont abhängt. Auch in Zukunft sollen sich Studierende also einem diesbezüglichen Reizklima aussetzen.

Der ideale Absolvent, die ideale Absolventin war immer die vielseitig gebildete Persönlichkeit, die durch das Einüben in Verstehens- (und Missverstehens-) prozesse ein hohes Maß an Selbständigkeit und Vermittlungsfähigkeit zwischen historisch oder räumlich anderen Kulturen und der eigenen Gegenwart erworben hat.

2 Der Status quo

Die Universität der Gegenwart kennt noch viele Barrieren, die – zumindest in der Alpha-Version der Studienreform – die kulturwissenschaftlichen Fächer daran hindern, kreativ mit ihren Möglichkeiten umzugehen. Einige wenige davon seien hier kurz skizziert. Andererseits müssen aber auch die Vertreter der Fächer von liebgewonnenen Vorstellungen Abstand nehmen, die unter den Bedingungen einer Massen-Universität nicht weiter handlungsleitend sein können. Dazu gehört der nur der Wissenschaft und Bildung verpflichtete Absolvent.

2.1 Ringen um Profile und Module

Während das Profil des Magisters neuen Typs („Master") in vielem noch Traditionen des alten Magisters fortschreiben kann, ist in den derzeitigen Diskussionen das *Profil des Bachelor-Abschlusses* oft noch ungeklärt.

Zwar gibt es die politische Vorgabe, die Studiengänge an der *employability* zu orientieren, doch ist diese in fast allen Kulturwissenschaften eine eher unbekannte Größe. Speziell Fächer, die nicht mit lebenden Fremdsprachen zu tun haben, haben es mit dieser Ziel-Vorgabe nicht leicht. Sie führen die allgemeinen Strukturierungs- und Problemlösungskompetenzen ins Feld. In den modernen fremdsprachigen Philologien scheint es etwas einfacher: Dort hat sich als plausibilitätsgestützte Interpretation der *employability* z.B. eine aktive Sprachkompetenz in Verbindung mit landeskundlichem Wissen und analytischen Fähigkeiten in zentralen Bereichen der Hochkultur (Literatur, Film, Theater, ...) und bisweilen auch der Alltagskultur (Gender, ...) etabliert. Wie dieses Profil mit einem stärker wissenschaftlich orientierten Masterprogramm zu einem abgestimmten Ganzen zusammengeführt werden kann, ist bislang selten theoretisiert worden – wie überhaupt eine fächernahe, die Reformen begleitende Hochschulforschung nur sehr selten stattfindet. Bislang nicht veröffentlichte Erhebungen an der Philosophischen Fakultät der Universität Potsdam zeigen, dass für etwa 60% der Studierenden ihre Neugierde und das Interesse an den Inhalten des Faches im Vordergrund stehen und nicht der Erhalt eines Abschlusszeugnisses möglichst in Regelstudienzeit.

Nicht nur das Qualifikationsziel des berufsorientierenden Bachelors wirft bestimmte Probleme auf, sondern auch die *Modularisierung*. Den kulturwissenschaftlichen Arbeitsmethoden gemeinsam ist, dass ihre Anwendung einer gewissen hermeneutischen Kompetenz bedarf. Die Arbeit mit zeitgenössischen oder historischen kulturellen Gegenständen erfolgt auf der Grundlage des Verstehens des einzelnen Arte- oder Mentefakts aus dem Allgemeinen und der Rekonstruktion des Allgemeinen nach erfolgter Analyse einzelner Gegenstände. Diese grundlegende methodische Fähigkeit wird traditionell an unterschiedlichsten Beispielen geschult, weshalb die Lehrprogramme der Kulturwissenschaften für Außenstehende oft den Anschein von Beliebigkeit erwecken. Die kritische Distanz zu jeder Form von Kanonbildung ist aber gerade eines der Studienziele. Der Erwerb von hermeneutischer Kompetenz und das Gewinnen und kritischer Distanz ist nur schwer in ein curricular gestuftes Modulsystem einzupassen.

2.2 Sprachen und Mobilität

Schon im 19. Jh. gab es Diskussionen, ob der Unterricht von *Fremdsprachen* eine Aufgabe der Universität sei. Das sei Sache der Schule, meinten die Vertreter einer „reinen" Wissenschaft, die alles „Handwerkliche" von der Universität fernhalten wollten. Die Rahmenbedingungen für ein Studium haben sich seitdem zwar radikal verändert, trotzdem wird bei weniger oft gelehrten Sprachen deren Beherrschung zunehmend zur Zugangsvoraussetzung erklärt. Das hat einerseits ökonomische Gründe (Lektorate für „kleine" Sprachen „rechnen sich nicht"), andererseits ist der tatsächliche Aufwand des Spracherwerbs nur schwer in *workloads* abbildbar, bzw. es wird deutlich, dass für das eigentliche Fachstudium bei einem bei 180 „gedeckelten" Punktekonto nur relativ wenige Leistungspunkte vergeben werden können. Das Problem der Sprachen ist nicht wirklich gelöst.

Die Hochschulen haben die Umstellung auf die europäische Studienarchitektur u.a. dazu genutzt, sich in den Studienangeboten zu profilieren. Wo Einzigartigkeit („Alleinstellungsmerkmal") prioritär wird, ist es um die Vergleichbarkeit schlecht gestellt. *Mobilität* aber setzt die überregionale Gültigkeit von Fachstandards (und das heißt letztlich: Vergleichbarkeit) voraus. Statt die im alten System noch üblichen Fach-Identitäten mit den internationalen Vorstellungen zu harmonisieren und einen tatsächlich europäischen Hochschulraum zu schaffen, haben lokale Vorgaben zu einem Flickenteppich von Regelungen geführt. Innerhalb einer Hochschule sind v.a. auch die kleinen Fächer sowohl in Lehr- als auch in Forschungsverbünden gut vernetzt – aber zum Preis einer *stabilitas loci* der Studierenden.

3 Perspektiven

Auch wenn an der derzeitigen Situation der kulturwissenschaftlichen Fächer im Detail viel Kritik geübt wird, will doch kaum jemand ernsthaft zum alten System zurück. Ob die Reform tatsächlich die Überführung der alten Feudal-Institution in eine demokratische leistet (wie es manch politische Rhetorik glauben machen möchte), sei dahingestellt. Offensichtlich ist, dass mehr als 40% eines Jahrgangs im alten System nicht hätten studieren können. Dazu war es mit seinen vielen Wahlmöglichkeiten viel zu elitär angelegt. Ob die 40+x% im neuen System tatsächlich zu Akademikern werden können, hängt von einer Anzahl von Neujustierungen ab.

Unbestreitbare Vorteile des neuen Systems sind, dass es den Blick stärker auf die Studienstrukturen richtet und damit Lehrende wie Studierende zu Klarheit in Anforderungen und Leistungen veranlasst.

3.1 Neue Formen

Damit sie ihre Zukunftsfähigkeit unter Beweis stellen könne, müssen die *Studienstrukturen* elastischer werden. Dann können z.b. die Entscheidungsgremien für Studienordnungen (bis hin zu den Akkreditierungsvorgaben) den Erfordernissen des Sprachen-Erwerbs Rechnung tragen, damit dieser seinen Platz findet in den Ordnungen – und sei es zum Preis der Verlängerung der Gesamtstudiendauer über die Fünf-Jahre-Grenze hinaus (z.B. in Einzelfällen als 4+2-Regelung statt der üblichen 3+2).

Wichtiger aber noch ist der Blick aufs Ganze, denn die Veränderungen an der Universitäten finden zu einem Zeitpunkt statt, da auch die Gymnasien (Stichwort „G8") umgestaltet werden. Die über viele Jahrzehnte eingespielte *Arbeitsteilung* (Allgemeinbildung an der Schule, Spezialisierung an der Hochschule) funktioniert nicht mehr. Die Gymnasien brauchen heute eine „Schul-Ausgangs-Phase" wie die Hochschulen eine „Studien-Eingangs-Phase" benötigen, in denen die vermittelten Wissensbestände und Kompetenzen aufeinander bezogen werden.

Neue Formen könnten auch ein oder zwei *Vorsemester* („Orientierungsstudien") sein, die – den amerikanischen *general studies* ähnlich – zunächst in ganze Fachgruppen (wie etwa die Kulturwissenschaften) einführen, Orientierungswissen vermitteln und die Wahl des eigentlichen Fachstudiums erleichtern. Elastizität der Studienordnungen ist v.a. auch in Hinblick auf Praktika und andere Initiativen einzufordern. Gerade für die Kulturwissenschaften sind komplett durchorganisierte Studiengänge für die erwünschte Eigenständigkeit der Studierenden eher kontraproduktiv.

3.2 Generalisten und Spezialisten

Da das Interesse an kulturwissenschaftlichen Fragestellungen nicht unbedingt mit der Vorliebe für einen speziellen Studiengegenstand einhergehen muss, sollte die Möglichkeit geschaffen werden, dass die Studierenden die einleitenden *general studies* auch zu einem vollständigen *diziplinenunspezifischen Bachelor „Artes liberales"* vervollständigen können. Ein solches Profil entspricht der weitestgehenden Interpretation des „Generalisten". Schon jetzt sind viele *Verbundstudiengänge* mit Blick auf mögliche Berufsfelder viel breiter angelegt als die früheren Magister-Studiengänge. Die *Artes liberales* wären ein weiterer konsequenter Schritt in diese Richtung.

Daneben muss es auch weiterhin die *Einzelfächer* geben. Die Fachwissenschaftler sind sich sehr wohl bewusst, dass die Welt nicht einfach in Disziplinen funktioniert und dass die Fächer kein Selbstzweck sind. Auch mag die Feststellung, dass die Forschung heute wichtige Erfolge in interdisziplinären Verbünden erringe, richtig sein – Interdisziplinarität setzt aber Disziplinen, die jeweils ihre Identität haben, voraus. Dabei ist das spezialisierte Einzelfach durchaus nicht nur der Studiengegenstand für den wissenschaftlichen Nachwuchs, alle Fächer haben einen „Hof" von Berufsmöglichkeiten für die Spezialisten (Museen, Verwaltungen, Schulen, ...).

Für die Fächer wie für die Hochschulen besteht die große Herausforderung darin, die Spannung zwischen den beiden Extremen, den Studienprogrammen für Generalisten und für Spezialisten, produktiv zu organisieren.

3.3 Generalisten höheren Typs

Aus der Logik der Ökonomie bietet es sich an, die Spannung dadurch aufzulösen, dass einige Hochschulen allmählich einen *College*-Charakter annehmen, d.h. sich auf B.A.-Studiengänge vom Typ „Artes liberales" oder „Massenfächer" spezialisieren. Andere hätten daneben noch Verbundstudiengänge, und spezialisierte Studiengänge v.a. der kleinen Fächer sind dann nur noch an Hochschulen mit entsprechenden Zentren möglich.

Diese Perspektive ist aus mehrerlei Gründen problematisch. Zum einen werden gerade in den Neuen Bundesländern die Erinnerungen an längst überwunden geglaubte Zeiten wach, als feste Fachkombinationen und große Lehrverbünde zentral geplant vorgeschrieben wurden und nicht wirklich zu Qualitätsverbesserungen geführt haben – im Gegenteil. Zweitens ist aus Sicht der Forschung eine größere Fächervielfalt in Philosophischen Fakultäten unabdingbar. Kulturwissenschaftliche Verbundforschung funktioniert nicht wirklich arbeitsteilig sondern interdisziplinär. In den letzten Jahrzehnten hat die kulturwissenschaftliche Theoriebildung und Forschung wesentliche (und nicht planbare!) Anstöße aus verschiedenen, auch kleinen Fächern erhalten. Die Spezialisten in den Kulturwissenschaften sind nur dann wirklich solche, wenn sie Generalisten höheren Typs sind.

Verkommen die Kulturwissenschaften zu Lehrbuch-Routine, erfüllen sie ihren Zweck nicht mehr: Studierende zu methodischem Denken anzuleiten und zu Entdeckungen anzuregen. Intellektuelle Reizklimata auf allen Ebenen zu erhalten und immer wieder neu zu schaffen, sollte deshalb die wichtigste Aufgabe der Universität von Morgen sein.

Massenfach und Orchidee – Die Perspektive der „Kleinen Fächer"

Tassilo Schmitt

Vorbemerkung

Wird man als Althistoriker danach gefragt, ob man eher ein „Massen-" oder ein „(kleines) Orchideenfach" vertrete, fällt eine Antwort nicht leicht. Denn die Alte Geschichte gehört an den deutschen Universitäten vor allem im Bereich der Lehre zur Geschichtswissenschaft, die ihrerseits ganz gewiss nicht als klein bezeichnet werden kann. Andererseits verweist die Möglichkeit, dass die Alte Geschichte wie zur Zeit meines Studiums an der Universität Heidelberg sogar in einer anderen Fakultät beheimatet sein kann als andere Geschichtswissenschaften, auf ein (nicht zuletzt traditionsbedingtes) Eigenleben: Im Grenzbereich zwischen anderen Altertums- und anderen Geschichtswissenschaften ist sie durch einige der Merkmale gekennzeichnet, die gerade für „Kleine Fächer" (KF) typisch sind. Vielleicht erlaubt es gerade diese Statusunsicherheit des Althistorikers, die Diskussion über „Geistes- und Sozialwissenschaften in der Universität von morgen" aus der Perspektive der KF anzuregen, gerade weil er auch ständig mit den „großen" zu tun hat.

1 Allgemeines

KF sind solche nicht wegen der Kleinheit oder (relativen) Bedeutungslosigkeit ihrer Gegenstände, sondern deswegen weil sie regelmäßig über wenige Professuren – oft ist es nur eine – an einer Universität verfügen und an vielen Universitäten gar nicht vertreten sind. Die Zahl der Studierenden ist vergleichsweise niedrig. Ihre Identität beziehen die KF wie die anderen Fächer sowohl durch eine spezifische Kombination von Untersuchungsgegenständen und -methoden als auch besonders durch eine an deren Beherrschung gebundene wissenschaftliche Ausbildung mit Karrierewegen bis hin zur Professur. Ihre Tradition und ihr Fortbestand als Fächer ergeben sich aus der Fähigkeit, das wissenschaftliche Personal selbstständig zu reproduzieren. Damit ist ihre Existenz grundsätzlich daran gebunden, dass sie Studiengänge von der Propädeutik bis zum Masterabschluss maßgeblich gestalten, den Weg in die wissenschaftliche Selbstständigkeit über die Promotion eröffnen und durch angemessene Forschungsmöglichkeiten in einer Post-Doc-Phase die Voraussetzung für die Rekrutierung konkurrenzfähigen wissenschaftlichen Nachwuchses anbieten können. Institutionell sind KF also durch die Vertretung in mindestens einer Professur und durch die Existenz spezifischer Curricula gekennzeichnet. Die meisten der KF gehören zu den Geisteswissenschaften; sie finden sich aber auch wie zum Beispiel die Kristallographie unter den Naturwissenschaften.

Obwohl sie wissenschaftlich eigenständig sind, können KF regelmäßig nicht als Einzelfach an einer Universität studiert werden. Wer sich einschreibt, wählt mindestens ein weiteres Haupt- oder Nebenfach. Wenn ein KF nur mit einer Professur vertreten ist, können unterschiedliche Perspektiven ohnehin nur durch weitere Studien an anderen Universitäten gewonnen werden.

Viele KF sind durch disziplinäre Professionalisierung und damit Verselbstständigung entstanden. Weil sie umfangreiche Gegenstände mit hochdifferenzierten Methoden traktieren, zeichnen sich die meisten KF durch einen überdurchschnittlich hohen Grad an Spezialisierung schon in frühen Phasen des Studiums aus: Typisch sind etwa die notwendigen fundierten Kenntnisse fremder und komplexer kultureller und semantischer Zeichensysteme wie zum Beispiel die seltener oder ausgestorbener Sprachen und Schriften, die nicht ohne Weiteres verstanden werden können, sondern erst langwierig angeeignet und eingeübt werden müssen. Obwohl viele der KF in der Kommunikation von Ergebnissen eine breite Öffentlichkeit erreichen und dafür oft fasziniert wahrgenommen und bewundert werden, gilt der harte Kern wissenschaftlicher Bemühungen weithin als sehr akademisch und weltfremd. Solche Einschätzungen werden durchaus auch innerhalb der Universität vertreten und sind als ambivalente Reaktionen auf besonders Fremdes auch kaum zu vermeiden. Die erheblichen Leistungen, die die KF aber für die Anerkennung professioneller Wissenschaftlichkeit in einer allgemeinen Öffentlichkeit einerseits und für die Vernetzung der Wissenschaften durch die notwendig interdisziplinäre Prägung aller Fachvertreterinnen und Fachvertreter andererseits ganz selbstverständlich erbringen, werden hingegen zu Unrecht leicht übersehen. Das gilt auch für das enorme katalytische Potenzial: Jedes KF muss scheinbar randständige Phänomene übersetzen und aufbereiten, um sie überhaupt verständlich zu machen. Das hilft, indirekt die Voraussetzungen und Eigenarten des sonst zu Selbstverständlichen aus unerwarteten Perspektiven besser zu erhellen.

Historisch sind die KF eng mit dem Erfolg des deutschen Universitätssystems verbunden. Wenn auch in fast jedem Einzelfall plausibel gefragt werden darf, warum an der Universität A „Christliche Archäologie" betrieben oder an der Universität B „Kaukasiologie" angeboten werden soll, gewinnen die betreffenden Institutionen nicht zuletzt auch durch die Existenz und Förderung solcher

Fächer unverwechselbares Profil und oft eine bemerkenswerte internationale Sichtbarkeit. Wegen der geringen Personalausstattung hängt die jeweilige Wertschätzung sehr stark von einzelnen Personen ab, da sowohl Spitzen- als auch Fehlleistungen nicht durch die Performanz von Kolleginnen und Kollegen relativiert werden. Damit ist eine besondere institutionelle Verletzlichkeit verbunden.

In der Regel ist es für KF weder aus der Binnenperspektive noch aus der Außensicht eine vernünftige Option, der eigenen prekären Existenz durch Wachstum entgehen zu wollen. Da die angemessene Förderung von KF aber immer weniger als selbstverständlicher gesellschaftlicher Bildungs- und Kulturauftrag verstanden und politisch vertreten wird, erleben diese ihre Lage oft als permanente Bedrohung, bei der eben nicht nur diese oder jene Professur, sondern die Zukunft des Faches überhaupt zu Disposition steht.

1.1 Außenperspektiven

Die KF können in Lehre und Forschung für ihre Umwelt vielfach Ergänzung und Bereicherung sein. Entweder erweitern sie das Spektrum der angebotenen oder untersuchten Gegenstände, oder sie erlauben durch ihre spezifischen Methoden und Expertisen zusätzliche Erkenntnismöglichkeiten. Auch im Hinblick auf die Erwartung, dass Universitäten zunehmend Weiterbildungsangebote aufbauen, bieten KF attraktive Entwicklungs- und Profilierungschancen.

Aus der Perspektive großer Nachbarfächer gelten sie zwar insgesamt als nützlich und werden gebraucht. Das sichert allerdings keineswegs die Existenz der vorhandenen Fächer an ihren Universitäten oder gar deren Förderung und Ausbau. In Zeiten knapper Kassen zieht man die Stärkung der jeweils eigenen Disziplin der Extension über die Fachgrenzen hinaus gerne vor. Oft werden auch wechselseitig die gemeinsamen Potenziale nicht erkannt oder unterschätzt, so dass aus dem Nebeneinander kein produktives Miteinander wird. Kollegiale Reibereien, wissenschaftliche Moden, vor allem aber finanzielle Zwänge sorgen dann dafür, dass frei werdende Professuren renommiert oder ganz gestrichen werden. Die KF sind zwar vielfältig, aber eben lockerer und oft gerade nicht mit ihrer unmittelbaren Umwelt verbunden, die ihnen auch bei Vakanzen Schutz bieten könnte. Zu wenig schätzt man an ihnen das spezifisch Andere, sondern bevorzugt das halbwegs Ähnliche, die „Schnittmenge", so dass selbst eine allgemeine Unterstützung für KF dem konkreten KF nicht immer von Nutzen sein muss. Die wegen der großen Gegenstandsbereiche oft ausgeprägte Adaptabilität an verschiedenste Umgebungen erlaubt aus der Perspektive dieser Nachbarn auch eine erhebliche Beliebigkeit darin, eines der KF durch ein anderes zu ersetzen. Das gilt sowohl für interdisziplinäre Verbünde, für Zentren als auch für „Area Studies", wo beispielsweise Philologien durch Kunstwissenschaften, Geschichte durch Soziologie und vice versa leichthin substituiert werden zu können scheinen oder wo die Betrachtung der Kultur Madagaskars durch die Perus abgelöst wird. Problematisch ist daran nicht, dass es zu Veränderungen kommt, sondern dass diese viel zu oft aus einem sehr begrenzten Blickwinkel vorgenommen werden, so dass ein KF rasch nicht nur an einem Standort, sondern wegen mangelnder Umsicht ganz generell vor dem Aus stehen kann: Auch wenn wohl niemand das Massensterben slawistischer Professuren bewusst initiiert hat, erschienen sie im Laufe der 1990er Jahre vielerorts jeweils verzichtbar und die Fachgesellschaften hatten nicht die Schlagkraft und Reichweite, um am jeweiligen Ort Umwidmungs- oder Streichungsabsichten erfolgreich zu widerstehen. Hochschul- und Fakultätsleitungen stehen zudem unter Druck, dass die KF an den Maßstäben von Kapazitätsverordnungen regelmäßig scheitern: Weil ein Euro nur einmal ausgegeben werden kann, ist die Versuchung nahe liegend, Fächer mit dem Potenzial, hohe Absolventenzahlen zu produzieren, zu Lasten der KF zu bevorzugen. Im Zeitalter der Medialisierung sind auch Sammlungen oder Bibliotheksbestände oft keine gewichtigen Gründe dafür, Fachtraditionen fortzusetzen: Wo alles überall hinreichend verfügbar erscheint, ist der jeweilige Präsenzbestand für viele kein wesentliches Kriterium mehr.

In der Kooperation mit Kolleginnen und Kollegen im Rahmen von Anträgen und Selbstverwaltung sind die KF in einer schwierigen Situation, weil die Lasten nicht auf hinreichend viele Schultern verteilt werden können. Es ist für KF dringend nötig, sich zu beteiligen, um wahr- und ernstgenommen zu werden. Zugleich zieht jedes Engagement anteilsmäßig oft so viel Zeit und Kraft von den fachlichen Anliegen in Forschung und Lehre ab, dass man sich diesen Kernaufgaben nur noch mit Mühe, manchmal gar nicht mehr widmen kann. Es ergibt sich die paradoxe Situation, dass die im Interesse des eigenen Faches geleistete Mitarbeit an allgemeinen Projekten dieses eigene Fach austrocknet.

1.2 Innenperspektiven

Identität und Selbstverständnis der KF beruhen auf der Fähigkeit, eigenen Nachwuchs produzieren zu können. Diese ist dann äußerst gefährdet, wenn die universitäre Lehre vor allem im Rahmen von mit anderen Fächern gemeinsam gestalteten Programmen angeboten werden muss. Denn diese Kooperationen erfordern zum einen, dass die Veranstaltungsthemen in großen Teilen nicht nach den fachlichen Bedürfnissen, sondern nach Kriterien der Kompatibilität mit dem allgemeinen Studienplan festgelegt werden. Fachstudierende der KF erleben also selbst dann, wenn sie „eigene" Vorlesungen, Seminare oder Übungen besuchen, dass diese partiell fachfremden Logiken gehorchen (müssen): An die Stelle der Einführung in die Wissenschaft tritt die Vermittlung von Ergebnissen der Wissenschaft. Das universitäre Studium mutiert in der Sache hier zu einem Fachhochschulstudium. Zugleich müssen Studierende feststellen, dass Kapazitäten für streng fachliche Notwendigkeiten – zum Beispiel Sprachunterricht – nur sehr schwer bereitgestellt werden können. Vor diesem Hintergrund klingt die hochschulpolitische Parole, dass das Ziel der Studien in einer *employability* bestehe, wie ein bitterer Scherz. Denn in vielen der KF wird wissenschaftliche *employability* ausschließlich durch eine hohe Qualität fachlicher Kenntnisse und Kompetenzen erreicht. Die Chance also, auf einem allgemeinen Arbeitsmarkt mit Absolventinnen und Absolventen anderer Fächer ein wenig konkurrieren zu können, wird um den hohen Preis erkauft, den Anforderungen des eigenen Faches selbst nach einem erfolgreichen Studienabschluss nur mit Einschränkungen zu genügen. Dazu kommt, dass viele für KF grundlegende Kenntnisse und Fähigkeiten (noch einmal seien exemplarisch seltene Sprachen genannt), die als fachspezifische Voraussetzungen für den Zugang zur Wissenschaft gelten, nicht in der Schule vermittelt werden. Die notwendigen Propädeutika lassen sich aber unter den Bedingungen oft viel zu rigider Vorgaben für Studiengangsverlaufsplanungen und fehlender personeller Kapazitäten oft nicht im nötigen Umfang anbieten.

Alles in allem stellen nicht die aktuellen Bedingungen für die Forschung, sondern vor allem die durch Studienorganisationsvorgaben und Kapazitätsverordnungen bestimmten Umstände der Lehre eine mittel- und langfristig tödliche Gefahr für viele kleine Fächer dar, weil es nicht hinreichend gelingt, die fachliche Identität zu sichern.

Diese Innenperspektive hat auch Konsequenzen für die Umwelt: So wichtig und schön die aktive Teilnahme an interdisziplinärer Lehre ist, so richtig die oft wiederholte Aussage ist, dass viele neue Erkenntnisse zwischen den Disziplinen gewonnen werden, so deutlich muss auch festgestellt werden, dass Interdisziplinarität eine Fähigkeit auf der Basis solider Disziplinarität ist. Wenn aber Interdisziplinarität ein Euphemismus für (im doppelten Sinne) Disziplinlosigkeit ist, verliert zunächst die Wissenschaft, verlieren aber folglich auch Gesellschaft, Kultur und Politik die Chance, ihre eigenen Gestaltungsmöglichkeiten in der Auseinandersetzung mit fundiert erforschten Alternativen zu erneuern, ja nur zu erhalten.

2 *„Kleine Fächer" im Bachelor/Master-System*

Das Ausbildungsziel der meisten KF, vor allem der in den Geistes- und Sozialwissenschaften, besteht – jenseits der gelegentlich intensiven Beteiligung an Lehramtsstudiengängen - darin, wissenschaftlich selbstständig arbeiten zu können. Mit einem dreijährigen Bachelor-Studium ist dieses Niveau in der Regel nicht zu erreichen. Das gilt insbesondere dort, wo vor der eigentlichen wissenschaftlichen Arbeit etwa nicht selten mehrere (bei uns) wenig verbreitete oder ausgestorbene Sprachen erlernt werden oder – um ein anderes Beispiel zu nennen – in der Musikwissenschaft eine Vertrautheit mit der Notationskunde entwickelt werden muss. Diese Notwendigkeiten verzögern den Einstieg in die Auseinandersetzung mit wissenschaftlichen Fragestellungen oder beschränken diese zunächst auf ein Niveau, auf dem selbstständiges Weiterdenken in der Regel noch nicht erwartet werden kann. Das Problem verschärft sich noch, wenn das Bachelorstudium in Vergemeinschaftung mit anderen Fächern absolviert werden muss.

Die grundsätzliche – wenn auch in der Praxis durchaus oft gerade nicht mögliche – Variante, gleich ein vierjähriges BA-Studium zu konzipieren, ist keine überzeugende Lösung, weil darauf systematisch nur ein einjähriger Master-Studiengang folgen kann, in dem keine gründliche Vertiefung zu erreichen ist. Dazu kommt, dass viele universitäre oder von den Ländern erlassene Richtlinien auf der Basis von Kapazitätsüberlegungen Masterstudiengänge ausschließen, die von weniger als drei Professuren verantwortet werden.

Was für Lehramtsstudien nie ernsthaft bezweifelt wurde, gilt für die KF erst recht, wenn sie als Hauptfächer studiert werden: Ein qualifizierender Abschluss und damit *employability* wird in der Regel frühestens mit dem Master erreicht! Als Nebenfächer können die KF dagegen durchaus sinnvoll im Bachelor-Format konzipiert werden: Hier wird nicht eigener Nachwuchs an die Wissenschaft herangeführt, sondern Interessenten aus Nachbardisziplinen auf hohem Niveau Ergebnisse von Wissenschaft vermittelt.

3 Vorschläge

Die für die Orientierungsbedürfnisse von Studierenden an der Massenuniversität konzipierten Formen der Bachelor- und Masterstudiengänge sind in den KF grundsätzlich weder notwendig noch oft auch nur hilfreich. Ihre Regularien können sogar einen sinnvollen Studienaufbau erheblich erschweren. Das gilt – wie eben angedeutet – weniger für die Nebenfachangebote. Deswegen werden sich die nachfolgenden Überlegungen auf Hauptfachstudierende beschränken.
Auch in einem KF ist es sinnvoll, unterschiedliche Perspektiven auf die eigene Wissenschaft kennen und einschätzen zu lernen. Das setzt angesichts einer geringen Ausstattung mit Professuren an einer Universität die Bereitschaft und die Möglichkeit voraus, auch bei anderen als den Professorinnen und Professoren der eigenen Universität Veranstaltungen zu besuchen.

Hier sind grundsätzlich verschiedene Wege denkbar und zum Teil schon erprobt. So sollten die Studierenden mit geringem bürokratischem Aufwand Gastsemester anderswo besuchen können, die an der eigenen Universität problemlos anerkannt werden. Das setzt universitäts- und auch länderübergreifende Absprachen voraus, wie sie etwa im PONS-Netzwerk der Klassischen Archäologie getroffen wurden, an dem die Universitäten Bochum, Bonn, Freiburg, Göttingen, Heidelberg, Leipzig, Regensburg, Rostock und Tübingen mitwirken. Ziel ist es hier, die Mobilität der Studierenden im Inland zu fördern. Dazu gehören intensive Beratung der Studierenden, Abstimmung von Kerncurricula und auch finanzielle Unterstützung für den zeitweiligen Ortswechsel.

Auch sollte verstärkt darüber nachgedacht werden, dass einzelne Professuren Summerschools in ihren Schwerpunktbereichen anbieten, die universitätsübergreifend als reguläre Veranstaltungen anerkannt werden. In den von den Fachgesellschaften zu organisierenden Absprachen muss dafür sicher gestellt werden, dass Präsenz-Studium in der vorlesungsfreien Zeit an Summerschools gleichsam komplementär durch Selbststudium auch „im Semester" ermöglicht wird: Die Summerschool ist dann Ersatz für eine reguläre Veranstaltung. Notwendig für dieses Modell ist es aber auch, dass solche Angebote für die Lehrenden auf das Lehrdeputat angerechnet werden können. Das wird regelmäßig nur so möglich sein, dass die rigiden Verpflichtungsverordnungen flexibilisiert werden.

Auch eine stärkere Einbindung von E-learning könnte für ein größeres Angebot sorgen. Schließlich lassen sich Kooperationen vorstellen, in denen Lehrende für ein Semester im Austausch mit Kolleginnen und Kollegen Verpflichtungen an anderen Universitäten übernehmen. Solche „Vertretungen" sind etwa in Abkommen zwischen den Universitäten Bremen und Oldenburg längst vorgesehen, müssten aber deutlich attraktiver gestaltet werden. Damit könnten auch durch Vereinbarungen Lösungen für die Probleme gefunden werden, dass eine geringe Zahl von Professuren Studiengänge (wegen Krankheiten, Freisemestern usw.) sonst nicht dauerhaft verlässlich betreiben können.

In vielen Fällen wird auch über propädeutische Vorsemester nachzudenken sein, in denen notwendige Sprachkenntnisse oder andere Voraussetzungen dafür angelegt werden, einen selbstständigen Zugang in die Wissenschaft zu finden. Erfreulicherweise werden inzwischen solche Anregungen auch im politischen Raum diskutiert. In diesem Zusammenhang sind auch Fragen der Anrechnung für BAföG oder Stipendien zu klären. Gerechtigkeit besteht gerade hier nicht darin, alles gleich, sondern Ungleiches ungleich zu behandeln.

Landesregierungen und Hochschulleitungen sind aufgefordert, durch Flexibilisierungen vor allem im Bereich von Kapazitäten und Deputaten mehr Raum für institutionenübergreifende Kooperationen zu schaffen.

Die Fachgesellschaften sollten es als eine ihrer wichtigsten Aufgaben erkennen, Modalitäten für Zugang, Anerkennung und Qualitätssicherung von Veranstaltungen zu entwickeln, die eben nicht nur für Studierende einer Universität angeboten werden. Im Idealfall würden Informations- und clearing-Stellen geschaffen, an denen sich Studierende individuell im Hinblick auf ihr Curriculum beraten lassen können – für ein Studium, das nicht durch bürokratische Pläne und Verordnungen, sondern durch die spezifischen Anforderungen des jeweiligen Faches bestimmt wird.

Stiftungen könnten eine Herausforderung darin sehen, solche innovativen Kooperationen zu fördern.

Die Studierenden sollten den Vorteil wahrnehmen und schätzen lernen, sich frühzeitig an verschiedenen Universitäten sowohl mit Lehrenden als auch mit anderen Studierenden zu vernetzen.

All diese Ansätze müssten grundsätzlich so gestaltet werden, dass sich perspektivisch auch ausländische Partner beteiligen können. Dann kann es gelingen, die für die Identität und das Ansehen der deutschen Universität unverzichtbaren KF nicht nur zu erhalten, sondern sie sogar zu einem Reformmotor zu entwickeln.

Die Erneuerung der Geisteswissenschaften aus der Perspektive der kleinen Fächer

Katharina Bahlmann

Fragt man nach der Zukunft der Universitäten, führt kein Weg an den so genannten kleinen Fächern vorbei. Für einen bestehenden Zusammenhang zwischen der Zukunft der Universität und der Zukunft der kleinen Fächer ließe sich aus verschiedenen Richtungen argumentieren. So haben beispielsweise die jüngsten Untersuchungen der *Potsdamer Arbeitsstelle Kleine Fächer* zahlreiche Potentiale der kleinen Fächer – und damit vor allem der kleinen Geisteswissenschaften – aufgezeigt, die das Profil der Universitäten zu stärken vermögen und den Weg in eine international vernetzte Zukunft weisen.[63]

Um eine Erörterung dieser unbestreitbaren Potentiale der kleinen Fächer soll es in diesem Beitrag jedoch nicht gehen. Stattdessen sollen die kleinen Fächer und der Begriff der ‚Zukunft' in ein anderes Verhältnis zueinander gerückt und danach gefragt werden, inwiefern uns die kleinen Fächer einen Blick auf die Erneuerung und Entwicklungslogik der Geisteswissenschaften[64] eröffnen. Dies bedeutet, die kleinen Fächer nicht als ‚Besonderheiten' innerhalb des deutschen Hochschulsystems anzusehen, sondern in ihnen ein spezifisch geisteswissenschaftliches Phänomen zu erkennen. Zur Entfaltung dieses Gedankens seien zunächst drei Potentiale der kleinen Fächer angeführt, von denen die weiteren Überlegungen ihren Ausgang nehmen.

---

[63] Vgl. hierzu insbesondere Potsdamer Arbeitsstelle Kleine Fächer: Abschlussbericht des Projekts Kartierung der sog. Kleinen Fächer mit den Statements der Internationalen Tagung Kleine Fächer in Deutschland, Europa und in den USA vom 2. Dezember 2011, Universität Potsdam, vorgelegt im März 2012 von Katrin Berwanger, Beatrix Hoffmann und Judith Stein unter der Projektleitung von Norbert P. Franz, http://www.kleinefaecher.de/pdf/KleineFaecher_Abschlussbericht_2012.pdf (abgerufen am 10.10.2012), v.a. S. 19 und S. 164f. sowie Hochschulrektorenkonferenz: Ergebnisse eines HRK-Projekts. Kleine Fächer an den deutschen Universitäten interdisziplinär und international. Rheinbreitbach 2012, http://www.hrk.de/fileadmin/redaktion/hrk/02-Dokumente/02-10-Publikationsdatenbank/EVA-2012_Kleine_Faecher.pdf (abgerufen am 10.10.2012), S. 21f.

[64] Im Folgenden wird der Einfachheit halber stets von ‚Geisteswissenschaften' die Rede sein. Es sind damit aber gleichermaßen die Kultur- und Sozialwissenschaften gemeint.

I. Die kleinen Geisteswissenschaften

1. Potentiale der kleinen Geisteswissenschaften

1.1 Bildungschance

Das Bild der Universität ist traditionsgemäß von der Vorstellung geprägt, dass in ihr möglichst viele – wenn nicht sogar alle – wissenschaftlichen Disziplinen zu einem universalen Verbund, einer *universitas litterarum*, zusammengeschlossen werden. Eine Universität *ohne* oder *mit nur wenigen* kleinen Fächern ist so gesehen keine vollwertige Universität. In diesem Sinne hat nicht nur Reinhold Grimm in seiner 2003 veröffentlichten Stellungnahme „Zum Leistungsspektrum eines (kleinen) Faches" argumentiert[65], in diesem Geiste steht auch die erste Untersuchung zu den kleinen Fächern, die im Auftrag des deutschen Hochschulverbandes in den Jahren 1974/75 vorgelegt wurde.[66] Die Tatsache, dass an den im Laufe der 1960er Jahre neu gegründeten Universitäten oft nur die so genannten Massenfächer vorzufinden waren und den dort Studierenden folglich der Zugang zu einem breiten wissenschaftlichen Spektrum vorenthalten blieb, stellte für die Autoren der im Rahmen dieser Untersuchung veröffentlichten „Denkschrift ‚Kleine Fächer'" einen problematischen Zustand dar. Unter Bezugnahme auf das Ideal der Volluniversität wurde und wird somit eine Perspektive verfochten, die den Erhalt bzw. die Verbreitung der kleinen Fächer als *zukunftsträchtig* im Sinne einer *Bewahrung und Schaffung von Bildungschancen* ansieht.

---

[65] Vgl. hierzu Reinhold R. Grimm: Zum Leistungsspektrum eines (kleinen) Faches, hg. vom Allgemeinen Fakultätentag 2003, http://www.fakultaetentag.de/presse/aft-presseerklaerung2003-04-KleineFaecher.pdf (abgerufen am 10.10.2012), S. 1 und S. 8: *„Ich möchte geradezu behaupten, an den kleinen Fächern entscheide sich mittelfristig die Zukunft der Universität [...]. Nur wenn es gelingt, die kleinen Fächer im Verbund der Universität zu halten und sinnvoll zu integrieren, lässt sich die Idee der Universität transformiert in den Europäischen Hochschulraum überführen."* Vgl. in diesem Sinne auch Horst Haider Munske: Kleine Fächer in Gefahr. Zur Ausdünnung des Fächerkanons der Universitäten. In: Forschung und Lehre, Heft 12 (2001), http://www.forschung-und-lehre.de/wordpress/Archiv/2001/12_2001.pdf (abgerufen am 10.10.2012), S. 652f. sowie Hans-Ulrich Gumbrecht: Laboratorien riskanten Denkens. In: Hochschulrektorenkonferenz: Ergebnisse eines HRK-Projekts. Kleine Fächer an den deutschen Universitäten interdisziplinär und international. Rheinbreitbach 2012, http://www.hrk.de/fileadmin/redaktion/hrk/02-Dokumente/02-10-Publikationsdatenbank/EVA-2012_Kleine_Faecher.pdf (abgerufen am 10.10.2012), S. 13–18, hier S. 16.

[66] Vgl. Hochschulverband (Präsidium): Die Kleinen Fächer. Eine vom Hochschulverband im Auftrag des Bundesministeriums für Bildung und Wissenschaft erarbeitete Struktur- und Funktionsanalyse über die Lagen an den Hochschulen in der Bundesrepublik Deutschland. 2 Bde. Bonn 1974/75. Vgl. hierzu und zum Folgenden ebd., Bd. 1, S. 11–14 sowie insbesondere die im 1. Band enthaltene „Denkschrift ‚Kleine Fächer'", S. 15–62, v.a. S. 24 und S. 62.

Die Erneuerung der Geisteswissenschaften 61

1.2 Orientierungswissen

Darüber hinaus kommt in der Veröffentlichung des deutschen Hochschulverbandes die zukünftige Bedeutsamkeit der kleinen Fächer aus einem weiteren Blickwinkel zur Sprache. Verwiesen wird auf die gesellschaftliche und politische Relevanz der kleinen Fächer, genauer gesagt auf die für Staat und Gesellschaft bestehende Notwendigkeit, auf möglichst alle Wissensgebiete der Menschheit jederzeit Zugriff zu besitzen.[67] Beispielsweise kann eine Gesellschaft von einem zum anderen Moment auf ein bis dato vergleichsweise wenig beachtetes Wissen angewiesen sein. Ein prominentes und relativ aktuelles Beispiel stellt in diesem Zusammenhang die Islamwissenschaft dar. Denn in der Folge des 11. Septembers 2001 ist die Nachfrage des Wissens und der Expertise der Vertreter und Vertreterinnen dieses Faches in hohem Maße gestiegen.[68] Doch auch viele weitere Themenbereiche der kleinen Fächer stehen regelmäßig im Fokus der Öffentlichkeit, wie beispielsweise Wolfram Hogrebe zu berichten weiß und dies anhand von drei umfangreichen *Spiegel*-Reportagen zu Forschungsergebnissen der Pleistozänarchäologie, der Altamerikanistik und der Orientalistik belegt.[69] Die Untersuchungsgegenstände und Themen der meisten kleinen geisteswissenschaftlichen Fächer scheinen sich weit entfernt von unserer alltäglichen Wirklichkeit zu bewegen, weil sie fremden – d.h. außereuropäischen oder schon lange vergangenen – Kulturen angehören.[70] Dennoch bleiben diese Gegenstände, so Hogrebe, „auf eine unterirdische, bisweilen sogar politisch spektakuläre Weise an unser Weltverständnis angeschlossen"[71]. Wenn beispielsweise die Pleistozänarchäologie zu zeigen vermag, dass sich Hinweise für einen *homo sapiens* nicht erst 40.000, sondern bereits 400.000 vor Christus finden, so revolutionieren diese Erkenntnis unser Welt- und Menschenbild. Für Hogrebe liegt es daher unmittelbar nahe, den kleinen Fächern eine welterschließende Wirkung zu attestieren. Auch in vielen weiteren Veröffentlichungen wird dieses *schlummernde* oder *latente* Orientierungswissen als Potential der kleinen Fächer hervorgehoben. Dem Abschlussbericht der *Potsdamer Arbeitsstelle Kleine Fächer* zufolge liegt

---

[67] Vgl. Hochschulverband 1974/75, Bd. 1, S. 8.
[68] So verweist Norbert Franz auf die Gründung islamwissenschaftlicher Zentren, wie das Münchner Zentrum für Islamstudien oder die Graduiertenschule „Muslim Cultures" an der FU Berlin, vgl. Norbert Franz: Manövriermasse. Die Situation der so genannten Kleinen Fächer. In: Forschung und Lehre, Heft 1 (2012), http://www.forschung-und-lehre.de/wordpress/Archiv/2012/ful_01-2012.pdf (abgerufen am 10.10.2012), S. 34–36, hier S. 34. Vgl. auch Potsdamer Arbeitsstelle Kleine Fächer 2012, S. 164.
[69] Vgl. Wolfram Hogrebe: Kleine Fächer – Große Wirkung. In: Klaus Dicke (Hg.): Qualitätssicherung und Qualitätsförderung in der Universität (Lichtgedanken. Jenaer Universitätsschriften). Jena 2012, S. 77–86.
[70] Vgl. Potsdamer Arbeitsstelle Kleine Fächer 2012, S. 18. Dem Bericht zufolge sind die Fachgegenstände von 63 der 95 untersuchten kleinen Geisteswissenschaften ganz oder teilweise im Ausland angesiedelt.
[71] Hogrebe 2012, S. 85.

eine besondere Befähigung der kleinen geisteswissenschaftlichen Fächer darin, fremde Perspektiven ins Bewusstsein zu bringen und damit die vorherrschenden eurozentrischen Kulturparadigmen aufzubrechen. In einer globalen Zukunft werden die kleinen Fächer daher eher noch an Relevanz gewinnen. Sie sind somit als eine außerordentliche *Kompetenzressource* anzusehen, auf die auch zukünftig keinesfalls verzichtet werden darf.[72]

1.3 Komplexitätssteigerung

In Anbetracht dieser Befähigung der kleinen Geisteswissenschaften ist es besonders bemerkenswert, dass sich Hans-Ulrich Gumbrecht in seiner *Keynote Speech* zur Abschlusstagung der *Potsdamer Arbeitsstelle Kleine Fächer* in keinster Weise auf die Orientierungsfunktion der kleinen Fächer beruft.[73] Ganz im Gegenteil vertritt er den Standpunkt, dass eine Legitimation der Geisteswissenschaften und speziell der kleinen geisteswissenschaftlichen Fächer nicht über den Verweis auf ein – wie auch immer aussehendes – Orientierungswissen zu leisten sei. Anstatt die Relevanz der kleinen Fächer in Hinblick auf die Lösung gesellschaftlicher oder politischer Fragen in den Vordergrund zu rücken, konzentriert sich Gumbrecht gerade auf das kehrseitige Potential der kleinen Geisteswissenschaften, das er unter dem Schlagwort des ‚riskanten Denkens' zusammenfasst. Gumbrecht versteht unter diesem Begriff ein gegenintuitives Denken – ein Denken, das nicht auf die lösungsorientierte Reduktion komplexer Sachverhalte ausgerichtet ist, sondern das im Gegenteil der *Produktion von Komplexität* dient. Die kleinen Fächer, so Gumbrecht, „machen unsere Sicht der Welt komplexer und komplizierter und schaffen damit ein Potential, das die Gesellschaft braucht, damit Veränderung, damit die Imagination, die Vision von neuen Situationen, von anderen Situationen weiterhin vorstellbar bleibt"[74]. Unter Bezugnahme auf Humboldt stellt Gumbrecht die *Wissensinnovation* als das eigentliche Geschäft der Universität heraus und die Aufgabe der Wissensvermittlung hinten an.

---

[72] Vgl. zur Bedeutsamkeit und den besonderen Kompetenzen der kleinen Fächer auch die Empfehlungen und Berichte der Hochschulrektorenkonferenz: Hochschulrektorenkonferenz: Die Zukunft der kleinen Fächer. Potentiale – Herausforderungen – Perspektiven. Empfehlungen der HRK-Projektgruppe „Kleine Fächer". Bonn 2007, http://www.hrk.de/uploads/tx_szconvention/ Empfehlung_Kleine_Faecher.pdf (abgerufen am 10.10.2012), S. 9f.; Hochschulrektorenkonferenz: Die kleinen Fächer an den deutschen Universitäten. Bestandsaufnahmen und Kartierung. Bonn 2008, http://www.hrk.de/de/download/dateien/Beitr4-2008_KleineFaecher.pdf (abgerufen am 10.10.2012), S. 5; Hochschulrektorenkonferenz 2012, S. 21f.
[73] Vgl. Gumbrecht 2012.
[74] Ebd., S. 17.

2. Von den Potentialen zum Profil der kleinen Geisteswissenschaften

So gegensätzlich Wolfram Hogrebes Ausführungen zum *Orientierungswissen* und Hans-Ulrich Gumbrechts Plädoyer für eine *Komplexitätssteigerung* auf der einen Seite auch sein mögen, so folgt daraus auf der anderen Seite jedoch nicht, dass uns hier zwei miteinander unvereinbare Bestimmungen kleiner Fächer begegnen. Beide Positionen stellen spezifische Potentiale der kleinen Geisteswissenschaften heraus und lassen sich gleichermaßen mit dem zuvor genannten Ideal der Universität im Sinne der *universitas litterarum* verbinden. Die gegensätzliche Rhetorik von Hogrebes und Gumbrechts Argumentation ist hingegen der unterschiedlichen Legitimation kleiner Geisteswissenschaften und damit – aufs Ganze betrachtet – der Frage geschuldet, wie Wissenschaft und Universität in unserer heutigen Gesellschaft zu rechtfertigen sind. Bezieht man ihre Überlegungen hingegen auf das Profil der kleinen Geisteswissenschaften, so ist in dieser Frage keinesfalls eine Entscheidung gefordert. Ganz im Gegenteil wäre es verfehlt, wollte man das eine oder andere Potential bestreiten beziehungsweise für irrelevant befinden. Schließlich sind die kleinen Geisteswissenschaften *sowohl* dazu befähigt, ein historisches und globales Orientierungswissen zu vermitteln, *als auch* dazu, vermittels komplexer Fragestellungen den Boden für die Hervorbringung neuen Wissens zu bereiten. Und mehr noch: Das eine ist, so die These dieses Aufsatzes, nicht abseits des jeweils anderen sinnvoll zu leisten.

Dies bedeutet jedoch nicht, dass das Ziel dieses Aufsatzes unmittelbar in einer schärferen Skizzierung des Profils kleiner Geisteswissenschaften läge. Wie schwierig die Definition des Begriffs ‚Kleines Fach' ist, hat sich im Laufe der Untersuchungen zu diesem Thema – und das heißt vor allem im Rahmen der drei Kartierungsphasen kleiner Fächer (1973/74, 2007/08 sowie 2009–12) – wiederholt erwiesen. Anstatt die Arbeitsdefinitionen dieser Kartierungen[75] *en détail* wiederzugeben, seien hier lediglich jene Faktoren benannt, mit denen sich besondere Probleme verbinden. Denn sieht man einmal von den quantitativen Setzungen dieser Arbeitsdefinitionen ab, die sich auf die Anzahl der Fächerstandorte sowie seit 2007 auch auf die Anzahl der mittelfristig gesicherten Professuren richten, so zeigt sich schnell, dass das Zusammenspiel von wissenschaftsimmanenten sowie hochschulpolitischen Dynamiken die Definition des ‚kleinen Faches' erschwert.

Betrachten wir beispielsweise die Entwicklungen der vergangenen zwanzig Jahre, die vom Strukturwandel der Hochschulen sowie dem Bologna-Prozess geprägt sind, so wird deutlich, dass diese Reformen gerade die kleinen Universitätsfächer in außerordentlichem Maße betrafen und noch betreffen. Viele neue,

---

[75] Vgl. dazu Hochschulverband 1974/75, Bd. 1, S. 5f. sowie S. 22–25; Hochschulrektorenkonferenz 2008, S. 7–24, v.a. S. 7–10 sowie S. 20f.; Hochschulrektorenkonferenz 2012, S. 20f. sowie Potsdamer Arbeitsstelle Kleine Fächer 2012, S. 23–28. Vgl. zur Vorbereitung der zweiten Kartierungsphase ferner Hochschulrektorenkonferenz 2007, S. 7f.

oft hybride Studiengänge sind entstanden, die – so sie ‚fächerübergreifend' angelegt sind – von verschiedenen Lehrstühlen betreut werden.[76] Der wissenschaftliche Beirat der *Potsdamer Arbeitsstelle Kleine Fächer* hat in seiner Arbeitsdefinition des ‚kleinen Faches' auf die entstandene unübersichtliche Situation damit reagiert, dass er „jede[n] Bereich, der in der Vergangenheit an mindestens einer deutschen Universität über einen eigenen Magister- oder Diplomstudiengang verfügt[e] bzw. heute noch verfügt"[77], als ‚Fach' versteht. Er weist aber auch auf den mit dieser Entscheidung einhergehenden Umstand hin, dass die Definition des ‚kleinen Faches' damit ihren Ausgang von einem auslaufenden Studienmodell nimmt. Dennoch ist die gewählte Perspektive insofern zu begrüßen, als sie Aufschluss über die Veränderungen der letzten rund fünfzehn Jahre gibt und den Blick besonders für Auflösungserscheinungen und drohende Verluste von Fächern und Fachinhalten schärft.

Doch auch außerhalb dieser aktuellen Problematik stellt sich – ganz grundsätzlich – die Frage, wann überhaupt von einem ‚Fach' gesprochen und wie dieses sowohl nach oben als auch nach unten abgegrenzt werden kann. Denn die Tatsache, dass Fächer institutionalisierte Gebilde sind, bedeutet nicht, dass sie als feste Einheiten verstanden werden können. Auch ein Fach ist so etwas wie ein Aggregatzustand in einer komplexen wissenschaftsspezifischen Dynamik, die einen langen Weg von einem anfänglichen Wissen über die Etablierung von Forschungsmethoden und Theoriebildung nimmt. Und selbst wenn schließlich das Fach vermeintlich am Ende eines vielschichtigen Prozesses der Kanonisierung und Institutionalisierung von Wissen steht, ist damit keinesfalls ein beständiger Zustand erreicht. Nicht nur hochschulorganisatorische Entscheidungen führen zum Wandel oder zur Auflösung von Fächern. Es sind ebenso die wissenschaftsimmanenten Dynamiken (– sofern man diese überhaupt sauber von organisatorischen Faktoren trennen kann –), die über neue Fragestellungen oder Methoden zur Veränderung von Fachkulturen, zur Spezialisierung, weiteren Ausdifferenzierung und damit schließlich zur Entstehung neuer Fächer beitragen.

Kommen wir vor diesem Hintergrund zu den erarbeiteten Definitionen des ‚(kleinen) Faches' zurück, so bildet den Kern dieser Definitionen das Kriterium der ‚Eigenständigkeit'. Dieses wird nicht nur – wie oben dargelegt – dem genannten Trend hin zu Verbundstudiengängen entgegen gehalten, dieses hat sich auch seit der ersten Kartierung zunehmend erhärtet. Während die Untersuchung des deutschen Hochschulverbandes in den frühen siebziger Jahren noch juristische und theologische Teilfächer sowie medizinische Zubringerfächer verzeichnete[78], werden diese Bereiche in den jüngeren Kartierungen nicht mehr berücksichtigt, da – so die Begründung – „deren Bestand innerhalb ihrer Mutterdisziplinen [...] von den jeweils spezifischen fachimmanenten Entwicklungen und

---

[76] Vgl. Hochschulrektorenkonferenz 2008, S. 21.
[77] Ebd., S. 10.
[78] Vgl. Hochschulverband 1974/75, Bd. 1, S. 6.

ausbildungsrelevanten Strukturen abhängt"[79]. Die für die Qualifizierung eines Bereichs als Fach eingeforderte Eigenständigkeit lässt sich somit näher als Forderung nach einer *eigenständigen Forschungs- und Lehreinheit* bestimmen.[80] Eine Etikettierung als ‚Fach' verlangt daher ebenso die selbständige Ausbildung des wissenschaftlichen Nachwuchses wie auch eigene Fachmedien und eine eigene Fachgesellschaft.[81]

3. Perspektivverschiebung

Auch wenn der Begriff des ‚kleinen Faches' erst Mitte der 1960er Jahre erstmals auftaucht und – vor dem Hintergrund des in einigen Fächern zu verzeichnenden enormen Studierendenzuwachses – der Unterscheidung zwischen den großen ‚Massenfächern' und den weniger nachgefragten ‚klein gebliebenen' Fächern dient[82], ist es lohnenswert, den Blick auf die kleinen Geisteswissenschaften historisch zu weiten. Die Forschungstradition vieler kleiner Geisteswissenschaften reicht weit bis ins 19. Jahrhundert zurück. (Auch) historisch gesehen *ergänzen* somit die kleinen Geisteswissenschaften keinesfalls nur die Perspektiven der großen Fächer, sondern sind ein fester Bestandteil der geisteswissenschaftlichen Entwicklung. Insofern die meisten kleinen Fächer in den Geisteswissenschaften angesiedelt sind[83], stellt sich sogar die Frage, inwiefern wir mit den kleinen Fächern einem spezifisch geisteswissenschaftlichen Phänomen begegnen.[84] Welche Ursachen sind dafür verantwortlich, dass den Naturwissenschaften im Vergleich deutlich weniger kleine Fächer zugehören?

Wäre in Anbetracht dieses Befundes nicht eine wissenschaftskulturelle Inblicknahme der kleinen Geisteswissenschaften in besonderer Weise dazu geeignet, eine schärfere Konturierung der Geisteswissenschaften jenseits der Dilthey'schen Trennung zwischen erklärenden Natur- und verstehenden Geisteswissenschaften zu leisten?

---

[79] Potsdamer Arbeitsstelle Kleine Fächer 2012, S. 27.
[80] Vgl. ebd., S. 24f.; Hochschulrektorenkonferenz 2008, S. 9f. und S. 23 sowie Rico Defila/Antonietta Di Guilio: Interdisziplinarität und Disziplinarität. In: Jan-Hendrik Olbertz (Hg.): Zwischen den Fächern – über den Dingen? Universalisierung versus Spezialisierung akademischer Bildung. Opladen 1998, S. 111–113.
[81] Das Problem, dass sich trotz dieser Kriterien in Einzelfällen – und gerade hinsichtlich der Quantifizierung von fachzugehörigen Professuren – Definitionsprobleme ergeben, wird v.a. in Hochschulrektorenkonferenz 2008, S. 23 näher erläutert.
[82] Vgl. Hochschulverband 1974/75, Bd. 1, S. 22; Hochschulrektorenkonferenz 2008, S. 7; Potsdamer Arbeitsstelle Kleine Fächer 2012, S. 24. Vgl. auch Franz 2012, S. 34.
[83] Vgl. Hochschulrektorenkonferenz 2012, S. 24. In der letzten, von der *Potsdamer Arbeitsstelle Kleine Fächer* durchgeführten Kartierung der kleinen Fächer (Stichtag 01.10.2011) wurden insgesamt 118 Fächer untersucht. 97 der untersuchten Fächer – und damit etwa 82% – sind den Geisteswissenschaften zuzurechnen.
[84] Vgl. Hochschulrektorenkonferenz 2008, S. 13.

Dazu erforderlich wäre eine Kontextverschiebung bzw. -erweiterung der Diskussion um die kleinen Fächer. Anstatt diese isoliert in den Fokus der Untersuchungen zu stellen, gilt es vermittels der kleinen Fächer die Perspektive auf den Wandel der Geisteswissenschaften zu öffnen. Dies würde auch bedeuten, die Konzentration auf hochschulpolitisch induzierte Entwicklungen aufzugeben und wissenschaftsimmanente Dynamiken stärker miteinzubeziehen. Im zweiten Teil soll für dieses Unternehmen aus der entgegenkommenden Richtung argumentiert werden, das heißt ausgehend von der Frage, nach welchen Mustern Erneuerungen in den (Geistes-)Wissenschaften verstanden werden können. Dabei wird *nicht* explizit zwischen Disziplinen und Fächern unterschieden, da deren Übergänge – wie oben skizziert – ohnehin fließend sind.

II. Zum Wandel der (Geistes-)Wissenschaften

Es gehört zu unserem Grundverständnis von Wissenschaft, dass sich diese stets weiterentwickelt und einen entscheidenden Beitrag zum gesellschaftlichen Fortschritt leistet. Immer wieder wird den Wissenschaften ein ständiges Übersteigen der eigenen Grenzen, ein fortwährender Bruch mit der eigenen Vergangenheit, attestiert.[85] Keinesfalls besteht jedoch Einigkeit darüber, wie diese Entwicklung strukturell gedacht werden muss und worin das innovative Moment der Wissenschaften besteht. Fragt man zudem spezifisch nach der *Erneuerung der Geisteswissenschaften*, so kommt erschwerend hinzu, dass die meisten wissenschaftshistorischen und -theoretischen Untersuchungen an den Naturwissenschaften ausgerichtet sind, in denen es zudem weitaus leichter erscheint, von Neuerungen und Innovationen zu sprechen.

Einen ersten Zugang zur Frage nach der Entwicklung in den Geisteswissenschaften haben wir bereits erhalten, insofern nicht nur Hans-Ulrich Gumbrecht die *Wissensinnovation* der kleinen Fächer thematisiert, sondern letztlich auch Wolfram Hogrebes Überlegungen zum Orientierungswissen auf die Frage der *Erneuerung von Wissen* ausgerichtet sind. Dabei lässt sich der Unterschied zwischen den Positionen von Gumbrecht und Hogrebe in die Frage überführen, ob das innovative Moment der Geisteswissenschaften in deren Problembezogenheit zu suchen ist (Hogrebe) *oder* ob es als diesen immanent verstanden werden muss und seinen Ausgang in den Geisteswissenschaften selbst nimmt (Gumbrecht). Bevor wir mit Hilfe dieser beiden Möglichkeiten einige Gedanken und Fragen zur besonderen Logik der Erneuerung in den Geisteswissenschaften formulieren,

---

[85] Vgl. bspw. Hans-Jörg Rheinberger: „Das Wesen der Forschung besteht im Übersteigen von Grenzen". Ein Gespräch mit Wolfert von Rahden über historische und aktuelle Grenzverläufe der Wissenschaften. In: Berlin-Brandenburgische Akademie der Wissenschaften (Hg.): Gegenworte, Heft 27: Grenzen der Wissenschaft (2012), http://www.gegenworte.org/heft-27/leseprobeheft27r.html (abgerufen am 10.10.2012).

seien zuvor einige Anmerkungen zur fehlenden Spezifität und gleichzeitigen Notwendigkeit des Innovationsbegriffs gemacht.

1. Problematisierung des Innovationsbegriffs

Das Schlagwort der ‚Innovation' gehört längst zum festen Repertoire postmoderner Wissenschaftsinszenierung. Im *Lexikon der Geisteswissenschaften* notiert Peter Brenner: „Üblich ist es geworden, Innovation als positives Epitheton einzusetzen, als Bewertungskriterium der Wissenschaftsförderung und Drittmittelbewilligung. Gerne wird der Begriff auch verbunden mit Modernisierungs- und Globalisierungsprozessen aller Art"[86]. Droht dem Innovationsbegriff demnach auf der einen Seite eine zunehmende inhaltliche Entleerung, so lässt sich in ihm auf der anderen Seite dennoch auch weiterhin das Selbstverständnis der Wissenschaften bündeln. Dass es sich dabei allerdings um eine äußerst vage Selbstbeschreibung handelt, wird deutlich, wenn man dem Innovationsbegriff das Konzept des ‚Fortschritts' gegenüberstellt. Denn während die Rede von ‚Fortschritt' gemeinhin eine kontinuierliche Bewegung hin zum Besseren impliziere, beinhalte ‚Innovation', so Brenner, weder Progression, noch Kontinuität, geschweige denn Werthaltigkeit. Letztlich könne mit ‚Innovation' jede beliebige Veränderung bezeichnet werden.[87]

Die Aussage, dass Wissenschaft innovativ sei, sagt so gesehen kaum mehr aus, als dass Wissenschaften einen historischen Wandel vollziehen. Veränderungen sind jedoch – gerade wenn sie ein Gefüge mit einer variablen Anzahl von Teilen betreffen – auf äußerst unterschiedliche Art und Weise vorstellbar. Es ist zudem zu bezweifeln, dass in Hinblick auf die Wissenschaft sinnvoll von Innovationen gesprochen werden kann, ohne dass damit eine Wertzuschreibung verbunden wäre. Schließlich stellt sich die Frage, welcher Begriff sinnvoll als Antonym zu ‚Innovation' verwendet werden kann. Nahe liegt der Begriff der ‚Tradition'. Doch kann – wie wir im Folgenden sehen werden – eine Gegenüberstellung von Innovation und Tradition im Sinne eines ‚entweder – oder' gerade in Hinblick auf die Entwicklung der Geisteswissenschaften nur bedingt fruchtbar sein.

---

[86] Peter J. Brenner: Art. „Innovation". In: Helmut Reinalter/Peter J. Brenner (Hg.): Lexikon der Geisteswissenschaften. Sachbegriffe – Disziplinen – Personen. Wien/Köln/Weimar 2011, S. 364–368, hier S. 367.
[87] Vgl. ebd.

2. Modelle des Wandels von Wissenschaft

2.1 Paradigmenwechsel

Versuchen wir uns der Frage zu nähern, wie Innovation in den Wissenschaften gedacht werden kann, so lässt sich Thomas Kuhns 1962 erstveröffentlichtes Werk *The Structure of Scientific Revolutions* als eine elementare Referenz zur Theoretisierung des historischen Wandels von Wissenschaften anführen.[88] Entgegen der Vorstellung einer kumulativen Entwicklung stellt Kuhn Perioden ‚normaler Wissenschaft' Phasen des revolutionären Umbruchs, die so genannten ‚Paradigmenwechsel', zur Seite. Während zu Zeiten der ‚normalen Wissenschaft' ein gemeinsames Paradigma die Forschung bestimme und damit definiere, welche Methoden, Theorien, Hintergrundannahmen usf. als wissenschaftlich gölten, werde dieses Wissen im Zuge von Paradigmenwechseln in Frage gestellt und von einer anderen Sichtweise auf die Forschungsgegenstände verdrängt. Kuhn vergleicht Paradigmenwechsel auch mit dem psychologischen Phänomen des Gestaltwandels und arbeitet im Zuge seiner Untersuchung heraus, inwiefern das Studium einer Wissenschaft Parallelen zu der Übernahme eines bestimmten Weltbildes besitzt.

Die von Kuhn gewählte Unterteilung in Phasen normaler Wissenschaft und wissenschaftliche Revolutionen gibt einer wissenschaftshistorischen Betrachtung jedoch nur ein äußerst grobes Raster an die Hand. Nur ausgesprochen wenige Neuerungen innerhalb der Wissenschaftsgeschichte lassen sich im strengen Sinne als Paradigmenwechsel begreifen.[89] Fraglich ist zudem die Übertragbarkeit der Kuhn'schen Theorie auf die Entwicklung der Geisteswissenschaften. Auch wenn Brenner auf eine gewisse Verwandtschaft der geisteswissenschaftlichen *turns* zu den Paradigmenwechseln in den Naturwissenschaften verweist[90], lässt sich diese Parallele auf Grund eines weiteren Arguments nur schwer aufrechterhalten.

Der Ansatzpunkt für einen entsprechenden Einwand ist interessanterweise bei Kuhn selbst, im Schlusskapitel von *The Structure of Scientific Revolutions*, zu finden. Denn Kuhn zufolge ist die Kultur der Geisteswissenschaften dadurch gekennzeichnet, dass die Studierenden auch mit den Forschungen vergangener

---

[88] Vgl. Thomas S. Kuhn: Die Struktur wissenschaftlicher Revolutionen. 2. revidierte und um das Postskriptum von 1969 ergänzte Auflage. Frankfurt am Main 1976.
[89] Vgl. zu einer weitergefassten Diskussion revolutionärer Umbrüche sowie zu deren Abgrenzung gegenüber reformistischen Transformationen Stefan Deines: Wie viel Herkunft braucht die Zukunft? Zur Struktur reformistischer und revolutionärer kultureller Transformationen. In: Stefan Deines/Daniel Martin Feige/Martin Seel (Hg.): Formen kulturellen Wandels. Bielefeld 2012, S. 103–124, welcher seine Überlegungen entlang der Positionen von Kuhn, Rorty, Heidegger und Gadamer entwickelt.
[90] Vgl. Brenner 2011, S. 366.

Zeiten vertraut gemacht werden und somit ein Bewusstsein über die historische Bedingtheit der eigenen Wissenschaft erlangen. Kuhn entwirft damit ein kontrastives Bild, demzufolge die Vertreter der Naturwissenschaften nahezu ausschließlich auf die aktuelle Forschung und das dieser zugrunde liegende Paradigma ‚geeicht' sind, während Geisteswissenschaftler die Tradition des eigenen Faches stärker berücksichtigen und daher über verschiedene Sichtweisen und Lösungsansätzen verfügen.[91]

Hinsichtlich der Entwicklung der Geisteswissenschaften schließt sich daran die Frage an, inwiefern sodann von *Prozessen des Veraltens* oder *revolutionären Umbrüchen* innerhalb der Geisteswissenschaften gesprochen werden kann. Besteht die Entwicklung geisteswissenschaftlicher Erkenntnis womöglich in einer immer weiteren Auffächerung von Perspektiven?

Ausgehend von diesen Fragen lässt sich der Bogen zu einem weiteren Modell schlagen, welches das gängige Bild vom historischen Prozess der Geisteswissenschaften – und vor allem von der Dynamik der kleinen Fächer – maßgeblich bestimmt: Die *Ausdifferenzierung der Wissenschaften*.

2.2 Ausdifferenzierung

Die weit verbreitete Akzeptanz gegenüber der Vorstellung von der *Ausdifferenzierung der (Geistes-)Wissenschaften* wird besonders am Beispiel einer Stellungnahme des Wissenschaftsrates deutlich, die 2006 unter dem Titel „Empfehlungen zur Entwicklung und Förderung der Geisteswissenschaften in Deutschland" erschien. Demzufolge lassen sich in „den Geisteswissenschaften wie auch in vielen anderen Wissenschaftsbereichen [...] die vergangenen Jahrzehnte als fortlaufender Prozess der fachlichen Spezialisierung und Ausdifferenzierung beschreiben, der das Geflecht des bisherigen – seinerseits historisch gewachsenen – Disziplinenzusammenhangs in vielfacher Hinsicht verändert hat"[92]. An die Diskussion zur fachlichen Differenzierung schließt sich in der Stellungnahme des Wissenschaftsrates sogleich das Kapitel zur „Situation der ‚Kleinen Fächer'" an. Nicht nur in Anbetracht der jüngsten Entwicklungen, d. h. der oben bereits angesprochenen Bildung neuer – wenn zum Teil auch ‚fächerübergreifender' – Studiengänge, handelt es sich bei ‚Ausdifferenzierung' um ein zentrales Stichwort in Hinblick auf die kleinen Fächer. Bemerkenswert ist auch die Tatsache, dass die jüngste Kartierung mit 118 Disziplinen fast doppelt so viele Fächer

---

[91] Vgl. Kuhn 1976, S. 175–177. Die von Kuhn aufgestellte These der Inkommensurabilität unterschiedlicher Paradigmen kann hier nicht weiter diskutiert werden. Vgl. zur Kritik an dieser These sowie zur ausführlicheren Diskussion von Kuhns Theorie bspw. Franz von Kutschera: Grundfragen der Erkenntnistheorie. Berlin/New York 1981, S. 493–525.

[92] Wissenschaftsrat: Empfehlungen zur Entwicklung und Förderung der Geisteswissenschaften in Deutschland. Berlin 2006, http://www.wissenschaftsrat.de/download/archiv/geisteswissenschaften. pdf (abgerufen am 10.10.2012), S. 64.

verzeichnet wie die erste Kartierung zu Beginn der 1970er Jahre, die ‚lediglich' 65 kleine Fächer zählt und dabei sogar noch medizinische, juristische und theologische Teildisziplinen berücksichtigt.[93]

Mitte der 1970er Jahre hat Gernot Böhme der „Ausdifferenzierung wissenschaftlicher Diskurse" einen Aufsatz gewidmet, in dem er nach der Entstehung und Fortentwicklung wissenschaftlicher Diskurse sowie nach dem Grund für die Vervielfältigung der Wissenschaftssprachen fragt.[94] Der Prozess der Ausdifferenzierung wird von Böhme näher als „Übergang von einem diffusen Zustand, in dem mögliche Unterschiede und Gegensätze noch ineinander spielen, zu einem Zustand größerer Spezifität und Bestimmtheit"[95] definiert. Dabei gibt die mit der Ausdifferenzierung verbundene Spezifizierung nach Böhme den Grund für die Vermannigfaltigung der wissenschaftlichen Diskurse an. Ausdifferenzierung bedeutet nicht nur die Etablierung von neuen Fachsprachen, sondern setzt auch einen Prozess der Kanonisierung von Wissen in Gang. Mit der Theoretisierung des Gegenstandsbereiches ist Böhme zufolge schließlich die Phase der stärksten Ausdifferenzierung erreicht. Der wissenschaftliche Diskurs erlangt damit die im ersten Teil angesprochene ‚Eigenständigkeit': Die jeweiligen Theorien stoßen ihre *eigenen* Probleme und Fragestellungen an.

Unklar bleibt bei Böhme jedoch, wie die Dynamik der Ausdifferenzierung über den einzelnen wissenschaftlichen Diskurs hinaus bestimmt werden soll. Welche Rolle fällt den bestehenden Wissenschaften bei der Entstehung neuer wissenschaftlicher Diskurse zu?

Böhme erklärt lediglich, dass sich wissenschaftliche Diskurse stets aus den allgemeinen lebensweltlichen Diskursen ergäben, sich im Laufe der Zeit von diesen abgrenzten und selbständig würden.[96] Unangesprochen bleibt damit jedoch die Frage nach einer immanenten Entwicklung von Wissenschaft, wie sie beispielsweise von Seiten der Systemtheorie behauptet wird.[97] Ist also die Aus-

---

[93] Vgl. Hochschulverband 1974/75, Bd. 1, S. 5f.; Hochschulrektorenkonferenz 2012, S. 24. Vgl. auch Hochschulrektorenkonferenz 2008, v.a. S. 14f. und S. 18. Hier werden einige Beispiele für einstige Teildisziplinen genannt, die sich in der Zwischenzeit zu selbständigen Disziplinen emanzipiert haben, bspw. *Dänisch*, *Friesisch* und *Sorbisch* als frühere Teilbereiche der *Germanistik* bzw. *Slavistik*. Ein relativ junges Fach stellen bspw. die in den 1980er Jahren entstandenen *Gender Studies* dar, vgl. dazu Potsdamer Arbeitsstelle Kleine Fächer 2012, S. 24. Der deutsche Hochschulverband hat diese Entwicklung in seiner Untersuchung bereits gedanklich vorweg genommen und darauf verwiesen, dass der wissenschaftliche Fortschritt in Anbetracht der großen Forschungsbereiche vieler kleiner Fächer in diesen ohne weitergehende Spezialisierungen nicht mehr gewährleistet sei, vgl. Hochschulverband 1974/75, Bd. 1, S. 23.
[94] Vgl. Gernot Böhme: Die Ausdifferenzierung wissenschaftlicher Diskurse. In: Nico Stehr/René König (Hg.): Wissenschaftssoziologie. Studien und Materialien (Sonderheft 18 der Kölner Zeitschrift für Soziologie und Sozialpsychologie). Köln 1975, S. 231–253.
[95] Ebd., S. 237.
[96] Vgl. ebd.
[97] Vgl. Niklas Luhmann: Die Wissenschaft der Gesellschaft. Frankfurt am Main 2005; Rudolf Stichweh: Wissenschaft, Universität, Professionen. Soziologische Analysen. Frankfurt am Main 1994.

Die Erneuerung der Geisteswissenschaften

differenzierung – wie der Wissenschaftsrat schreibt – der „zunehmenden Komplexität"[98] gesellschaftlicher Problemstellungen geschuldet? Oder gehört es zur Eigenlogik der Wissenschaften, dass sie sich immer weiter spezialisieren und damit zugleich vervielfältigen?

Wie bereits im ersten Teil erwähnt, erscheint es wenig sinnvoll, zwischen diesen beiden Ansatzpunkten eine Entscheidung herbeiführen zu wollen – nicht zuletzt auch deshalb, weil die Komplexität gesellschaftlicher Probleme wiederum nicht losgelöst von wissenschaftlichen Entwicklungen verstanden werden kann. Stattdessen ist es erforderlich, den Prozess der Ausdifferenzierung in den Geisteswissenschaften genauer empirisch zu untersuchen und nachzuvollziehen, welche unverzichtbaren *Potentiale* der Geisteswissenschaften, aber auch welche *Gefahren* an den Prozess der Ausdifferenzierung gebunden sind.

Positiv hebt beispielsweise Hans-Jörg Rheinberger die mit der Ausdifferenzierung einhergehende Erhöhung der Beweglichkeit von Wissenschaft heraus.[99] Und Oliver Jahraus konstatiert, dass gerade die systemtheoretische Soziologie gezeigt habe, „dass soziale Prozesse Sinn-Prozesse sind."[100] Seines Erachtens ist jede Form der Differenzierung „ein Akt, mit dem sich Gesellschaft sinnhaft organisiert. Differenzierung setzt Sinn voraus und setzt wiederum Sinn frei. Von daher ist Geisteswissenschaft eine Sinnwissenschaft. Sie beruht auf Sinnprozessen und beschreibt zugleich die Sinnproduktion der Gesellschaft […]. Ihr Gegenstand ist das, woran sie selbst allein als Wissenschaft auch partizipiert: am Sinnprozess der Gesellschaft, ja an der Gesellschaft als Sinnprozess"[101].

So überzeugend diese Überlegungen auf der einen Seite sind, so scheinen sie auf der anderen Seite der Logik der geisteswissenschaftlichen Entwicklung dennoch nicht hinreichend gerecht zu werden. Unter der Überschrift „Therapien gegen das Veralten der Universität" kritisiert Egon Becker ein allein an der Idee der Ausdifferenzierung orientiertes Entwicklungsmodell, indem er auf das Paradoxon verweist, dass disziplinäre Differenzierung gleichermaßen als ein Prozess des *Verjüngens* wie auch des *Veraltens* beschrieben werden kann.[102] Becker erläutert, dass die Wissenschaft sowohl Ordnungs- als auch Innovationsleistungen zu erbringen habe: Auf der einen Seite gehöre es zu ihren Aufgaben gesellschaftliches Wissen zu sammeln, zu tradieren und zu reproduzieren. Auf der

---

[98] Wissenschaftsrat 2006, S. 64.
[99] Vgl. Rheinberger 2012.
[100] Oliver Jahraus: Sinn und Eigenrecht der Geisteswissenschaften. In: Günther Rüther/Jörg-Dieter Gauger (Hg.): Warum die Geisteswissenschaften Zukunft haben! Ein Beitrag zum Wissenschaftsjahr 2007. Freiburg 2007, S. 242–253, hier S. 253, http://www.kas.de/upload/dokumente/verlagspublikationen/Geisteswissenschaften/geisteswissenschaften_jahraus.pdf (abgerufen am 10.10.2012).
[101] Ebd.
[102] Vgl. Egon Becker: Therapien gegen das Veralten der Universität. In: Jan-Hendrik Olbertz (Hg.): Zwischen den Fächern – über den Dingen? Universalisierung versus Spezialisierung akademischer Bildung. Opladen 1998, S. 35–71, hier S. 36.

anderen Seite müsse sie dieses Wissen aber auch kritisieren, umformen und durch Forschung erneuern. Ihre Aufgabe bestehe damit im *Erhalt* und in der *Veränderung* von Wissen zugleich.[103]

Aus Beckers Ausführungen ergeben sich zunächst zwei Möglichkeiten vom ‚Veralten' einer Wissenschaft zu sprechen: Zum einen droht einer Wissenschaft der Stillstand, wenn sie ihr Wissen und damit auch sich selbst nicht weiter zu erneuern vermag. Zum anderen fällt eine Wissenschaft aber auch hinter die an sie gestellten Ansprüche zurück, wenn sie keine Reproduktion und Tradierung bestehenden Wissens mehr leistet. Wissenschaft muss sich so gesehen stets in der Spannung zwischen Innovation und Tradition halten.[104] Daraus folgt nach Becker jedoch nicht, dass die Ordnung bzw. Tradierung von Wissen als ebenso bedeutsam wie die Erneuerung von Wissen anzusehen sind – *nicht*, weil der Innovation etwa ein Wert an sich zukäme, *sondern* weil Wissenschaften seines Erachtens an bestehenden Problemen entlang entwickelt werden muss. Daraus ergibt sich schließlich eine dritte Möglichkeit, vom ‚Veralten' einer Wissenschaft zu sprechen, die für Becker die zentrale ist: Wissenschaft veraltet, wenn sie in Hinblick auf (gesellschaftliche) Fragestellungen und Probleme nicht mehr für *relevant* befunden wird. Becker beschreibt den Wissenschaftsprozess daher auch als Problemprozess: „Wenn sämtliche theoretischen Probleme einer Disziplin gelöst sind, dann endet auch der Problemprozeß. […] Der Wissenschaftsprozess stockt, das Wissen kann sich nicht mehr erneuern, die Disziplin veraltet und stirbt schließlich ab"[105]. Probleme bieten demzufolge „das wichtigste Erneuerungspotential der Wissenschaft"[106].

Stellt man mit Becker die Problemorientiertheit von Wissenschaft in den Vordergrund, so lässt sich der Prozess der Ausdifferenzierung nicht als uneingeschränkt positiv bewerten. Vielmehr zeigt sich hier eine Kehrseite der Differenzierung, die in der zunehmenden Segmentierung und Zersplitterung der wissenschaftlichen Perspektiven besteht. Zu viele Einzelwissenschaften bergen die Gefahr, den aktuellen Problemen in ihrem Umfang nicht mehr gerecht zu werden.

Aktuell schlägt sich dieses Problem beispielsweise in der Debatte um die sinnvolle Ausgestaltung interdisziplinären Arbeitens nieder. Einerseits wird nach einer Überwindung der Trennung zwischen den einzelnen Disziplinen gesucht,

---

[103] Vgl. ebd., S. 41.
[104] Vgl. dazu auch Thomas Heinze /Richard Münch: Intellektuelle Erneuerung der Forschung durch institutionellen Wandel. In: Thomas Heinze/Georg Krücken (Hg.): Institutionelle Erneuerungsfähigkeit der Forschung. Wiesbaden 2012, S. 15–38, hier S. 16, die davon ausgehen, „dass Forschung von einem fundamentalen Spannungsverhältnis zwischen innovativen und beharrenden Kräften geprägt ist."
[105] Becker 1998, S. 55.
[106] Ebd., S. 54.

andererseits davor gewarnt, dass sich die qua Interdisziplinarität eröffneten Perspektiven ‚verfestigen' und zur Bildung neuer Fächer führen. Die Propagierung eines interdisziplinären Arbeitens, das sich problembezogen formiert und sich von einer (institutionellen) Etablierung der eigenen Formation distanziert, *kann* insofern als eine Gegenbewegung zur fortschreitenden Ausdifferenzierung der Wissenschaften betrachtet werden. In weitgehender Übereinstimmung wird von den verschiedensten Seiten eine größere Bewusstheit über die eigenen disziplinären Standards und Normen sowie deren Bedingtheit gefordert.[107]

Doch wirkt der Prozess Ausdifferenzierung *per se* einer umfassenden Perspektive auf Fragestellungen entgegen? Ließe sich hier nicht wiederum auf Reinbergers Rede von der ‚Erhöhung der Beweglichkeit' qua Differenzierung verweisen und somit anführen, dass eine Vielfalt von Einzeldisziplinen eine notwendige Voraussetzung für eine vielschichtige Interdisziplinarität bildet? Dies legen nicht zuletzt die jüngsten Untersuchungen der *Potsdamer Arbeitsstelle Kleine Fächer* nahe, welche die hohe Kompetenz vieler kleiner Fächer in der Verbundforschung herausstellen.[108]

Zusammenfassend lässt sich sagen, dass die aktuelle Diskussion zur Interdisziplinarität insofern für ein Verstehen der historischen Entwicklung der Geisteswissenschaften fruchtbar ist, als sie einer einseitigen Konzentration auf eine fortwährende Ausdifferenzierung die Perspektive der Einheit der Wissenschaften entgegenstellt und somit die Frage nach integrativen Dynamiken innerhalb der Geschichte der Geisteswissenschaften aufwirft.

III. Fazit und Ausblick

Die hier vorgetragenen Überlegungen haben allenfalls einen propädeutischen Charakter. Ihr Ziel ist es aufzuzeigen, dass es gerade im Kontext der jüngsten Umstrukturierungsprozesse an den deutschen Hochschulen erforderlich ist, die

---

[107] Vgl. hierzu Helmut Reinalter: Art. „Interdisziplinarität". In: Helmut Reinalter/Peter J. Brenner (Hg.): Lexikon der Geisteswissenschaften. Sachbegriffe – Disziplinen – Personen. Wien/Köln/Weimar 2011, S. 368–372; Christoph Markschies: Brückenbauer wider den Dualismus. In: Günther Rüther/Jörg-Dieter Gauger (Hg.): Warum die Geisteswissenschaften Zukunft haben! Ein Beitrag zum Wissenschaftsjahr 2007. Freiburg 2007, S. 382–398, hier S. 398, http://www.kas.de/upload/dokumente/verlagspublikationen/Geisteswissenschaften/geisteswissenschaften_markschies.pdf (abgerufen am 10.10.2012); Wissenschaftsrat 2006, S. 69; Jan-Hendrik Olbertz: Neugier – Nutzen – Not. Vom Wandel unseres Wissenschaftsbegriffs und den Folgen für die Bildung. In: Jan-Hendrik Olbertz (Hg.): Zwischen den Fächern – über den Dingen? Universalisierung versus Spezialisierung akademischer Bildung. Opladen 1998, S. 11–33, hier S. 27f.; Ludwig Huber: Festigung oder Verflüssigung? Nachdenken über fachspezifischen Habitus und fächerüberschreitendes Studium heute. In: Jan-Hendrik Olbertz (Hg.): Zwischen den Fächern – über den Dingen? Universalisierung versus Spezialisierung akademischer Bildung. Opladen 1998, S. 83–109, hier S. 105, sowie v.a. Defila/Di Guilio 1998, S. 116–132.
[108] Vgl. Potsdamer Arbeitsstelle Kleine Fächer 2012, S. 164f.

Entwicklungslogik der Geisteswissenschaften in der deutschen Wissenschaftskultur besser zu verstehen und Antworten auf die folgenden Fragen zu finden:
- Welche Ursachen sind dafür verantwortlich, dass sich innerhalb der Geisteswissenschaften ein kontinuierlicher Trend zu einer immer größeren Anzahl von Einzeldisziplinen verzeichnen lässt?
- Welche spezifische Funktion übernimmt der Differenzierungsprozess in den Geisteswissenschaften?
- Welche Bedeutung kommt der Tradition eines Faches in dessen Erneuerungsprozess zu?
- An welchen Stellen sind integrative Momente in der Entwicklung der Geisteswissenschaften zu verzeichnen?

In den hier skizzierten Betrachtungen deutet sich an, dass die Entwicklung der Geisteswissenschaften nicht einfach als kumulativer Prozess verstanden werden kann. Doch auch Kuhns Paradigmentheorie vermag die Entwicklungslogik der Geisteswissenschaften höchstens unter partiellen Gesichtspunkten zu beschreiben. Stattdessen erfordert die Analyse des Entwicklungs- und Wandlungsprozesses des (in sich offenen) geisteswissenschaftlichen Gefüges ein differenzierteres Vokabular, das gleichermaßen Erscheinungen der Erweiterung, Umwandlung, Verdrängung, Teilung und Auflösung Rechnung trägt.[109] Die kleinen Fächer sowie die zu ihnen bislang unternommenen Untersuchungen können einen geeigneten Ausgangspunkt bieten, um die Kultur der Geisteswissenschaften näher zu ergründen und damit die spezifischen Mechanismen der Erneuerung der Geisteswissenschaften aufzuzeigen.[110]

---

[109] Vgl. dazu auch Heinze/Münch 2012, die sich in ihrem Artikel auf Prozesse der institutionellen Erneuerung von Wissenschaften mit Hilfe eines Begriffsapparats bestehend aus ‚Aufschichtung', ‚Verdrängung', ‚Umwandlung' und ‚Auflösung' beziehen. Vgl. auch Uwe Schmidt: Deutsche Familiensoziologie. Entwicklung nach dem Zweiten Weltkrieg. Wiesbaden 2002, S. 377–448, der am Beispiel der Familiensoziologie nach 1945 sieben Entwicklungsphasen aufzeigt und sowohl äußere Einflüsse (des öffentlichen Diskurses und des wissenschaftlichen Umfeldes) auf die Phasenentwicklung herausarbeitet als auch nach der internen Entwicklungslogik familiensoziologischer Forschung fragt.

[110] Vgl. exemplarisch zu unterschiedlichen Dynamiken in der Entwicklung kleiner Fächer Hochschulrektorenkonferenz 2008, S. 7–19 sowie Franz 2012, S. 36.

Selbstverantwortlich und im Verbund. Zwölf Thesen zur Neujustierung der Forschungsförderung – nicht nur aus geisteswissenschaftlicher Sicht[111]

Georg Schmidt

Als Schiller 1789 in seiner Antrittsvorlesung über Sinn und Zweck der Universalgeschichte reflektierte, kannte er weder Graduiertenkollegs noch Sonderforschungsbereiche oder Exzellenzcluster. Er unterschied auch nicht zwischen Geistes- oder Naturwissenschaften, wohl aber zwischen dem Brotgelehrten und dem philosophischen Kopf – demjenigen, der nur seine Wissenschaft sieht, angehäuftes Wissen verwaltet und nach öffentlicher Anerkennung strebt einerseits, und demjenigen, der darüber hinaus das Wissen erweitern und die Einheit der Wissenschaften wiederherstellen will andererseits. „Alle seine Bestrebungen sind auf Vollendung seines Wissens gerichtet [...] die Wahrheit [hat er] immer mehr geliebt als sein System [...] Kein gerechterer Beurteiler fremden Verdiensts als der philosophische Kopf. Scharfsinnig und erfinderisch genug, um jede Tätigkeit zu nutzen, ist er auch billig genug, den Urheber auch der kleinsten zu ehren. Für ihn arbeiten alle Köpfe – alle Köpfe arbeiten gegen den Brotgelehrten."[112] Mit Schiller lässt sich die erste These formulieren:

- Die Frage – allein oder im Verbund? – ist eine Scheinalternative. Neue Einsichten und Erkenntnisgewinne sind stets die Folge eines komplexen Zusammenspiels der Wissenschaftler, auch wenn diese dezentral und individuell forschen.

Die Gelehrtenbriefwechsel vergangener Jahrhunderte dokumentieren entsprechende Netzwerke und ihre Funktionen. Die Studierstube war weltoffen – selbst für den Pakt mit dem Teufel. Gelehrte korrespondierten und diskutierten die sie

---

[111] Die folgenden Überlegungen entstammen der Praxis. Als Frühneuzeithistoriker habe ich Erfahrungen in einem größeren Verbundprojekt (SFB 482 – Ereignis Weimar–Jena) gesammelt. Darüber hinaus sind mir als ehemaliger Senatsberichterstatter der DFG für Sonderforschungsbereiche zahlreiche andere geisteswissenschaftliche Großprojekte bekannt.
[112] Friedrich Schiller: Was heißt und zu welchem Ende studiert man Universalgeschichte? (Sämtliche Werke 4). München 1988, S. 749–767, Zitat S. 752f.

bewegenden Fragen. Der weltabgeschiedene Forscher ist ein unausrottbarer Mythos: Der wissenschaftliche Fortschritt lebt von der Kritik. Ihr muss sich jeder Forscher unterwerfen, weil Erkenntnisse nur dann als solche anerkannt werden, wenn sie nachvollziehbar sind. Sie benötigen die öffentliche Arena, wenigstens aber das Forum der sog. Fachöffentlichkeit, um als plausibel und relevant zu gelten. Die Entgegensetzung von Einzel- oder Verbundforschung führt deswegen in die Irre: Wenn der Historiker Anton Schindling betont, „dass Geisteswissenschaft wesenhaft auf Einzelforschung aufbaut und nicht auf Verbundforschung"[113], so sprechen der Augenschein und die Erfahrungen für seine Feststellung. Geisteswissenschaftler arbeiten nicht in riesigen Labors. Doch ihre individuelle Auseinandersetzung mit weiterführenden Fragen findet immer häufiger unter dem zugegebenermaßen meist nur virtuellen Dach institutionalisierter Verbünde statt. Daraus ergibt sich die zweite These:

- Wissenschaftliche Forschung kann unterschiedlich organisiert sein. Förderprogramme, die Wissenschaftler lediglich vernetzen wollen, provozieren Mitnahmeeffekte.

In den geisteswissenschaftlichen Sonderforschungsbereichen beruht ein erheblicher Teil des Wissens- und Erkenntniszuwachses auf Dissertationen und anderen Qualifizierungsschriften. Dabei handelt es sich auch dann um individuelle Leistungen, wenn die Inhalte gemeinsamer Datenbanken und die Ergebnisse intensiver Diskussionsrunden genutzt werden. Der Verbund als solcher forscht und publiziert nicht, sondern garantiert eine hoffentlich anregende Kommunikationsbasis, in der sich neue Erkenntnisse bewähren müssen. Er bietet Kritik und Rückhalt in wissenschaftlichen Debatten. Wer institutionell dazugehört, Einwände formuliert oder bestätigende Beispiele nennt, wird deswegen aber nicht zum Koautor. Die Geisteswissenschaften beruhen auf der Tradition eines verantwortlichen Verfassers, und dies sollte nicht zugunsten von Autorenkollektiven aufgegeben werden, wie sie in anderen Disziplinen üblich sind. Wenn gemeinsam erarbeitete Daten und Deutungen genutzt werden, ist der exakte Nachweis eine Frage der wissenschaftlichen Redlichkeit. Koautoren sind lediglich dort geboten, wo Sachverhalte wirklich transdisziplinär erarbeitet werden.

Die naturwissenschaftlich-technische Forschung findet heute jedoch in großen Forschungseinrichtungen statt, in denen viele Wissenschaftler parallel an einem Projekt arbeiten. Der hoch spezialisierte Einzelforscher wird hier selbst als „philosophischer Kopf" zum „Brotgelehrten". Er kann das Zusammenspiel des Ganzen und die möglichen Folgen seines Tuns letztlich nicht mehr vollständig ab-

---

[113] Anton Schindling: Aufklärung mit historischer Tiefendimension. In: Jörg-Dieter Gauger/Günther Rüther (Hg.): Warum die Geisteswissenschaften Zukunft haben! Ein Beitrag zum Wissenschaftsjahr 2007. Freiburg 2007, S. 331–343, Zitat S. 337.

schätzen. Wer jedoch über seine Disziplin hinausblickt, sieht sich schnell mit dem Vorwurf konfrontiert, unwissenschaftlich zu argumentieren. Die Neurobiologen, die Gehirnaktivitäten messen und sichtbar machen, um der Öffentlichkeit zu erklären, dass die von ihnen untersuchten Synapsen die Vorstellung der menschlichen Willensfreiheit widerlegen, werden nicht nur aus dem Bereich der Geisteswissenschaften kritisiert. Hier könnte interdisziplinäre Großforschung ansetzen. Doch Zusammenarbeit, die auch die Grundlagen des heutigen Wissenschaftsbetriebes reflektiert, ist selten. Die meisten Drittmittelverbünde arbeiten in den anwendungsorientierten Fächern an den gleichen Problemen wie die „private" Großforschung. Die universitäre Forschungsförderung sollte – so die dritte These – andere Schwerpunkte setzen:

- Mit öffentlichen Geldern finanzierte universitäre Verbundforschung sollte zum einen den Grundlagen der Wissenschaften und zum anderen ihrem komplexen Zusammenspiel gelten.

In solchen Projekten ließen sich etwa die historischen Voraussetzungen und unhinterfragte Traditionen aufarbeiten, um Voraussetzungen und Ziele künftigen wissenschaftlichen Forschens neu zu durchdenken.[114] Die Geisteswissenschaften könnten hier ihre Leistungsfähigkeit demonstrieren und auf diese Weise ihrer weiteren Marginalisierung vorbeugen. Als ihre Kompetenzen aus den sog. Lebenswissenschaften herausdefiniert wurden, hätten bei ihnen alle Alarmglocken schrillen müssen. Doch die Fächer der philosophischen Fakultät verharren in ihrer isolierten Stellung und starren wie das Kaninchen auf die Schlange der Verbundforschung. Dabei benötigen gerade sie ein deutliches Mehr an Vernetzungen mit anderen Bereichen, und sie haben – dies ist meine vierte These – eine Bringschuld:

- Die Geisteswissenschaftler müssen ihre orientierenden Erkenntnisse den anderen Disziplinen besser als bisher vermitteln und sich mit ihnen vernetzen, um in den Forschungsverbünden, die sich mit humanen Fragen beschäftigen, nachgefragt zu werden.

Die deutsche Drittmittelförderung führt bisher jedoch selten Geistes- und Naturwissenschaften zusammen. Im günstigsten Fall erzwingen Sonderforschungsbereiche und Exzellenzcluster „Scheinehen", deren Thematiken derart abstrakt und unverbindlich formuliert sind, dass fast alle mitmachen können. Welchem Geisteswissenschaftler sollte es nicht möglich sein, seine Forschungsinteressen so zu variieren, dass sie in Projekte passen, die sich der Erforschung von Kommunika-

---

[114] Vgl. Olaf Breidbach: Radikale Historisierung. Kulturelle Selbstversicherung im Postdarwinismus. Berlin 2011.

tion, Gedächtnis und Ritualen, Alteritäten und Performanzen widmen? Diese „Beutegemeinschaften" sind die Folge eines prestigeträchtigen und attraktiven Angebotes – nicht wissenschaftlicher Notwendigkeit. Sie bringen die Forschung aber dennoch voran, weil sie einerseits Mittel und Ressourcen bereitstellen und andererseits neue Perspektiven, Fragen und Problemstellungen erzwingen. Primäres Motiv ihrer Beantragung scheint zwar die „Versorgung" von Doktoranden und den Wissenschaftlern zu sein, die noch keinen Ruf erhalten haben. Ihnen bieten Sonderforschungsbereiche oder Graduiertenkollegs wenigstens für einige Jahre Planungssicherheit. Verbundforschung ist – solange andere Finanzierungsmöglichkeiten fehlen – ein probates Mittel, dem allseits beklagten Mangel zu entkommen. Und die „List der Vernunft" sorgt dafür, dass das kontingente Zusammenspiel auch in den eher nominellen Forschungsverbünden zu neuen Einsichten führt. Daraus folgt die fünfte These:

- Von der Einrichtung interdisziplinärer Forschungsprojekte profitieren auch die Geisteswissenschaften, denn dadurch werden neue Fragen und Sichtweisen stimuliert und Erkenntnisziele formuliert, die den Anschluss an andere Fächer herstellen können.

Das entscheidende Problem besteht allerdings in der Einrichtung solcher interdisziplinärer Verbünde, die geistes- und naturwissenschaftliche Fragestellungen und Vorgehensweisen verbinden. Die bisherigen Erfahrungen sind wenig ermutigend. Bei den notwendigen innerwissenschaftlichen Qualitätskontrollen dominieren fachspezifische Gesichtspunkte und der jeweils aktuelle Kenntnisstand steht visionären Projektionen eher skeptisch gegenüber. Gutachter urteilen hoffentlich nach ihrem besten Wissen und Gewissen. Doch sie sind keine Propheten und verkünden keine Gewissheiten. Alle Menschen können irren und dies umso mehr, je vager die Entscheidungsgrundlage ist. Solange die Mittel vorrangig nach Maßgabe des „Gewollten" bewilligt oder versagt werden, so lange wird die Antragsprosa entscheidend sein. Über die Effektivität dieses Vorgehens lässt sich trefflich streiten, zumal das Verfahren keine Appellationsmöglichkeit vorsieht. Zwar entscheidet nach der Begutachtung ein Bewilligungsausschuss, doch im Unterschied zum Rechtsweg haben die Antragsteller davor aber keine Interventionsmöglichkeit: Ihnen werden die kritischen oder ablehnenden Einwände der Gutachter erst im Nachhinein als Entscheidungsprotokolle zugänglich gemacht – entkräftende Gegenvorstellungen können sie nicht mehr vorbringen. Richtig ist die Idee, Entscheidungen nicht endlos zu verzögern, fatal ist die Wirkung, wenn dadurch die Bearbeitung wichtiger Themen blockiert wird, oder wenn sich ein Klima des Misstrauens breit macht.

Demotivierend kommt hinzu, dass die Entscheidung über ein Projekt in hohem Maße vom Zufall und von der Auswahl der Gutachter abhängt. Grundsätzlich gibt es für Prognosen keine Gewähr. Doch es ist keineswegs sicher, dass

Gutachter ein wissenschaftliches Projekt vernünftiger und unvoreingenommener beurteilen als die Antragsteller selbst bzw. als diejenigen, die das Vorhaben durchführen wollen. Eitelkeiten, Rivalitäten und in gewisser Weise auch Inkompetenz spielen überall dort eine Rolle, wo Menschen entscheiden müssen. Bei den häufig unter großem Zeitdruck erfolgenden Begutachtungen wedelt der Schwanz in bedenklicher Weise mit dem Hund: Das Vergabesystem belohnt eine möglichst ausgefeilte Prosa des Wollens, weil die Zeit zur intensiven Beschäftigung mit den Vorleistungen fehlt. Die um ein Projekt versammelte universitäre Elite aus Antragstellern und Gutachtern muss sich allerdings fragen, was es für ihr Selbstverständnis bedeutet, dass erfolgreiche Anträge von kommerziellen Anbietern mitformuliert werden.

Die beachtliche Zunahme der zu verteilenden Drittmittel hat in den letzten Jahren die Lage nicht etwa entspannt, sondern weiter zugespitzt. Mit den Mitteln sind die Begehrlichkeiten und der inneruniversitäre Druck gewachsen, sich einen Teil dieses Kuchens zu sichern. Ebenfalls größer geworden ist aber auch die Bürokratie, die diese Gelder verwaltet. Abhilfe verspricht nur ein radikaler Systemwechsel, der – so die sechste These – die Selbstverantwortung der Wissenschaftler und der Universitäten sowie den Wettbewerb stärkt und die Verwaltungen entlastet:

- Die Wissenschaftler müssen wieder selbst über ihre Forschungen entscheiden und für diese verantwortlich zeichnen. Die Förderung ist deswegen mit Hilfe pauschaler Mittelzuweisungen auf das Prinzip des Vertrauens umzustellen. Externe Gutachter können beraten, besitzen aber keine Entscheidungsmacht.

Das auf der Begutachtung von immer mehr Anträgen und deswegen auf einem gewissen Misstrauen basierende Forschungsförderungssystem verschlingt einen beachtlichen Teil der verfügbaren Ressourcen. Bei einer Förderkultur des Vertrauens könnten diese Gelder der Forschung als erhöhte Grundausstattung unmittelbar zur Verfügung stehen. Die siebte These lautet daher:

- Wenigstens Dreiviertel aller Mittel, die heute über das BMBF, die DFG oder die Bundesländer auf Antrag für Stipendien und Forschungsprojekte verteilt werden, sind pauschal und anteilig den Universitäten, Fakultäten, Instituten oder Professuren nach einem auszuhandelnden Schlüssel als Forschungsgrundausstattung zur Verfügung zu stellen.

Die Universitäten wären dadurch in der Lage, die von ihnen für wichtig, richtig und notwendig erachteten Forschungen in eigener Verantwortung durchzuführen. Selbstverständlich ließen sich die Gelder eines oder mehrerer Institute – auch diejenigen verschiedener Universitäten – bei entsprechendem Kooperationswillen bündeln. Dieses Verfahren würde die Eigenverantwortung auf allen Ebenen, die interne Qualitätskontrolle und den leistungsfördernden Wettbewerb stärken, weil Wissenschaftler, Institute und Universitäten für ihr Tun und Lassen selbst verantwortlich wären. Die Universitäten erhielten zudem die Möglichkeit, in einem fairen Wettbewerb mit anderen ihr Forschungsprofil aufzubauen und zu stärken.

Da die bisher aus Bundes- oder Landesmitteln bestrittene Einzelförderung nun von den Universitäten eigenverantwortlich durchgeführt werden soll, stünde das verbleibende Viertel bis Fünftel der öffentlichen Fördergelder exklusiv für Verbundprojekte zur Verfügung. Diese Mittel sollten auch weiterhin auf Antrag und nach Begutachtung verteilt werden. Antragsberechtigt wären allerdings nur bestehende Verbünde, die zur Thematik überprüfbare Ergebnisse vorlegen, die neben der Relevanz die wichtigste Entscheidungsgrundlage sein sollten. Daraus ergibt sich die achte These:

- Evaluiert und ggfs. mit Drittmitteln honoriert werden bereits existierende Verbünde und überprüfbare Leistungen, nicht mehr die Wollenserklärungen einer ausgefeilten Antragslyrik.

Gutachter entscheiden künftig nicht mehr über die Einrichtung, Anlage und Durchführung von Projekten, sondern überprüfen deren Ergebnisse. Bei einer derartigen Reduktion auf das Wesentliche könnte jederzeit politisch steuernd in die Mittelvergabe eingegriffen werden: Beispielsweise ließe sich die fächerübergreifende Grundlagenforschung oder die Kooperation mit außeruniversitären Einrichtungen prämieren. Ein Teil der Gelder könnte auch im direkten Wettbewerb zu vorgegebenen Themen („top down") vergeben werden. Die Verfahrenspraxis anderer Stiftungen (Volkswagen Stiftung, Gerda Henkel Stiftung etc.) bleiben von diesem Vorschlag unberührt.

Die Universitäten berufen ihre Wissenschaftler normalerweise für Forschung und Lehre – zwei Bereiche, die sich komplementär ergänzen. Wer nicht selbst forscht und publiziert, verliert an Renommee, kann in der Lehre nur „fremdes Wissen" vermitteln und deswegen die selbständige und kritische Auseinandersetzung damit nur bedingt anregen. Die Hochschullehrer versuchen jedoch, Lehre und Forschung zu verbinden. Dieses oft kopierte Ideal universitärer Bildung gerät in Deutschland allerdings immer mehr in Gefahr, weil die Voraussetzungen nicht mehr stimmen. Der Zuwachs an Studierenden, die in kürzester Zeit zu einem berufsqualifizierenden Abschluss geführt werden sollen, lässt das Niveau spürbar sinken, denn die Lehre muss sich zunehmend auf die Vermittlung des fachspezifischen Wissens und grundlegender Arbeitstechniken konzentrieren. Die Masse der Prüfungen sowie die Korrektur von Klausuren und Hausarbeiten, die häufig schon sprachlich eine Zumutung sind, reduziert das für Forschung verfügbare Zeitbudget der Wissenschaftler, die lehren müssen oder dürfen, erheblich.

Da das Gehalt bei der W-Besoldung und die Grundausstattungen teilweise leistungsbezogen gewährt werden, empfiehlt es sich, die Kriterienkataloge genau zu studieren. Die generelle Mittelknappheit engt den Spielraum für Forschung weiter ein. Selbst wenn Hochschullehrer Forschungsreisen und andere Kosten selbst finanzieren, bringt ihnen dies inneruniversitär nur Vorteile, wenn daraus ein erfolgreicher Drittmittelantrag hervorgeht. Zu selbstfinanzierter Forschung sind jedoch Doktoranden und Mitarbeiter auf Teilzeitstellen nicht oder nur am Ort der Hochschule in der Lage. Für sie werden die Anträge geschrieben. Die Zahl der Wissenschaftler wächst, die auf einen funktionierenden Drittmittelmarkt angewiesen ist. Für sie kann „Wissenschaft als Beruf" eine gesicherte Existenzgrundlage werden – sofern die Universitäten ihre Steuerungsverantwortung ernst nehmen, und unsinnige einengende Regelungen wie die ominösen Befristungen auf zwölf oder sechs Jahre endlich gestrichen werden. Darauf baut die neunte These auf:

- Im Bereich von Wissenschaft und Forschung muss jeder qualifizierte Bewerber eine faire Beschäftigungschance besitzen. Dabei dürfen die Universitäten ihren eigenen „Nachwuchs" bevorzugen, sie dürfen ihn aber nicht auf etatisierte Dauerstellen berufen (keine Hausberufungen).

Die Universitäten wären so gezwungen, sich ihrer Verantwortung zu einer sinnvollen Qualifizierungspolitik zu stellen, ohne jedem Habilitierten oder Juniorprofessor eine Dauerstelle anbieten zu müssen. Um diesen speziellen Arbeitsmarkt zu regulieren, sollten in den Geistes- und Sozialwissenschaften gewisse Quotierungen eingeführt werden, denn auch mit den vorgeschlagenen Änderungen wird es voraussichtlich stets mehr geeignete Kandidaten als Stellen geben. Die häufig beklagte Abwanderung von Wissenschaftlern ist freilich ein Zeichen von Flexibilität, ein willkommenes Ventil und beileibe kein neues Phänomen. Sie zeigt, dass die oft geschmähte Ordinarienuniversität gute Ausbildung ermöglicht und ihre besten Absolventen so qualifiziert, dass sie sich im internationalen Wettbewerb behaupten können. Ob dies auch nach den tiefgreifenden Reformen gilt, ist keineswegs sicher.

Zwar bestehen große Unterschiede zwischen den einzelnen Fachkulturen in den Geisteswissenschaften, doch beziehen sich diese mehr auf die Inhalte als auf die Organisation der Forschung: Während die einen Texte übersetzen und analysieren, weil es sie gibt, fordern andere präzise Fragestellungen als Voraussetzung valider Ergebnisse. Einig sind sich alle, dass die Wissenschaften Neuland betreten, bisher Unbekanntes verfügbar, neue Einsichten und plausible Deutungen nachvollziehbar machen sollen. Drittmittel bilden für fast alle Disziplinen die Voraussetzung, um überhaupt kostenintensive Großforschung betreiben zu können. Schon entsprechende Anträge demonstrieren Dynamik und Aktivitäten, und sie gelten als Leistungsnachweise. Das Schreiben und Koordinieren von Anträgen droht, zu einem Kerngeschäft jener Hochschullehrer zu werden, die Doktoranden betreuen und Postdocs nicht sich selbst überlassen wollen. Ihre fatale Konsequenz ist jedoch, dass sie begutachtet werden müssen. Bei der DFG urteilen wenigstens zwei Wissenschaftler, bevor das zuständige Gremium entscheidet. Prinzipiell gilt: Wer Anträge stellt, ist dem System bekannt und darf mit der Bitte um Gutachten rechnen. Überspitzt formuliert heißt dies: Mit jedem Antrag reduziert sich das für die Forschung verfügbare Zeitbudget. Dennoch sind eigene Forschungen für jeden Wissenschaftler unumgänglich, doch sie sollen – so die zehnte These – möglichst wenig reglementiert werden:

- Grundsätzlich dürfen Universitätswissenschaftler forschen, was und wie sie wollen. Sie sollten sich auch entscheiden können, wie sie ihren Anteil an den pauschalen Forschungsgeldern einsetzen wollen.

Die Wissenschaftler können sich mit anderen Forschern in kleineren oder größeren Netzwerken zusammenfinden, oder die Gelder an Doktoranden weiterreichen. Wer hingegen heute Gelder benötigt, weil er bestimmte Personen fördern oder eine Thematik zum universitären Schwerpunkt machen will, sucht sich gleichgesinnte Kolleginnen und Kollegen, um mit ihnen ein Graduiertenkolleg, einen Sonderforschungsbereich oder einen Exzellenzcluster zu beantragen. Die Verfahren sind langwierig, die Beteiligten sollen für die Fragestellungen ausgewiesen sein, die Kohärenz des Ganzen muss wenigstens in der Einleitung betont werden und die von der Geschäftsstelle der DFG eingeladenen Gutachter überzeugen. Dies und vieles andere mehr führt dazu, dass die in der ursprünglichen Idee vielleicht vorhandene Originalität und Kreativität verwässert und in den Rahmen des Gängigen eingepasst werden. Auf diese Weise soll vermieden werden, potentielle Gutachter zu kritisieren oder gar zu provozieren, um die Bewilligungschancen zu erhöhen. Neue Ideen und Verfahrensweisen, die mit einer Kritik des einschlägigen Forschungsstandes einhergehen, könnten aus einsichtigen Gründen diejenigen stören, die als Gutachter in Frage kommen, weil sie in ihren Bereichen tonangebend waren oder sind. Deswegen scheint es Antragstellern nahe liegend und ratsam, niemanden zu kritisieren und stattdessen alten Wein in neue Schläuche zu gießen, um das Ganze als bahnbrechende Pilotstudie zu etikettieren.

Da die großen Forschungsverbünde viel Geld und Prestige verheißen, haben sich die Geisteswissenschaften strategisch angepasst. Dies ist in den Natur- und Ingenieurswissenschaften nicht anders. Niemand glaubt, dass die im Vergleich zur industriellen Großforschung höchst bescheidenen SFBs dafür sorgen können, dass Motoren optimiert, Rollwiderstand entscheidend verringert und die deutsche Industrie den Anschluss an wen auch immer nicht verliert. Mitnahmeeffekte gibt es in allen Bereichen und gerade die Anträge, die sich an gängigen Themen orientieren, erscheinen besonders plausibel, weil sie nicht wie ungedeckte Wechsel klingen. Daran ändert auch das vorab integrierte Eigenlob wenig, das inzwischen die Sprache der Gutachten dupliziert: originell, hoch kompetitiv, besonders innovativ, kreativ, interkulturell, trans- und interdisziplinär.

Auch die geisteswissenschaftlichen Projektanträge haben sich, um in der Konkurrenz mit den anderen Disziplinen zu bestehen, eine spezifische Sprache und Logik geschaffen. Erfolgreich scheint zu sein, wer eine integrative und wohlklingende, mit kulturwissenschaftlichem Vokabular durchsetzte Thematik sowie die Mitstreiterinnen und Mitstreiter findet, die sich nominell den Zwängen des Groß-Verbundes unterwerfen, weil eine solche Beutegemeinschaft Mittel, Mitarbeiterstellen und Prestige, damit aber auch Leistungszulagen für die Empfänger von W-Besoldungen verheißt. Wird der Antrag bewilligt, kann das Nebeneinander vernünftiger und sinnvoller Forschungen finanziert werden. Inter- oder transdisziplinär ist in solchen Verbünden meist nur die übergeordnete Fragestellung. Doch diese führt häufig zu kreativen und innovativen Ansätzen, weil sich der hermeneutische Zirkel – gefunden wird, was gesucht wurde – auch von eingefleischten Einzelforschern nicht überlisten lässt. Deshalb lautet die elfte These:

- Die Universitäten sollten auch die Geisteswissenschaftler ermutigen, im Verbund und interdisziplinär zu arbeiten, um entsprechende Schwerpunkte zu etablieren, die dann Drittmittel beantragen können.

Die Vorteile eines solchen Verfahrens liegen auf der Hand. Jede Universität könnte ihre Forschungsschwerpunkte selbst einrichten. Dies zwingt sie zu interner Qualitätskontrolle sowie zu einer Hierarchisierung ihrer Vorhaben. Da die Universitäten ihre Schwerpunkte selbst finanzieren, werden sie auch bei Berufungen oder Stellenzuweisungen auf deren Drittmittelfähigkeit achten. Die Umstellung der Förderung wäre insofern ein Schritt zu einer selbstgesteuerten Differenzierung der deutschen Hochschullandschaft.

Die Anträge auf Drittmittelförderung sind so zu formulieren, dass auch Fachfremde sie verstehen. Bisherige Leistungen, anzuwendende Verfahren, Problem- und Fragestellung sind angemessen darzustellen. Alle Anträge und Ergebnisberichte werden grundsätzlich veröffentlicht. Publikationen werden nicht gezählt, sondern qualitativ gewichtet. Es wird besonders darauf geachtet, wie viele und welche Studien in den selbst herausgegebenen Sammelbänden und wie viele in renommierten Fachzeitschriften erschienen sind. Eine eigene Schriftenreihe ist kein Qualitätsbeweis, kein Zeichen großer Identität oder wissenschaftlicher Bedeutung, sondern bedeutet wegen der Druckkostenzuschüsse eher eine Subventionierung des Verlagswesens.

Für die Begutachtung dieser neuen Sonderforschungsbereiche ist mehr Zeit als bisher einzuplanen. Eine zusätzliche Evaluation sollte etwa fünf Jahre nach dem Ende der Drittmittelförderung stattfinden, um in Form eines Kolloquiums zu prüfen, welche Folgen die postulierten Erkenntnisse für den Fortgang der Forschung hatten und wer konkret die versprochenen bahnbrechenden, originellen, innovativen und kreativen Werke verfasst hat. Die Betreffenden könnten mit zusätzlichen Forschungsgeldern belohnt werden.

Sanktionen wie der befristete Ausschluss von der Antragstellung werden bei wissenschaftlichem Fehlverhalten oder dann verhängt, wenn Auflagen wie der Publikationspflicht nicht nachgekommen wird. Die bisherige Praxis der DFG, eine Antragssperre auszusprechen, wenn ein Vorantrag in der als Beratungsgespräch getarnten Evaluation scheitert, ist demotivierend und der Sache nicht angemessen. Wissenschaft lebt auch von Irrtümern und Kritik. Allerdings ist darüber nachzudenken, in wie vielen Projekten ein Antragsteller gleichzeitig forschen kann.

In einer Marktgesellschaft unterliegt auch die Forschungsförderung den Gesetzen des Marktes. Die Geisteswissenschaften können und wollen sich dem nicht entziehen. Sie müssen Interessenten und Abnehmer für ihre Ergebnisse finden, und sie benötigen die großen Forschungsverbünde nicht nur um Prestige und Aufmerksamkeit zu erringen, sondern auch um ihren Nachwuchs zu qualifizieren. Drittmittelgeförderte Graduiertenkollegs, Sonderforschungsbereiche und Exzellenzcluster werden auch weiterhin die „Leuchttürme" einer differenzierten Hochschullandschaft sein. Sie werden – den Marktgesetzen gehorchend – weiter wachsen. Da das neue Verfahren die Universitäten zur Kofinanzierung zwingt, werden sie darauf achten, dass ihre Drittmittelforschung nicht von einem Schwerpunkt abhängig sein wird. Die zwölfte These lautet daher:

- Drittmittelförderung ist in ihrer Dauer auf maximal 15 Jahre und in ihrer Höhe begrenzt. Sie wird nur bis zum doppelten Betrag der universitären Eigenleistungen gewährt. Dadurch werden dauerhafte Versäulungen vermieden.

Flexibilität und Mobilität gehörten bisher zu den zentralen Spielregeln der deutschen Hochschullandschaft. Exzellenz war nicht exklusiv und ein Forschungsschwerpunkt temporär: Mit den Lehrstuhlinhabern und dem Ruhestand einer Professorengeneration änderten sich Profile und Rangfolgen.[115] Dies soll durch die nun eingerichteten Exzellenzcluster und Exzellenzuniversitäten anders werden. Die neuen Verhältnisse setzen den bestehenden Wettbewerb außer Kraft und degradieren die meisten Hochschulen zu Lehruniversitäten. Doch warum werden mit viel Geld Versäulungen erzwungen?

---

[115] Vgl. Reinhard Brandt: Wozu noch Universitäten? Hamburg 2011, S. 153f.

Von der Freiheit eines Wissenschaftlers zu kommunizieren. Verbundforschung in den Geistes- und Sozialwissenschaften

Luise Schorn-Schütte

Wenige Länder in Europa und in Nordamerika fördern die Geisteswissenschaften auch in Zeiten ökonomischer Großkrisen so ausdauernd wie die Bundesrepublik Deutschland. Ein nachdrücklicher Beleg dafür ist, dass es in der Deutschen Forschungsgemeinschaft keine Aufteilung der Fördergelder nach Geistes-/Sozialwissenschaften und Natur-/Ingenieurwissenschaften gibt. Seit Jahren existiert ein und dasselbe Auswahlprinzip für alle Disziplinen: die Exzellenz der Forschung geprüft im peer-review-Verfahren. Das hat zur Folge, dass alle Disziplinen gleichberechtigt an allen Förderprogrammen der DFG teilnehmen können.

Und dennoch ist gerade unter den Geistes- und Sozialwissenschaften die Abneigung gegen großformatige Forschungsförderung, gegen die Bewertung der Forschung im Vergleich inneruniversitärer Drittmittelkonkurrenz besonders ausgeprägt. Die Kritik richtet sich also auch gegen die durch viele Hochschulleitungen verordnete Höherrangigkeit der Verbundforschung gegenüber der Einzelleistung, die für die Geistes- und Sozialwissenschaften weiterhin eine der entscheidenden Kriterien für wissenschaftliche Anerkennung ist. Dass es gegen diese Art bürokratischer Vorgaben Widerstand gibt, ist mehr als verständlich – die Frage, die uns hier bewegen soll, ist aber: gibt es auch inhaltlich berechtigte Einwände gegen Groß- und Verbundforschung in den Geisteswissenschaften? Anders formuliert: Gibt es Argumente, die die Sinnhaftigkeit von Verbundforschung in den Sozial- und Geisteswissenschaften belegen?[116]

Hilfreich ist es, sich dem Problem mit Hilfe zweier Fragen zu nähern:

1) Gibt es spezifische Formen der wissenschaftlichen Arbeit, der Erkenntnisgewinnung, die sich den beiden Wissenschaftskulturen – also Sozial- und Geisteswissenschaften hier, Natur- und Ingenieurswissenschaften dort - je unterschiedlich zuordnen lassen?

---

[116] Die folgenden Ausführungen beruhen auf Überlegungen der Autorin, die zuerst in: forschung. Das Magazin der Deutschen Forschungsgemeinschaft, Heft 1 (2007), S. 2f. erschienen sind.

2) Gibt es eine logische Verbindung zwischen Wissensgenerierung und Institutionalisierung von Förderinstrumenten?

1. Wer diese Frage vor 150 Jahren gestellt hätte, hätte kaum ja gesagt. Das Gewicht, die Bedeutung, die Austausch unter den Wissenschaftlern stets hatte, war eine der wichtigsten Triebfedern zur Einrichtung z.b. von Historischen Seminaren (Mitte 19. Jh.), von Historischen Vereinen (Anfang 19. Jh.), von wissenschaftlichen Gesellschaften und Kommissionen bis hin zur Kaiser-Wilhelm-Gesellschaft zu Beginn des 20. Jahrhunderts. Große Editionsvorhaben, Ausgrabungen, Erhebung und Auswertung von Massendaten sind in den Sozial- und Geisteswissenschaften seit jeher in Gruppen von Wissenschaftlern, als Verbund also, bearbeitet worden. Aber gerade in diesen Wissenschaften gab es zugleich auch immer das unbestrittene Selbstverständnis, dass in „Einsamkeit und Freiheit" die großen oder kleinen Bücher geschrieben werden sollen und können, dass die Monographie eines Autors Ausweis seiner wissenschaftlichen Reputation sein soll und kann.

Das ist in den Natur- und Ingenieurswissenschaften im Prinzip nicht anders, hat sich aber aufgrund der starken Differenzierung des natur-/ingenieurwissenschaftlichen Forschungsbetriebes nicht zuletzt aufgrund seiner Relevanz für wirtschaftlichen Ertrag in den letzten 50 Jahren erheblich verändert: das Labor, die Arbeitsgruppen von Nachwuchswissenschaftlern, die unter Anleitung eines Senior Forschers neue Methoden, neue Analyseverfahren erproben, ist ein Phänomen, das für diese Wissenschaften unerlässlich ist, für die Geisteswissenschaften aber eben fremd, nicht unverzichtbar erkenntnisfördernd.

Dafür gibt es gute Gründe: in den Geistes- und Sozialwissenschaften bleibt der Umgang mit Texten und Bildern Zentrum der Forschung, die Gewissheit, dass die These zu Kant oder Martin Luther nicht ein für allemal gültig ist, ist zentrale Aussage des Wissenschaftsverständnisses der Geisteswissenschaften. Jede Generation hat, um es verkürzt und zugespitzt zu sagen, das Recht, ihre Geschichte, ihre Philosophie neu zu schreiben. Das ist in den Natur-/Ingenieurswissenschaften generell anders: die jeweils andere Perspektive einer neuen Generation eröffnet weitere, neue Wissensfelder. Dass diese Arbeiten nicht in erster Linie und ausschließlich von Forschergruppen erstellt werden können, sondern eben völlig gleichberechtigt auch durch Individuen, ist selbstverständlich, es folgt aus der Eigenart der Wissensgenerierung.

Das aber heißt nicht, dass es unter Geistes- und Sozialwissenschaften nur Einzelkämpfer geben **darf**! Das miteinander Kommunizieren, der Austausch bleibt für alle Forschung unverzichtbar, beide Zugänge stehen gleichberechtigt nebeneinander, arbeiten miteinander.

2. Und damit bin ich bei der **zweiten Frage**: hängt die Organisationsstruktur von der Ordnung der Wissensgenerierung ab?

Dass die Natur- und Ingenieurwissenschaften gemeinsam in Arbeitsgruppen arbeiten, ist ein Ergebnis der immer differenzierteren Arbeitsteilung, die in diesen Wissenschaften seit den letzten Genrationen zu beobachten ist. Das Labor, die Werkhalle funktionieren anders als das Nachdenken über Kants kategorischen Imperativ. Natürlich haben die Naturwissenschaften für ihre Gruppen, für ihre Verbundforschung in wachsendem Umfang Gelder beansprucht, haben sich Labore und IT Räume einrichten lassen. Die Fördersummen wurden immer größer, selbst wenn nicht alle Exzellenz von exzellenter Ausstattung abhängt.

Für die Geistes- und Sozialwissenschaften gilt wie bereits festgestellt: Erkenntnis ist in diesen Disziplinen sowohl in der Gruppe als auch im einzelnen Gelehrtendasein erreichbar. Unterschiedliche Institutionalisierungen von Wissensformen haben also durchaus ihren Grund in den verschiedenen methodischen Wegen zur Erkenntnis zu kommen, wie sie für die beiden Bereiche festgestellt werden können.

Was heißt das alles für die Fragen nach dem Nutzen von Verbundforschung, von Förderung in Clustern und/oder Sonderforschungsbereichen, in Forschergruppen und /oder internationalen und nationalen Graduiertenkollegs?

3. Damit bin ich bei meiner **dritten Frage** angekommen:

Wie wird angesichts dieser Unterschiede exzellente Forschung in den Geistes- und Sozialwissenschaften sinnvollerweise organisiert?

Das Prinzip lautet: es gibt keinen Alleinvertretungsanspruch einer bestimmten Struktur, in diesen Disziplinen ist es ebenso legitim Einzelforschung zu betreiben wie es legitim ist, sich in Gruppen zu organisieren.

Letzteres trifft vor allem auf die Nachwuchsförderung zu: die überschaubaren Graduiertenkollegs, die vor über drei Jahrzehnten zuerst die VW-Stiftung ins Leben rief und die erst danach durch die DFG fest etabliert wurden, sind ein Format, das den Arbeitsformen der Geistes- und Sozialwissenschaften sehr entgegen kommt. Dazu gehören Betreuungsformen, die sich auch über verschiedene Teildisziplinen erstrecken; dieser Eindruck könnte vermutlich von vielen, die in Graduiertenkollegs gearbeitet haben, bestätigt werden. Die hier praktizierte Gemeinsamkeit im Austausch und in der Betreuung des Nachwuchses lässt sich über disziplinäre Grenzen hinweg fruchtbar machen. Daraus kann das Format der Forschergruppen entstehen, eine Arbeitsform, die als Verbundforschung für Sozial- und Geisteswissenschaften nachhaltigen Gewinn verspricht. Eine disziplinenübergreifende Fragestellung z.B. lässt sich in dieser Institutionalisierung aufgrund der Einbindung von auswärtiger Fachkompetenz sehr gut bearbeiten. Dadurch können Schwerpunkte der Universitäten gebündelt werden, übergreifende Exzellenz lässt sich verstetigen.

Und damit ergibt sich sofort die Frage: wie steht es mit dem Ertrag der Exzellenzinitiative für die Geistes- und Sozialwissenschaften? Ist diese Größenordnung für unsere Disziplinen gestaltbar, lässt sich davon eine Verbesserung der Arbeitsmöglichkeiten, der Erkenntnisvertiefung, der Schärfung der Methoden erwarten?

Nach dem bisher Gesagten kann die Antwort nur lauten: es gibt kein eindeutiges ja oder nein. Die exzellente Einzelforschung muss ebenso gewährleistet bleiben wie die Möglichkeit, in Gruppen zu kommunizieren und zugleich zu neuen Ergebnissen zu kommen.

Beides aber lassen Verbünde wie etwa die Exzellenzcluster durchaus zu! Sie ermöglichen Forschungszeit für den Einzelnen (Vertretungen), sie ermöglichen Nachwuchskollegs und Forschergruppen, solche Instrumente also, die aus dem Portfolio der DFG für unsere Disziplinen nachweislich ertragreich sein können.

Die Klage über den steten Zeitdruck, der durch die Notwendigkeit entstehe, in der Verbundforschung regelmäßig neue Gelder einwerben zu müssen, ist kein wesensmäßiges Problem der Verbundforschung; diese Differenzierung muss nachdrücklich hervorgehoben werden. Graduiertenkollegs, Forschergruppen oder gar Langfristprogramme laufen über acht bzw. sogar zwölf Jahre. Die stete Zeitnot, die durch neue Drittmitteleinwerbungen entsteht, das Fehlen von Muße, um zu schreiben, ist kein Ergebnis dieser Verbundförderung für die Geisteswissenschaften, sondern ein Produkt der **politischen** Entscheidung, die Grundfinanzierung der Universitäten abzusenken.

Damit wurde das Prinzip der Mittelverteilung im Wettbewerb um jeden Preis eingeführt; der Fehler liegt ganz offensichtlich nicht in der Organisationsform von Forschung, sondern in dem Versuch, außerwissenschaftliche Prinzipien für die Bestimmung der verfügbaren Mittel zu verwenden. Hier sind wir allerdings in der Bundesrepublik in einer noch recht komfortablen Lage! Der Blick nach England, Italien oder in die USA zeigt, dass das Ende der öffentlich geförderten Geisteswissenschaften, die selbst keinen wirtschaftlich fassbaren Mehrwert erbringen, sondern nur Kosten erzeugen, keineswegs undenkbar ist!

Potemkinsche Projekte

Caspar Hirschi

1 Kreisen um Allgemeinbegriffe

Wer sich als Kritiker der geisteswissenschaftlichen Verbundforschung an deutschen Universitäten hervortut, läuft leicht Gefahr, sich falsche Freunde zu machen. Darum möchte ich vorneweg gleich zwei möglichen Missverständnissen vorbeugen: Im Folgenden kritisiere ich nicht die Verbundforschung an sich, und schon gar nicht werden Sie von mir ein nostalgisches Plädoyer für wissenschaftlichen Individualismus frei nach Humboldt hören. Eine Debatte für oder wider die kooperative Forschung halte ich für unersprießlich. Denn dass auch in den Geisteswissenschaften bestimmte Aufgaben nur im Kollektiv zu bewältigen sind, lässt sich kaum bestreiten. Zu solchen Aufgaben zähle ich unter anderem große Editionen, Inventarisierungen oder Ausgrabungen. Verbundforschung dieses Stils bedarf nicht nur einer hohen Arbeitsteilung, sondern auch einer konkreten Problemstellung, einer klaren Vorgabe der Kooperationsform und einer präzisen Angabe der zu erzielenden Ergebnisse. All diese Kriterien jedoch scheinen mir in der derzeit dominierenden Form geisteswissenschaftlicher Verbundforschung an deutschen Universitäten bestenfalls zweitrangig zu sein. In ihr ergibt sich der kooperative Charakter der Arbeit hauptsächlich durch die rhetorische Außendarstellung (Homepages, Broschüren, eigenes Wissenschaftschinesisch) sowie durch die Projektmittel der Forschungsförderungsinstitutionen. Der vorläufige Höhepunkt dieser Verbundforschung stellt das geisteswissenschaftliche Exzellenzcluster dar, das ich nicht anders denn als projektförmig inszeniertes Kreisen großer Wissenschaftlerschwärme um methodische oder thematische Allgemeinbegriffe (wie Religion, Politik, Kultur, Integration, Asymmetrie, Emotion usw.) bezeichnen kann.

2 Sonderfall Deutschland

Diese Form der Verbundforschung ist, historisch gesehen, ein Paradebeispiel für ein extrinsisch motiviertes Förderinstrument. Sie wurde in Deutschland mit den Sonderforschungsbereichen 1968 eingeführt und jüngst durch die Cluster der Exzellenzinitiative noch einmal massiv ausgebaut. Beide Gefäße wurden von der

DFG auf die Bedürfnisse der ungleich arbeitsteiligeren und geldintensiveren Forschung in den Natur- und Technikwissenschaften zugeschnitten. Weil aber die DFG, anders als etwa die National Science Foundation in den USA, alle Wissenschaftszweige repräsentiert, mussten die Geisteswissenschaften die neuen Gefäße wohl oder übel mit ihren eigenen Inhalten zu füllen versuchen. Und so kam es, dass sie einen neuen Typus der Verbundforschung entwickelten, der sowohl hinsichtlich seines personellen Umfangs als auch seiner inhaltlichen Unschärfe bis heute ein Sonderfall des deutschsprachigen Raumes geblieben ist, mit Deutschland als Lokomotive.

In den USA und in Großbritannien sind *big humanities* für wenige Wissenschaftler eine Zukunftsmusik, für viele ein Schreckgespenst, für die meisten aber keine Realität. In den britischen *humanities* gibt es ein paar Forschungsverbünde in *history and philosophy of medicine*, weil ihre Vertreter beim *Wellcome Trust*, der größten privaten Förderstiftung im Lande, Anträge einreichen können. Ansonsten sind Großunternehmen von deutschem Format an Universitäten eine Seltenheit. Die wenigen, die ich kenne, betreiben Editionsphilologie auf dem neusten Stand der Technik, das heißt sie widmen sich der Erschließung, Auswertung und digitalen Herausgabe von Quellencorpora. Das sind Vorhaben, die nur projektförmig betrieben werden können. Exemplarisch dafür scheint mir das in Oxford beheimatete und von der *Mellon Foundation* finanzierte Projekt *Cultures of Knowledge* zu sein, das sich mit Gelehrtenkorrespondenzen des 17. Jahrhunderts befasst.[117]

3   Was drauf steht und was drin ist

Die Tatsache, dass die universitäre Großforschung in Deutschland einen eigenen Weg eingeschlagen hat, würde eigentlich dazu einladen, die Vor- und Nachteile dieses Förderinstruments vergleichend zu untersuchen. Das Problem ist nur, dass es kaum Studien zu den Arbeitsformen, Publikationsverfahren und wissenschaftlichen wie strukturellen Folgewirkungen von Sonderforschungsbereichen, geschweige denn von Exzellenzclustern gibt. Für ein derart teures und dominantes Förderinstrument ist das erstaunlich. Wir müssen uns also auf Erfahrungswissen stützen. Mein Eindruck ist, dass die Außendarstellung der Verbünde wenig über die tatsächlichen wissenschaftlichen Arbeitsformen in ihnen aussagen. In den deutschen und schweizerischen Großverbünden, die ich kenne, ist es leicht möglich, weniger kooperativ zu arbeiten, als es andere mit Einzelprojekten tun. Geisteswissenschaftliche Zusammenarbeit kann auch ohne finanziellen und institutionellen Rahmen höchste Intensität erreichen – im informellen Austausch unter Fachkollegen.

---

[117] http://www.history.ox.ac.uk/cofk.

An den Publikationsformen hat sich durch die Verbundforschung ebenfalls wenig geändert: In den Geisteswissenschaften dominiert die Einzelautorschaft, in den Naturwissenschaften die Kollektivautorschaft, wie es bei beiden schon zuvor der Fall gewesen ist. Als markanteste Veränderungen nehme ich wahr, dass zum einen der Anteil der grauen Literatur – Anträge, Berichte, Broschüren – und zweitens die Publikation von Sammelbänden zugenommen haben. In diesen großforschungstypischen Gattungen wird die Einheit des Unternehmens in erster Linie durch einen spezifischen Jargon hergestellt. Jeder Verbund braucht seine fünf bis zehn terminologischen Etiketten, mit denen die eigenen Sammelbände gerne regelrecht zugeklebt werden. Großforschung *à l'Allemande* scheint daher wenig dazu geeignet, den spezifischen Vorteil der Geisteswissenschaften gegenüber den Natur- und Technikwissenschaften auszuspielen, nämlich ihre Erkenntnisse in einer für Nicht-Eingeweihte verständlichen Sprache zu präsentieren. Im Gegenteil, die gegenwärtig dominierende Verbundforschung erleichtert die Bildung von Kollektiven, die in einer Sprache, die nur sie verstehen, über die Dinge reden, die nur sie interessieren.

4 *Viel Geld, großes Wachstum, hoher Verschleiß*

Wenn sich also an den Arbeitsformen durch die Verbundforschung nur wenig geändert hat, müsste man dann den Leitern von geisteswissenschaftlichen Sonderforschungsbereichen und Exzellenzclustern nicht ein Kränzchen dafür winden, sich den gegebenen Förderbedingungen unter Wahrung der eigenen Forschungskultur geschmeidig angepasst zu haben? Tatsächlich haben es die deutschen Geisteswissenschaften – im Gegensatz zu den britischen und amerikanischen *humanities* – bisher vermeiden können, an den Universitäten finanziell und institutionell an den Rand gedrängt zu werden. Noch nie floss so viel Geld in die deutschen Geisteswissenschaften, und noch nie waren so viele Geisteswissenschaftler an deutschen Universitäten beschäftigt wie heute. Man könnte allerdings auch argumentieren, diese größere Widerstandskraft habe damit zu tun, dass die Geisteswissenschaften in Deutschland nicht in eine separate staatliche Fördereinrichtung ausgelagert sind wie die *humanities* in den USA und in Großbritannien, wo die Regierungen dem *National Endowment for the Humanities* resp. dem *Arts and Humanities Research Council* leichter den Geldhahn abdrehen konnten und können.

Wenn man die geisteswissenschaftliche Verbundforschung als Ausweis einer erfolgreichen Anpassung an naturwissenschaftliche Forschungspraktiken versteht, unterschlägt man aber die hohen Kosten dieser Anpassungsleistung. Bei diesen Kosten sind der vielbeklagte Zwang zu pompöser Selbstdarstellung und neologistisch-inhaltsleerer Innovationsrhetorik wohl noch der kleinere Posten. Mehr ins Gewicht fallen drei andere Faktoren.

Erstens: Großprojekte sind von der universitären Lehre weitgehend abgekoppelt und können allein schon aufgrund ihrer kurzen Laufzeiten kaum in bestehende Studiengänge integriert oder für neue Studiengänge fruchtbar gemacht werden. Diesen Luxus hätten die deutschen Universitäten vielleicht noch verkraften können, wäre die Exzellenzinitiative nicht mit der Bolognareform zusammengefallen. So aber kam es, dass an Exzellenzuniversitäten Pappmaché-Strukturen für einen massiv vergrößerten Forschungsapparat aufgebaut wurden, während die stetig steigenden Lehrbelastungen auf einen stagnierenden bis schrumpfenden Lehrkörper abgewälzt wurden. Zu den Resultaten dieses unabgestimmten Prozesses gehörten nicht nur schlechtere Studienverhältnisse an vielen Orten, sondern auch Machtkämpfe auf Mitarbeiterebene. Dazu ein kurioses, aber bezeichnendes Beispiel: Weil für eine akademische Karriere die Verbindung von Lehre und Forschung noch immer unerlässlich ist, bemühten sich Lehrstuhlmitarbeiter in Heidelberg darum, Projektmitarbeitern im Cluster jede Lehrtätigkeit, auch eine freiwillige, zu untersagen. Die Logik, die sie dabei verfolgten, bestand darin, den Nachteil ihrer eigenen Lehrbelastung auszugleichen, indem sie alle zu Verlierern machten.

Zweitens: Spätestens seit der Exzellenzinitiative sind Großverbünde nicht nur Instrumente der Forschungsförderung, sondern auch der inner- und zwischenuniversitären Flurbereinigung. Sie sollen, wie es heißt, zu einer „Differenzierung" der deutschen Forschungslandschaft führen. Ein Cluster dient schon allein aufgrund seiner finanziellen und personellen Ausstattung als Qualitätsausweis, denn Größe ist ein Aufmerksamkeitsmagnet, und Aufmerksamkeit ist in Zeiten des *information overload* der halbe Weg zum wissenschaftlichen Erfolg. Großverbünde erfüllen damit die Funktion eines Evaluationsersatzes und dieser wirkt sich in den Geisteswissenschaften besonders stark aus, weil sie sich bisher offiziellen Evaluationsverfahren weitgehend verweigert haben.

Der Unterschied zu klassischen Evaluationen besteht bloß darin, dass die Bewertung nicht nach, sondern vor der erbrachten Forschungsleistung erfolgt. Damit funktioniert das System ähnlich wie die Finanzwelt vor (und nach) dem jüngsten Crash: Virtuelle, nicht eingelöste Gewinne bilden die Basis für die Ausschüttung von Boni und Reputation an wenige Wissenschaftsmanager; bei der nachfolgenden Forschungsproduktion dominiert ein *high-frequency-publishing* mit Staatsgarantie, das mangels qualitativer Evaluation den Erfolg des Unternehmens quantitativ bezeugt; schließlich ist das System auf kurzfristige Profite ausgerichtet, mittel- und langfristige Geschäfte dagegen haben es schwer. Der Hauptunterschied zur Bankenwelt besteht allerdings darin, dass der Überhitzung nicht unbedingt ein Crash folgt. Solange der Staat mitspielt, dauert es an, auch wenn die deutschen Geisteswissenschaften, absorbiert vom *nationalen* Verdrängungskampf, von der international führenden Forschung, die in den meisten

Potemkinsche Projekte 93

Disziplinen im angelsächsischen Raum beheimatet ist, noch stärker abgehängt werden.

Drittens: Durch die geisteswissenschaftlichen Großverbünde ist die Machtverteilung an deutschen Universitäten noch weiter aus dem Lot geraten. Das ist meine Hauptkritik, und ich möchte sie mit ein paar Zitaten des Wissenschaftsrates einleiten. In seinem Lagebericht von 2008 an die Bildungsministerin vermerkte der Vorsitzende: „Positiv zu vermelden ist, dass die Zahl der Stellenangebote vor allem für Nachwuchswissenschaftlerinnen und Nachwuchswissenschaftler auch durch die Exzellenzinitiative angestiegen ist."[118] Ein Jahr später wurden in der Stellungnahme zu den Sonderforschungsbereichen die „spezifischen Vorteile" von Forschungsverbünden im „Gewinn an Sichtbarkeit" und in der „Förderung des wissenschaftlichen Nachwuchses" gesehen.[119] Im gleichen Text heißt es dann aber auch über Nachwuchsstellen: „Da aber (1) diese Beschäftigungsverhältnisse zum Großteil befristet abgeschlossen werden und (2) die Zahl der für den Hochschullehrerberuf Qualifizierten durch die neuen Fördermöglichkeiten im Rahmen der Exzellenzinitiative wiederum ansteigen wird, ist nach dem Ende der Förderung mit einem großen Angebot Hochqualifizierter zu rechnen, für die das globale Wissenschaftssystem vielfältige Optionen bietet."[120] Etwas weniger euphemistisch gesagt: Sie haben weder an deutschen Unis noch in der deutschen Wirtschaft eine Zukunft.

Schauen wir uns dazu ein paar Zahlen des Statistischen Bundesamtes an. Die Anzahl hauptberuflich Forschender in den Kultur- und Sprachwissenschaften an deutschen Universitäten stieg zwischen dem Jahr 2003 und 2009 von 19'278 auf 22'479 (plus 17 Prozent).[121] Auf welcher akademischen Stufe aber hat das Wachstum stattgefunden? 2003 waren in den Sprach- und Kulturwissenschaften an deutschen Universitäten 5'199 Professoren beschäftigt, 2009 waren es 5'228 (plus 0,5 Prozent).[122] In diesen Zahlen eingeschlossen sind auch die Juniorprofessoren, die während dieses Zeitraums eingerichtet worden sind (Juniorprofessuren haben also in statistischer Hinsicht nicht die geringste Verschiebung erbracht. Der Grund dafür dürfte darin liegen, dass sie, funktional gesehen, ein Instrument zur Umwandlung von unbefristeten und teuren Professuren in befristete und billige Professuren waren). Im gleichen Zeitraum stieg die Anzahl Mit-

---

[118] Peter Strohschneider: Bericht des Vorsitzenden zu aktuellen Tendenzen im deutschen Wissenschaftssystem (Wintersitzungen des Wissenschaftsrates 2008). Berlin 25.01.2008, S. 4.
[119] Wissenschaftsrat: Stellungnahme zu den Programmen Sonderforschungsbereiche und Forschungszentren der Deutschen Forschungsgemeinschaft. Berlin 30.01.2009, S. 52.
[120] Ebd., S. 51.
[121] Statistisches Bundesamt: Bildung und Kultur. Personal an deutschen Hochschulen 2003 (Fachserie 11 / Reihe 4.4). Wiesbaden 2004, S. 81; Statistisches Bundesamt: Bildung und Kultur. Personal an deutschen Hochschulen 2009 (Fachserie 11 / Reihe 4.4.). Wiesbaden 2010, S. 94.
[122] Ebd.

arbeiter von 9884 auf 14'114. Das entspricht einem Wachstum von 43 Prozent.[123] Vergleichen wir diese Zahlen noch kurz mit der Gesamtentwicklung aller universitären Forschungsbereiche: 2003 lehrten 21'629 Professoren an deutschen Universitäten, 2009 waren es 22'109 (plus 2,2 Prozent); die Anzahl wissenschaftlicher Mitarbeiter stieg dagegen von 104'829 im Jahr 2003 auf 139'407 im Jahr (plus 33 Prozent).[124] Fazit: Die Schere zwischen Professoren- und Mitarbeiterstellen ist in den letzten Jahren gesamthaft aufgegangen, bei den Geisteswissenschaften jedoch massiv: das Wachstum der Professuren war zugleich tiefer als der Durchschnitt und das Wachstum der Mitarbeiterstellen deutlich höher. Was diese Veränderungen bedeuten, lässt sich noch besser erahnen, wenn man berücksichtigt, dass auch die akademische Reservearmee, das heißt die Anzahl Privatdozenten und Lehrbeauftragten, im selben Zeitraum um 17 Prozent gewachsen ist (in den Geisteswissenschaften gibt es heute mehr als doppelt so viele Privatdozenten wie Professoren!).

Diese durch Großverbünde angetriebene Strukturveränderung hat die ohnehin schon steilen Hierarchien an deutschen Universitäten noch steiler gemacht. Wie in einem System, in dem eine kleine Minderheit auf Lebensstellen über eine immer größere Mehrheit auf Zeitstellen herrscht, dem Ideal einer wissenschaftlichen Kommunikation nachgelebt werden soll, in der Wahrheitsfragen möglichst wenig von Machtfragen kontaminiert werden, ist mir nicht ganz klar. Ebenso unklar ist mir, wie die extreme Unsicherheit und Abhängigkeit von Jungakademikern einer originellen und innovativen Forschung förderlich sein soll. Was ich an wissenschaftlichen Publikationen von jungen Historikerinnen und Historikern aus Deutschland zu lesen bekomme, scheint mir eher auf eine Kultur hinzudeuten, in der Ecken und Kanten als potentielle Karrierekiller so früh wie möglich abgeschliffen werden und das Heil in der Anpassung an herrschende Trends gesucht wird.

5 Exportweltmeister beim akademischen Überschuss

Egal, wie man es in diesem Punkt halten mag, eines wird man dem System nicht absprechen können: Es macht Deutschland auch auf dem akademischen Markt zum Exportweltmeister, freilich nicht für wissenschaftliche Produkte, sondern für Produzenten. Seit Jahren schon stellen deutsche Geisteswissenschaftler in Österreich, der Schweiz und in Großbritannien die weitaus größten Ausländerkontingente. Dass diese Kontingente in Zukunft nochmals stark wachsen können, um die gesteigerte akademische Überschussproduktion aus Deutschland abzuschöpfen, scheint mir angesichts der europaweiten Sparübungen im Hochschulbereich jedoch eher unwahrscheinlich.

---

[123] Statistisches Bundesamt, 2004, S. 81; Statistisches Bundesamt 2010, S. 94.
[124] Ebd., S. 85 (2004) / S. 99 (2010).

Die akademische Abwanderung auf gut Neudeutsch als *brain drain* zu bezeichnen, wird der Sache nicht gerecht. Angemessener wäre es, von einer strukturell erzwungenen Massenexilierung zu sprechen. Für tausende junger Geisteswissenschaftler wird es in Deutschland keine berufliche Zukunft geben. Es geht mir nicht darum, Mitleid für diese Leute zu wecken, schließlich sollte man von ihnen erwarten dürfen, dass sie ihre Position realitätsgerecht einschätzen. Vielmehr geht es mir darum, den wissenschaftlichen und volkswirtschaftlichen Sinn einer Forschungspolitik zu hinterfragen, die zur Profilierung und Machtsteigerung weniger *principal investigators* eine international einmalige Verschleuderung personeller und finanzieller Ressourcen betreibt. Der Titel des Exportweltmeisters ist in dieser Sparte teuer erkauft, denn zu verdienen gibt es am Abwandern oder Abtauchen tausender von Geisteswissenschaftlerinnen und Geisteswissenschaftler nichts.

6 Gegenrezepte

Erlauben Sie mir zum Schluss noch ein paar Überlegungen, wie die gegenwärtige Situation überwunden werden könnte. Ich beginne wieder mit den Vorschlägen des Wissenschaftsrates. Dass dieser die Situation falsch einschätzen würde, kann man ihm nicht vorwerfen. Bereits 2006 kam er in seinen *Empfehlungen zur Entwicklung und Förderung der Geisteswissenschaften* zu einer ähnlichen Diagnose wie ich heute. Wie aber lauten seine Empfehlungen? Zum einen forderte er: „Nachwuchswissenschaftlern muss – vor allem von Seiten der betreuenden Hochschullehrer – deutlich vermittelt werden, dass die Entscheidung für Berufswege außerhalb der Universität grundsätzlich spätestens mit dem Abschluss der Promotion fallen sollte."[125] Zum andern betonte er, „dass dauerhafte Beschäftigungsperspektiven für qualifizierte Wissenschaftler unterhalb der Professur unbedingt erforderlich sind"[126]. Wie das geschehen soll, darüber aber schweigt sich der Wissenschaftsrat im gleichen Schreiben aus. In seiner Kritik steckt, um noch einmal die Analogie von oben zu bemühen, etwa die gleiche reformerische Energie wie in den Verlautbarungen aus den Chefetagen von Großbanken, das Finanzsystem dürfe nicht von Gier getrieben, aber auch nicht von Regulierungen gehemmt werden.

Solange das strukturelle Anreizsystem fortbesteht, wird die derzeitige Entwicklung wohl weitergehen. Um die Probleme tatsächlich zu beheben, müsste man zuerst jener Institution zu Leibe rücken, an der sich schon die Amerikaner nach dem Zweiten Weltkrieg die Zähne ausgebissen haben: dem Lehrstuhl. Man müsste die meisten Ordinariate samt Mitarbeiterstellen und Sekretariaten bei der

---

[125] Wissenschaftsrat: Empfehlungen zur Entwicklung und Förderung der Geisteswissenschaften in Deutschland. Berlin 27.01.2006, S. 8.
[126] Ebd.

Emeritierung ihrer Inhaber zerschlagen. Zugleich müssten die Grundmittel erhöht und die Drittmittel reduziert werden, so dass aus einem Lehrstuhl zwei oder mehrere unbefristete und unabhängige Lehr- und Forschungsstellen entstehen könnten, auf die man sich mit einem Doktorat bewerben und auf denen man bei hervorragenden Leistungen bis zum Professor aufsteigen kann. Mit anderen Worten: unbefristete Anstellungen unterhalb der Professur müssten immer die Möglichkeit einer Beförderung bis zur Professur auf derselben Stelle bieten, ansonsten landet man wieder bei den akademischen Kleinpfründen, auf denen sich früher akademische Räte zur Ruhe gesetzt haben. Wie in Großbritannien müsste die Stelle nach der Pensionierung ihres Inhabers wieder auf die Ausgangsposition zurückgestuft werden.

In einem solchen System müsste der Hochschulwechsel, um die viel zu starken Seilschaften an deutschen Universitäten zu schwächen, wie in den USA nach der Promotion und nicht erst nach der Habilitation erfolgen, die seit ewig eine wissenschaftlich überflüssige Schikane ist und ersatzlos abgeschafft gehört. Damit käme das akademische Nadelöhr schon wenige Jahre nach der Dissertation, die Hierarchien wären flacher, das akademische Prekariat der unterprivilegiert Überqualifizierten kleiner, und der Lehrbetrieb im Bologna-System stabiler. Junge Forschende könnten sich zudem den Luxus leisten, ohne große Gefahr originelle Würfe zu landen. Schließlich dürfte die germanische Kreatur des Privatdozenten endlich jenen Platz einnehmen, der ihr seit langem gebührt: auf einem niederen Sockel im Deutschen Historischen Museum zu Berlin.

Gleichzeitig müsste bei einer derart umfassenden Reform die Evaluation von Forschungsleistungen von den Forschungsanträgen zu den Forschungsergebnissen verschoben werden. Dafür aber hätten die Geisteswissenschaften eine andere Forderung des Wissenschaftsrates einzulösen, die da wäre: sich mit ihren Fachverbänden überprüfbare *qualitative* Standards zu setzen, nach denen ihre Arbeit regelmäßig von Fachkolleginnen und Fachkollegen aus dem In- und Ausland bewertet werden soll. Sie könnten damit auch einem Szenario vorbeugen, dem derzeit die britischen *humanities* unterliegen – dass nämlich mangels Eigeninitiative der Staat die Qualitätskriterien aufstellt und mit desaströsen Folgen umsetzt.

Es ist mir bewusst, dass dieser Reformvorschlag viel zu radikal ist, um im derzeitigen akademischen Klima der milden Unzufriedenheit professoraler Eliten umgesetzt zu werden. Ein weiteres Hindernis stellt die unselige hochschulpolitische Machtverteilung zwischen Bund und Ländern dar, in der, überspitzt gesagt, ersterer das Geld und letztere das Sagen haben – mit dem Resultat, dass der Bund trotz beträchtlichem finanziellem Engagement keine nachhaltige Hochschulförderung betreiben kann.

Gleichzeitig ist es mir aber wichtig zu betonen, dass meine Reformvorschläge finanziell durchaus realisierbar wären, sofern ein weiterer alter Zopf abgeschnitten würde: das gebührenfreie Studieren. Wer gegen Studiengebühren ist, ist für eine Umverteilung von unten nach oben. Um diese Umverteilung zu verhindern, müssten die Gebühren nicht bei wenigen hundert, sondern einigen tausend Euro pro Jahr angesetzt werden. Richtig investiert und mit Stipendien für ärmere Studierende flankiert, könnte dieses Geld nicht nur die akademischen Karrierewege, sondern auch die Qualität von Lehre und Betreuung massiv verbessern.

Schisma oder Diversifikation. Das Verhältnis von Natur-, Sozial- und Geisteswissenschaften

Stefan Hornbostel

„[...] wenn man sich der Erforschung der Nierentätigkeit widmet, so gibt es doch Augenblicke dabei, wo man sich veranlaßt sieht, [...] an den Zusammenhang der Nieren mit dem Volksganzen zu erinnern. Darum wird in Deutschland so viel Goethe zitiert."[127]

1 Einleitung

Der Graben zwischen Geisteswissenschaften und Naturwissenschaften ist keineswegs zugeschüttet, aber er ist flacher geworden. Gleichwohl sind die Spannungen bis heute erkennbar. Beginnt man die Chronologie am Ende, dann ist es die Auseinandersetzung um die Exzellenzinitiative, die zuletzt die Frage nach den Besonderheiten der Geisteswissenschaften aufgeworfen hatte.

Der Professor für Neuere deutsche Literatur an der Universität Heidelberg und Präsident der Bayerischen Akademie der Schönen Künste, Dieter Borchmeyer, gab nach der ersten Runde der Exzellenzinitiative – stellvertretend für viele Stimmen – eine dramatische Diagnose: „Diejenigen Wissenschaften, welche das Bild und die Struktur der deutschen Universität mit ihrer weltweiten Auswirkung geschaffen haben, sind nunmehr zu Fremdlingen im eigenen Hause geworden. Die deutsche Universität ist tot. Friede ihrer Asche!"[128] Auch vor der Verkündung der Ergebnisse der jüngst abgeschlossenen zweiten Runde des Wettbewerbs wurde abermals insbesondere die Kritik von Geisteswissenschaftlern in der Presse aufgenommen: „Die Geisteswissenschaften sehen sich in der Exzellenzinitiative nicht gebührend berücksichtigt. Ein Ausweg wären neue Maßstäbe: Die Geisteswissenschaften sollten getrennt von den Sozialwissen-

---

[127] Robert Musil: Der Mann ohne Eigenschaften (Gesammelte Werke in neun Bänden. Bd. 1). Reinbek bei Hamburg 1978, S. 191.
[128] Dieter Borchmeyer: Unsere Universität ist tot. In: sueddeutsche.de vom 23.10.2006. Im Internet: http://www.sueddeutsche.de/karriere/ein-nachruf-unsere-universitaet-ist-tot-1.591848 (abgerufen am 17.08.2012).

schaften begutachtet und honoriert werden, schlägt FU-Präsident Alt vor"[129].

Im Ergebnis stand dann zwar eine durchaus erfolgreiche Bilanz, wenn auch mit Wermutstropfen: „Bei den Graduiertenschulen stehen sie [die Geisteswissenschaften] mit 36 Prozent der geförderten Einrichtungen mittlerweile auf Platz eins der Forschungsbereiche und haben damit die Lebenswissenschaften, also Medizin, Biologie und verwandte Fächer überholt. Einen leichten Rückgang haben die Geisteswissenschaftler allerdings bei den großen Forschungsverbünden, den Exzellenzclustern, zu verzeichnen: Hier stammen nur noch 14 Prozent der Vorhaben statt bisher 16 Prozent aus ihrem Themenbereich. Diese standen bei den Clustern von jeher an letzter Stelle – das ist traurig, aber damit zu erklären, dass ihre Vorhaben nicht so für forscherübergreifende Programme geeignet seien, wie etwa Naturwissenschaften, wie der damalige Chef des Wissenschaftsrates und künftige DFG-Präsident Peter Strohschneider sagte."[130]

In der öffentlichen Bewertung durch DFG und Wissenschaftsrat erscheint dieses Ergebnis völlig akzeptabel: „Der Vorsitzende des Wissenschaftsrats, der Ingenieur Wolfgang Marquardt, sieht [...] keinen Grund zur Klage. Die Kulturwissenschaften schnitten im Exzellenzwettbewerb nicht schlechter ab als in den übrigen DFG-Programmen. [...] Marquardt ist überzeugt: Die Kulturwissenschaften haben es nicht nötig, in der Exzellenzinitiative eine besondere Schutzzone eingerichtet zu bekommen'".[131]

Abgesehen davon, dass die Geisteswissenschaften auch bei den Sonderforschungsbereichen (SFB) nur etwa 10 Prozent stellen, zeigt bereits diese kursorische Darstellung der Debatte die mehr oder weniger offen verhandelten Konfliktpunkte:

- Die Rede von der „Schutzzone" impliziert eine potenzielle Inferiorität, zumindest aber Bedrohtheit. Dies hat nicht nur in Deutschland – insbesondere im Wissenschaftsjahr 2007, das den Geisteswissenschaften gewidmet war – in zahlreichen Positionsbestimmungen eine Rolle gespielt, sondern auch im Ausland, so etwa in M. C. Nussbaums Aufruf zur Rettung der Geisteswissenschaften „Not For Profit: Why Democracy Needs the Humanities"[132], der

---

[129] Amory Burchard/Tilmann Warnecke: Exzellent vernachlässigt. In: tagesspiegel.de vom 06.06.2012. Im Internet: http://www.tagesspiegel.de/wissen/geisteswissenschaften-im-wettbewerb-exzellent-vernachlaessigt/6714498.html (abgerufen am 17.08.2012).
[130] Roland Preuß: Elite der Geisteswissenschaftler. In: sueddeutsche.de vom 09.07.2012. Im Internet: http://www.sueddeutsche.de/bildung/foerderung-aus-der-exzellenzinitiative-elite-der-geisteswissenschaftler-1.1406689 (abgerufen am 17.08.2012).
[131] Burchard/Warnecke 2012.
[132] Martha C. Nussbaum: Not For Profit. Why Democracy Needs the Humanities, Princeton (NJ) 2012. Ein Vorabdruck dieses Pamphlets zur Rettung der Geisteswissenschaften erschien Ende April 2010 im Times Literary Supplement (TLS), und an diesen schließt sich seitdem eine heftige Debatte an, z. B. Thomas Steinfeld: Selber denken kann nicht jeder. In: sueddeutsche.de vom 08.06.2010. Im

sich aber in den bekannten Fallen einer Begründung ex negativo verstrickt, oder in ganz anderer Schattierung etwa in Großbritannien, wo im Rahmen des „Research Assessment Exercise" debattiert wurde, ob es opportun sei, sich den Standards der Forschungsbewertung für die naturwissenschaftlichen Disziplinen mit Verweis auf Besonderheiten der geisteswissenschaftlichen Forschung zu entziehen. Damit stellen sich all die Fragen nach Gütekriterien und Mess- und Vergleichbarkeit, aber auch nach möglichen Diskriminierungen oder Bevorzugungen einzelner Disziplinen, sei es aus Gründen ökonomischer oder sozialer Nützlichkeit oder andersgearteter Wertschätzung.

- Der Hinweis auf ungeeignete Förderformate nimmt Bezug auf eine andere traditionsreiche Debatte, nämlich die „Andersartigkeit" des Forschungsprozesses, sowohl hinsichtlich der methodischen Grundlegung als auch im Hinblick auf die „Produktionsbedingungen" geisteswissenschaftlicher Forschung. Dieser Aspekt hat in der deutschen Debatte eine besondere Bedeutung, weil die Begriffsschöpfung „Geisteswissenschaft" und die wissenschaftspolitische Rhetorik, die sich in der Folge damit verband, eng mit der Selbstdefinition über eine spezifische Methodik zusammenhängen. Allerdings scheinen die Möglichkeitsräume, die in der „Konstitutionsphase" der Geisteswissenschaften eröffnet wurden, heute kaum mehr wahrgenommen zu werden, so dass die Betonung von Eigenarten der geisteswissenschaftlichen Forschung mantra-artige Züge annimmt. Der funktionale Bezug zwischen Methodik, Produktionsform, darauf bezogenen Förderformaten und Erkenntniszielen wird jedenfalls nicht mehr thematisiert, stattdessen bestimmen normative Setzungen die öffentliche Debatte.

- Dass der aus einer eigenen Methodik begründete Anspruch auf Gleichwertigkeit mit den Experimentalwissenschaften seit mehr als einem halben Jahrhundert keineswegs als völlig gesichert und unumstößlich wahrgenommen wird, zeigt sich nicht zuletzt in den jüngeren Positionsbestimmungen als „Wissenschaft unter Wissenschaften", die der Wissenschaftsrat unter Rekurs auf das positive Erbe des 19. Jahrhunderts für die Geisteswissenschaften in seiner Empfehlung aus dem Jahre 2006 vornahm.

- Die Begrifflichkeiten „Kultur-", „Geistes-" und „Sozialwissenschaften" weisen auf ein weiteres Problem hin: Was gehört eigentlich zur Geisteswissenschaft und gibt es tatsächlich unter der Fülle von 96 verschiedenen Fächern, die sich nach der Klassifikation des Statistischen Bundesamtes den

---

Internet: http://www.sueddeutsche.de/karriere/geistes-vs-naturwissenschaft-selber-denken-kann-nicht-jeder-1.955088 (abgerufen am 17.08.2012).

Geisteswissenschaften zuordnen lassen, eine durch Methode konstituierte Gemeinsamkeit? Gibt es einen roten Faden, der Archäologie, Japanologie und Design verbindet? Ähnlich wie im naturwissenschaftlichen Bereich Neukonfigurationen etwa als „Lebenswissenschaften" stattfanden, könnte man vermuten, dass der Begriff „Geisteswissenschaften" als Signifikant obsolet geworden ist, da sein Signifikat sich inzwischen hinsichtlich der Methoden, der Arbeitsweise und der Interaktion mit anderen Disziplinen in heterogene Teilbereiche ausdifferenziert hat.

2 Geschichte als Last und Ressource

Mit der Wende zum 19. Jahrhundert beginnen die methodischen und definitorischen Abgrenzungsversuche zur aufstrebenden Naturwissenschaft. Humes „Moral Philosophy", Benthams „Pneumatologie und Somatologie", Mills „Moral Sciences",Ампéres „Kosmologie und Noologie" – um nur einige zu nennen – sind Versuche, Gegenstandsbereiche und Methodik einer Wissenschaft zu bestimmen, die sich primär mit der geistigen, kulturellen und ästhetischen Welt auseinandersetzt. Diese Versuche heben zwar die Spezifika einer „Geisteswissenschaft" hervor, unterstellen sie letztendlich aber doch einer durch die Naturwissenschaften geprägten universalistischen, einheitswissenschaftlichen Betrachtungsweise. Die deutsche Entwicklung ist insofern eine besondere, als zwei sehr machtvolle intellektuelle Bewegungen entstanden, die den geistes- und kulturwissenschaftlichen Disziplinen eine eigenständige erkenntnistheoretische Grundlage zusprachen, die sie gegenüber den Naturwissenschaften auszeichnen und dabei als prinzipiell gleichberechtigt erweisen sollte.[133]

Nicht aus der Dualität geistes- und naturwissenschaftlicher Konzepte, sondern aus dem grundsätzlichen Gleichwertigkeitsanspruch resultieren daher bis heute die Schwierigkeiten der Übersetzung des Begriffs „Geisteswissenschaft", die mit „humanities", „(liberal) arts", „human studies" oder „sciences humaines" nicht wirklich gelungen ist.

Goethes 1810 erschienen Farbenlehre[134] markiert vielleicht den (vorläufig) letzten Versuch, eine der „Einheit der Natur" korrespondierende „Einheit der Wissenschaft" aufrechtzuerhalten. Man kann die Farbenlehre mit ihrem ganzheitlichen Anspruch und ihrer Intention, Newton zu widerlegen, aber auch be-

---

[133] Vgl. Klaus Lichtblau: Umstrittener Sinn – Zur logischen Begründung der historischen Kulturwissenschaften um 1900. In: Kulturwissenschaftliches Institut im Wissenschaftszentrum Nordrhein-Westfalen (Hg.): Jahrbuch 1998/99. Essen 1999. S. 349–368.
[134] Vgl. die Übersichten von: Dietrich von Engelhardt: Goethes Farbenlehre und Morphologie in den Naturwissenschaften des 19. Jahrhunderts. In: Goethe-Jahrbuch 116 (1999), S. 224–233; Irmgard Müller: Goethes Farbenlehre und Morphologie in den Naturwissenschaften des 20. Jahrhunderts. In: Goethe-Jahrbuch 116 (1999). S. 234–243; Felix Höpfner: Wissenschaft wider die Zeit. Goethes Farbenlehre aus rezeptionsgeschichtlicher Sicht. Heidelberg 1989.

reits als eine Art Widerspruch gegen den zunehmend selbstbewusster vertretenen Machtanspruch der Naturwissenschaften lesen, immer weitere Phänomene ihrem paradigmatischen Zugriff zu unterwerfen[135] – ein Vorgang, der sich wellenförmig mit wechselhaftem Erfolg bis heute fortsetzt, wenn man an die Auseinandersetzungen zwischen den Neurowissenschaften und der Philosophie denkt. Im 19. Jahrhundert war diese Frontstellung aber weitaus folgenreicher als heute. Sie brachte bis zum Ende des Jahrhunderts einerseits aus dem Umfeld des südwestdeutschen Neukantianismus das Bestreben hervor, auf wertphilosophischer Grundlage eine eigenständige „Logik der Kulturwissenschaften" zu begründen. Der wohl bekannteste und für die Sozialwissenschaften einflussreichste Vertreter war Heinrich Rickert. Für die Geisteswissenschaften wesentlicher war der lebensphilosophisch-hermeneutische Ansatz, der am prominentesten durch Wilhelm Dilthey vertreten wurde. Seine „Einleitung in die Geisteswissenschaften" (1883) und die „Rede über die Entstehung der Hermeneutik" (1900) waren Schlüsselwerke für das Selbstverständnis der Geisteswissenschaftler im frühen 20. Jahrhundert als „Erfahrungswissenschaft der geistigen Erscheinungen" und ebenso Basis des Gleichwertigkeitsanspruchs gegenüber den Naturwissenschaften. Die Entgegensetzung von nomothetischen und idiografischen Wissenschaften, von Verstehen und Erklären wurde mit Dilthey zur Grundlage einer Selbstbeschreibung der Geisteswissenschaft in Absetzung von der Naturwissenschaft, die man mit „anders, aber ebenbürtig" umschreiben kann, zeitweilig auch mit „anders und überlegen".

Das illustriert zumindest die oft kolportierte Anekdote über den bekannten Literaturwissenschaftler Ernst Robert Curtius, der zur Begründung einer Rufablehnung an der Technischen Universität Aachen angeführt habe, dass er befürchte, dort vom Professor für Heizung und Lüftung mit „Herr Kollege" angeredet zu werden. Sie vermittelt – unabhängig vom Wahrheitsgehalt – einen Eindruck von der angespannten Stimmung zwischen den Disziplinen. Etwas differenzierter findet sich die Mischung von Verachtung und Anerkennung der neuen, arbeitsteiligen Laborwissenschaften im von Curtius aufmerksam rezipierten Werk von Ortega y Gasset. In Ortegas 1929 erschienenem Essay „La rebelión de las masas" wird der Erfolg der Naturwissenschaften auf die Kombination von Arbeitsteilung und Spezialisierung zurückgeführt. Diesem Wandel wird ein tief greifendes Veränderungspotenzial hin zu einer „unvergleichlichen Organisation der Menschheit" attestiert. Dabei wird der umfassend gebildete Wissenschaftler gar nicht mehr benötigt, gleichwohl beanspruchen diese „gelehrten Ignoranten" in ihrem „Gefühl von Selbstgenügsamkeit und Tüchtigkeit" Kompetenzen in allen gesellschaftlichen Bereichen: „Die Experimentalwissenschaften haben sich zum guten Teil dank der Arbeit erstaunlich mittelmäßiger, ja weniger als mäßi-

---

[135] Vgl. Hubert Spiegel: Die Taten und Leiden des Lichts. In: Frankfurter Allgemeine Zeitung vom 17.07.2010, S. 31; Höpfner 1989.

ger Köpfe entwickelt"[136].

Oft übersehen wird dabei, dass die Geisteswissenschaft in der zweiten Hälfte des 19. Jahrhunderts diese neue Produktionsweise nicht nur sehr genau beobachtete, sondern auch für sich als neues Modell geisteswissenschaftlicher Produktion reklamierte. Das von Theodor Mommsen 1853 ins Leben gerufen „Corpus Inscriptionum Latinarum", eine Sammlung der damals bekannten lateinischen Inschriften antiker Provenienz, war ein solch arbeitsteilig organisiertes Großprojekt. Und es war keineswegs ein singuläres Projekt, sondern Ausdruck einer programmatischen Position, nach der „bei uns nicht nur der einzelne Gelehrte auf seine Hand arbeitet, sondern die Deutschen es verstehen, die wissenschaftliche Arbeit zu organisieren und die individuelle Leistung ebenso auf dem wissenschaftlichen Gebiete zum Gliede eines größeren Ganzen zu machen, wie dies für unser Staats- und Heerwesen das Fundament ist"[137].

Mommsen war sich mit Adolf Harnack völlig einig, dass die Akademien zu einer industrialisierten Großforschung weiterentwickelt werden müssten, um die unfruchtbare „Arbeitszersplitterung" zu überwinden. Heute werden derartige Ansinnen in der Regel als der Geisteswissenschaft „wesensfremd" qualifiziert. Nach zwei Weltkriegen hatten sich zwar nicht die grundsätzlichen Positionen der Debatte geändert, wohl aber die Vorzeichen, denn nunmehr dominierten die Natur- und Technikwissenschaften das wissenschaftliche Feld und den öffentlichen Diskurs. C. P. Snow thematisierte als Erster in seiner 1959 gehaltenen Lecture die zwei inzwischen weit auseinandergedrifteten Kulturen der Natur- und Ingenieurwissenschaft auf der einen und der Geisteswissenschaft auf der anderen Seite. Er eröffnete damit nicht nur die Debatte über die fortan regelmäßig vorgetragene Sorge über den Niedergang der Bildung, sondern auch die Wiederaufnahme und Variation der Debatte um die Art der Differenzen zwischen Natur-, Sozial- und Geisteswissenschaften und die Möglichkeiten der Verständigung zwischen den zwei oder drei Kulturen[138].

Dieser Diskurs ist keineswegs ein rein akademischer. In europäischen Bevölkerungsbefragungen zeigt sich eine klare Unterscheidung hinsichtlich der

---

[136] José Ortega y Gasset: Der Aufstand der Massen. In: José Ortega y Gasset: Gesammelte Werke. Bd. III. Übersetzt von Gerhard Lepiorz/Curt Meyer-Clason/Ulrich Weber/Helene Weyl. Stuttgart 1996, S. 3–155, hier S. 89. Vgl. Stefan Hornbostel: Art. „Ortega y Gasset, José: La rebelión de las masas". In: Georg W. Oesterdiekhoff (Hg.): Lexikon der soziologischen Werke. Wiesbaden 2001, S. 526f.

[137] Zitiert nach Stefan Rebenich: Theodor Mommsen und Adolf Harnack. Wissenschaft und Politik im Berlin des ausgehenden 19. Jahrhunderts. Berlin 1997, S. 86.

[138] Vgl. Charles Percy Snow: The Two Cultures: and A Second Look. Cambridge 1965; Wolf Lepenies: Die drei Kulturen. Soziologie zwischen Literatur und Wissenschaft. München 1985; John Brockman: The Third Culture. Beyond the Scientific Revolution. New York 1995; R. Burton Clark: Places of Inquiry. Research and Advanced Education in Modern Universities. Berkeley 1995; Kevin Kelly: The Third Culture. In: Science 279 (1998), S. 992f.; D. Graham Burnett: A View from the Bridge. The Two Cultures Debate. Its Legacy, and the History of Science. In: Daedalus 128 (1999), S.193–218.

Schisma oder Diversifikation

„Wissenschaftlichkeit" verschiedener Disziplinen. Zwischen Ökonomie, Homöopathie und Geschichte wird nicht differenziert. Sie werden von deutlich weniger als der Hälfte der Befragten nicht als „wissenschaftlich" wahrgenommen. Diese Befunde bleiben über die verschiedenen Eurobarometererhebungen relativ stabil (vgl. Abbildung 1).

Abbildung 1: Beurteilung der Wissenschaftlichkeit verschiedener Fachgebiete

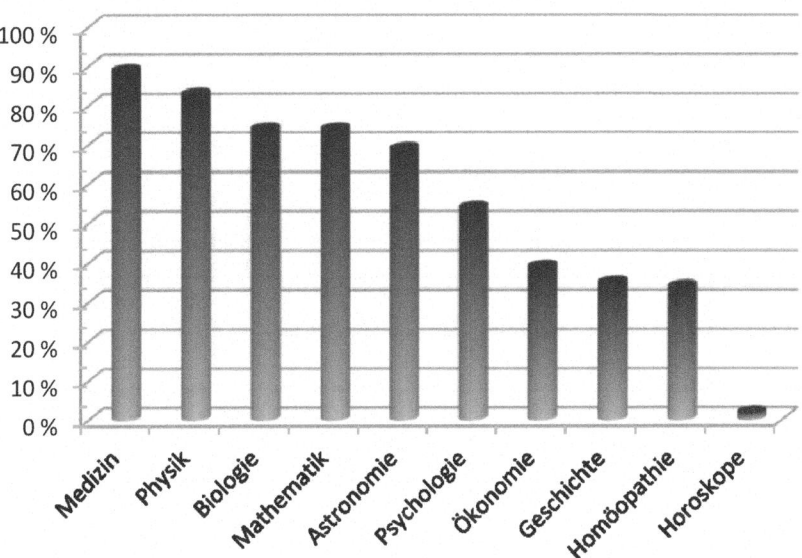

Anteil der Befragten (EU 25), die auf einer 5-Punkte-Skala die Wissenschaftlichkeit der genannten Gebiete mit „4" oder „5" („wissenschaftlich" bzw. „sehr wissenschaftlich") bewerten (Quelle: Special Eurobarometer 224, Juni 2005).

Man sollte zwar derartige Befragungen aus vielerlei Gründen nicht zu ernst nehmen, allerdings zeigen sie deutlich, dass die Selbstbeschreibung der Geisteswissenschaften als „Wissenschaft unter Wissenschaften" nicht mit einem Laienverständnis in der Öffentlichkeit übereinstimmt. Das ist insofern bedeutsam, als die Mobilisierung wissenschaftspolitischer Unterstützung nicht völlig unabhängig von öffentlicher Wertschätzung ist.

3 Wie anders sind die Geisteswissenschaften?

3.1 Kooperation und Arbeitsteilung

Was ist aus den Programmen und Visionen von Mommsen und Harnack geworden? Wirft man zunächst einen Blick auf die geisteswissenschaftlichen Veröffentlichungen und orientiert sich an der Zahl der Autoren, die üblicherweise als Indikator für wissenschaftliche Kooperation genutzt wird, ergibt sich ein sehr eindeutiges Bild: In den Lebenswissenschaften sind je nach Fachgebiet mehr als fünf Autoren durchaus üblich, in der Physik sind (wenn man von den Großkollaborationen mit mehreren hundert Autoren absieht) zwei bis vier Autoren üblich und in den Sozialwissenschaften sind es ein bis zwei Autoren. In der Geschichtswissenschaft (keineswegs nur in Deutschland) ist hingegen der Ein-Autoren-Aufsatz der Standard (vgl. Abbildung 2).

Abbildung 2: Anzahl an Autoren von Artikeln in unterschiedlichen Journals

Journal	Anzahl der Autoren In Prozent der Artikel im jeweiligen Journal					
	1	2	3	4	5	>5
Cell 2006	6%	16%	11%	10%	10%	48%
Physical Review D 2005	16%	35%	24%	12%	4%	9%
American Journal of Sociology 2006	51%	30%	14%	5%	0%	0%
Zeitschrift für Soziologie 2006	63%	26%	11%	0%	0%	0%
Historische Zeitschrift 2006	96%	4%	0%	0%	0%	0%
History 2006	100%	0%	0%	0%	0%	0%
Historian 2006	95%	5%	0%	0%	0%	0%

Quelle: Web of Science, eigene Berechnungen.

Selbst wenn man berücksichtigt, dass möglicherweise die Vergabe von Koautorschaften übertrieben zurückhaltend praktiziert wird, ergeben sich aus den Autorennennungen keine Hinweise auf einen nennenswerten Umfang wissenschaftlicher Kooperation und gar keine Anhaltspunkte für ein den Naturwissenschaften annähernd vergleichbares Niveau wissenschaftlicher Kooperation. Das muss allerdings nicht notwendigerweise heißen, dass keine Kooperationen stattfinden.

Zumindest deutet die erfolgreiche Teilnahme an koordinierten Programmen der DFG (Sonderforschungsbereiche, Forschergruppen, Graduiertenkollegs) daraufhin, dass auf Kooperation ausgelegte Förderformate erfolgreich genutzt werden können – so zumindest die Einschätzung des Wissenschaftsrats: „Blickt man schließlich auf den Anteil koordinierter Programme an den Gesamtbewilligungen in den Geisteswissenschaften, so hat sich dieser im Zeitraum von 1990 bis 2003 ebenfalls verdoppelt und liegt gegenwärtig bei über 50 %."[139]

3.2 Drittmittel

Über Jahrzehnte hinweg hat sich der Anteil der Drittmittel an den Gesamtmitteln der deutschen Hochschulen beständig erhöht. In den letzten 15 Jahren hat diese Entwicklung noch an Dynamik gewonnen. Aus der Grundfinanzierung der Hochschulen sind größere Forschungsvorhaben daher kaum mehr finanzierbar (vgl. Abbildung 3).

In der Geisteswissenschaft erzeugt diese Entwicklung nach Ansicht des Wissenschaftsrates eine besondere Problemlage, da sie „aufgrund der immer noch überwiegend grundmittelfinanzierten und häufig langfristig angelegten Forschungsvorhaben in hohem Maße auf die an Universitäten kontinuierlich zur Verfügung stehende Grundausstattung an Mitarbeitern, Sachmitteln und Infrastruktur angewiesen [ist]. Da der Ausweg in die kompensatorische Einwerbung von Drittmitteln weder für jedes Forschungsvorhaben angemessen noch z. B. im Hinblick auf die Perspektiven des wissenschaftlichen Nachwuchses sinnvoll ist, stellt die vergleichsweise geringe Grundfinanzierung der Universitäten eine unmittelbare Bedrohung für die Qualität der geisteswissenschaftlichen Forschung in Deutschland dar".[140] Allerdings stehen sowohl hinter dem Niveau der Drittmitteleinwerbungen wie auch hinter der Veränderungsdynamik innerhalb der Geisteswissenschaften sehr heterogene Verhältnisse. So wurden etwa im Fach Geschichte zwischen 2003 und 2011 die DFG-Drittmittel um fast drei Viertel erhöht, während in den naturwissenschaftlichen Fachkollegien Steigerungen um etwa ein Drittel zu verzeichnen waren.[141]

---

[139] Wissenschaftsrat: Empfehlungen zur Entwicklung und Förderung der Geisteswissenschaften. Berlin 2006, S. 87.
[140] Ebd., S. 85.
[141] Ebd., S. 15.

Abbildung 3: Entwicklung der Grund- und Drittmittel an Hochschulen

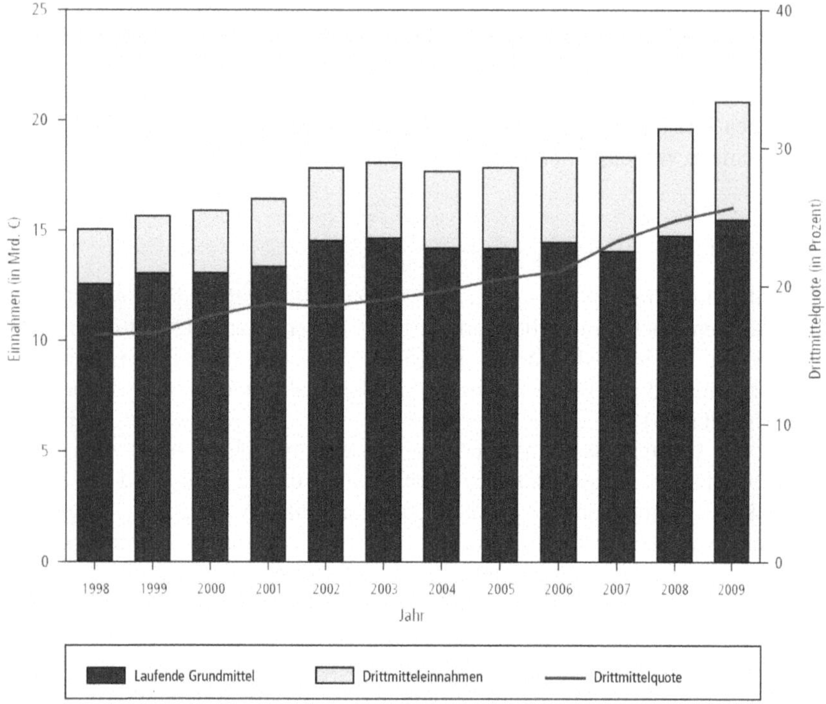

Quelle: Deutsche Forschungsgemeinschaft 2012: 30.

Betrachtet man die Höhe der Drittmittelenwerbungen in den Geisteswissenschaften insgesamt, ist der Anteil mit ca. 15 Prozent an den DFG-Bewilligungen, ca. 7 Prozent an der direkten Förderung des Bundes für Forschung und Entwicklung und ca. 1 Prozent an den Mitteln des europäischen Rahmenplans nicht sehr hoch, auch wenn man berücksichtigt, dass in der Regel in den Geisteswissenschaften keine sehr aufwändigen Gerätschaften finanziert werden müssen (vgl. Abbildung 4).

Der Abstand zwischen Natur- und Geisteswissenschaften vergrößert sich, wenn man diese Drittmittelsummen auf die Anzahl der Professoren bezieht, und nivelliert sich (aufgrund des relativ größeren Mittelbaus in den Naturwissenschaften), wenn man das gesamte wissenschaftliche Personal als Bezugsgröße wählt.

Abbildung 4: Anteile der Fördermittel nach Wissenschaftsbereichen

Wissenschaftsbereich	Fördermittel für Forschungsvorhaben für 2008 bis 2010[1)]					
	DFG-Bewilligungen		Direkte FuE-Projektförderung des Bundes		FuE-Förderung im 7. EU-FRP	
	Mio. €	%	Mio. €	%	Mio. €	%
Geistes- und Sozialwissenschaften	973,3	14,6	500,0	7,3	19,9	0,9
Lebenswissenschaften	2.329,0	34,9	1.410,4	20,5	356,8	15,6
Naturwissenschaften	1.590,2	23,9	1.228,6	17,9	84,4	3,7
Ingenieurwissenschaften	1.394,9	20,9	3.301,9	48,1	1.183,4	51,7
Weitere Bereiche	378,0	5,7	427,4	6,2	644,6	28,2
Insgesamt	**6.665,4**	**100,0**	**6.868,3**	**100,0**	**2.289,2**	**100,0**

Die hier ausgewiesenen Fördersummen zum 7. EU-Forschungsrahmenprogramm sind zu Vergleichszwecken auf einen 3-Jahreszeitraum entsprechend der Betrachtungsjahre der Fördersummen von DFG und Bund umgerechnet. Insgesamt haben die hier betrachteten Institutionen 3.052,3 Millionen Euro im 7. EU-FRP erhalten.
[1)]Nur Fördermittel für deutsche Mittelempfänger
Quelle: Deutsche Forschungsgemeinschaft 2012: 68.

Angesichts derartiger Differenzen stellt sich die Frage nach den Ursachen und den Folgen: Sind die Förderformate unangemessen? Sind die Erfolgschancen niedriger? Ist die Antragsaktivität geringer? Ist der geringe Drittmittelanteil unproblematisch, weil im Wesentlichen aus der Grundausstattung finanzierte Einzelforschung betrieben wird, oder ist mit strukturellen Folgen für Lehre und Forschung zu rechnen?

Hinsichtlich der Erfolgschancen bei der Bewerbung um Drittmittel lassen sich zumindest im Hinblick auf die DFG-Anträge keine gravierenden Differenzen feststellen. Zwar rangierten die Geisteswissenschaften immer am Ende der Förderquoten[142] (2010 zwischen 39,2 % und 45,2 %; 2011 zwischen 33,5 % und 37,2 %), aber die Abstände zu anderen Disziplinen sind sehr klein und variieren über die Zeit. Dennoch werden von den Geisteswissenschaftlern die Möglichkeiten, ihre Forschungsvorhaben durch Drittmittel zu finanzieren, signifikant schlechter eingeschätzt als in anderen Fachgebieten (vgl. Abbildung 5).

---

[142] Die Förderquote gibt das Verhältnis der Anzahl bewilligter Anträge zur Anzahl der Anträge, die im angegebenen Zeitraum entschieden wurden, wieder. Basis bilden ausschließlich Neuanträge.

Abbildung 5: Einschätzung der Fördermöglichkeiten durch Drittmittel (Mittelwerte / CI 95 %, N=2.764)

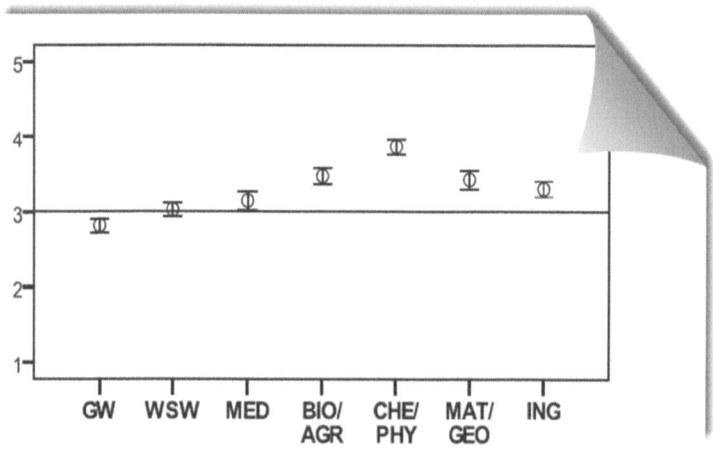

Statement: „In meinem Fachgebiet sind in Deutschland die Fördermöglichkeiten durch Drittmittel für anspruchsvolle Forschung ... [Skala von ‚sehr schlecht' (1) bis ‚sehr gut' (5)]."
Legende: GW Geisteswissenschaften, WSW Wirtschaftswissenschaften, MED Medizin, BIO/AGR Biologie/Agrarwissenschaften, CHE/PHY Chemie/Physik, MAT/GEO Mathematik/Geowissenschaften, ING Ingenieurswissenschaften.
Quelle: Böhmer et al. 2011: 110.

Es ist schwer zu beurteilen, ob diese Wahrnehmung des Förderangebots ein realistisches Bild der Gegebenheiten ist oder ein Ergebnis kognitiver Dissonanzreduktion, denn ihr korrespondiert eine deutlich geringere Antragsaktivität. In der iFQ-Wissenschaftlerbefragung 2010 wurde unter anderem detailliert nach der Antragsaktivität deutscher Professoren in den verschiedenen Disziplinen gefragt. Für die Geisteswissenschaften ergibt sich statistisch signifikant die geringste Antragsaktivität (gefragt wurde nach Drittmittelanträgen bei in- und ausländischen Förderern mit einem finanziellen Volumen von mehr als 25.000 Euro) (vgl. Abbildung 6).

Diese Schlussposition geht unter anderem darauf zurück, dass der Anteil derjenigen Professoren, die in den letzten fünf Jahren keinerlei Drittmittelanträge gestellt haben, in den Geisteswissenschaften mit gut 20 Prozent am höchsten ausfällt. DFG-interne Prüfungen dieser Befunde bestätigen diesen Gesamteindruck: Danach sind (nur bei der DFG) etwa die Hälfte der Geistes- und Sozialwissenschaftler mit einem oder mehreren Förderanträgen in fünf Jahren vorstel-

Schisma oder Diversifikation

lig geworden.[143] Das Problem scheint weniger in einer grundsätzlichen Unangemessenheit der Drittmittelforschung zu liegen, als vielmehr in einer starken Differenzierung des Umfangs von Forschungsaktivität, sowohl hinsichtlich der verschiedenen geisteswissenschaftlichen Fächer als auch auf der Ebene einzelner Professuren.

Abbildung 6: **Anzahl der Drittmittelanträge in den letzten fünf Jahren (Volumen von mehr als 25.000 Euro) – nach Fächergruppe (Mittelwerte /CI 95% der Gesamtsumme, N=2.766)**

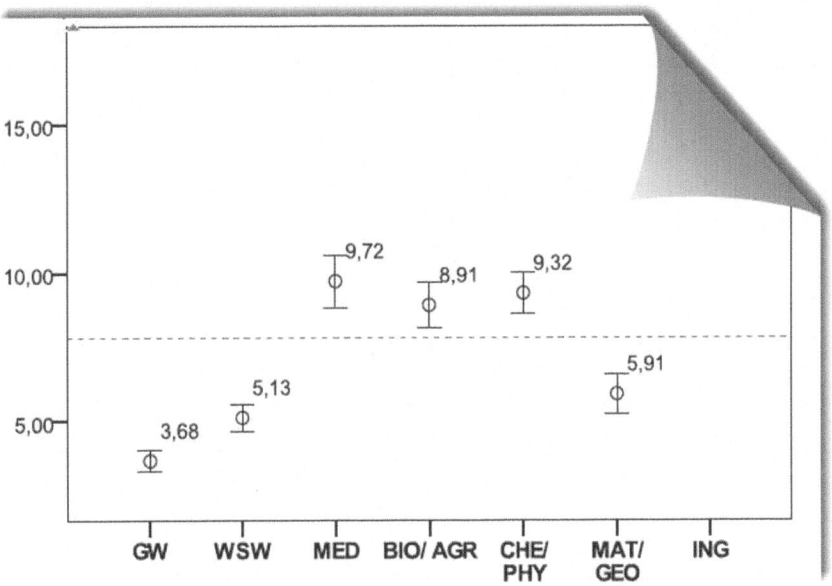

Legende: GW Geisteswissenschaften, WSW Wirtschaftswissenschaften, MED Medizin, BIO/AGR Biologie/Agrarwissenschaften, CHE/PHY Chemie/Physik, MAT/GEO Mathematik/Geowissenschaften, ING Ingenieurswissenschaften.
Quelle: Böhmer et al. 2011: 39.

Es ist zumindest unwahrscheinlich, dass mangelnde Gelegenheitsstrukturen zur Drittmitteleinwerbung der Grund für diese vergleichsweise geringe Antragsaktivität sind, denn speziell auf die Geisteswissenschaften ausgerichtete Förderprogramme der DFG, verschiedener Stiftungen, aber auch des Bundes wie die Förderinitiative „Freiraum für die Geisteswissenschaften" (2007-2012) und das anschließende Rahmenprogramm „Geistes-, Kultur- und Sozialwissenschaften"

---

[143] Vgl. Deutsche Forschungsgemeinschaft: Förderatlas 2012. Kennzahlen zur öffentlich finanzierten Forschung in Deutschland. Bonn 2012, S. 111.

(bis 2017) deuten nicht nur auf ein insgesamt erhebliches Volumen an zur Verfügung stehenden Mitteln hin, sondern auch auf Formate, die den besonderen Bedürfnissen der Geisteswissenschaften entgegenkommen. Im internationalen Vergleich ist das Angebot an speziellen Fördermaßnahmen für die Geisteswissenschaften in Deutschland sicherlich bemerkenswert groß.

Dennoch erscheint deutschen Geisteswissenschaftlern die Relation von Antragsaufwand und Ertrag deutlich ungünstiger als den Vertretern anderer Fachgebiete. In allen Fächern schätzen die befragten Wissenschaftler zwar den Aufwand für die Antragstellung als zu hoch ein, die Professoren der geisteswissenschaftlichen Fächer geben in der iFQ Wissenschaftlerbefragung jedoch die höchsten Werte zu Protokoll (vgl. Abbildung 7). Ob diese Einschätzung eine Erfahrung aus vergangenen Antragstellungen ist oder eine Antizipation, die zur Nichtantragstellung führte, oder es sich lediglich um eine nachträgliche Rationalisierung handelt, ist schwer zu entscheiden.

Insofern bleibt unklar, warum gerade die Geisteswissenschaftler eine besonders ungünstige Situation wahrnehmen, selbst wenn man einen höheren Bedarf an Einzelforschung unterstellt.

Abbildung 7: Antragsaufwand für Drittmittelprojekte im Verhältnis zum Ertrag (Mittelwerte / CI 95 %, N=2.764)

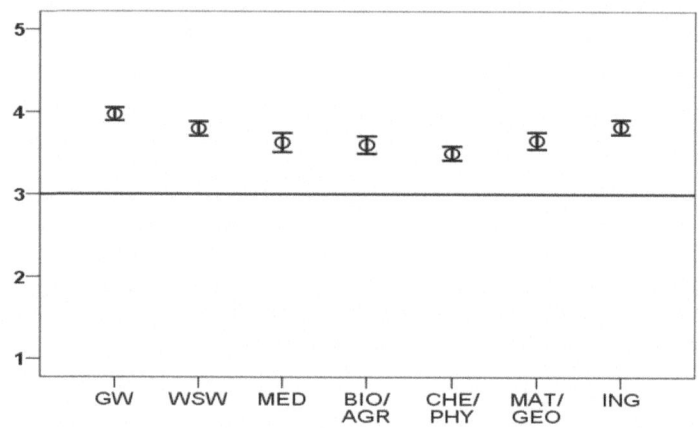

Statement: „In meinem Fachgebiet ist der Antragsaufwand für Drittmittelprojekte im Verhältnis zum Ertrag [Skala von ‚sehr gering' (1) bis ‚sehr hoch' (5)]."
Legende: Legende: GW Geisteswissenschaften, WSW Wirtschaftswissenschaften, MED Medizin, BIO/AGR Biologie/Agrarwissenschaften, CHE/PHY Chemie/Physik, MAT/GEO Mathematik/Geowissenschaften, ING Ingenieurswissenschaften.
Quelle: Böhmer et al. 2011: 110/111.

Schisma oder Diversifikation 113

Auch im Hinblick auf Eignung von Förderformaten zeigt eine ifQ-Befragung der Principal Investigators (PI) der Exzellenzinitiative, dass Probleme mit dem Förderformat keineswegs nur in den Geisteswissenschaften auftreten. In der ersten Runde der Exzellenzinitiative (damals waren die Förderbeträge in den Programmlinien nur sehr begrenzt skalierbar) entstand für einige PIs ein eher ungewöhnliches Problem: nämlich zu viele Fördermittel verausgaben zu müssen. Zwar ist in Abbildung 8 erkennbar, dass Geistes- und Sozialwissenschaftler sich mit diesem Problem häufiger konfrontiert sahen (was angesichts der grundlegenden Skepsis an der Eignung derartiger Formate zu erwarten war), aber ebenfalls, dass andere Disziplinen – in etwas geringerem Ausmaß – ebenfalls mit dem Problem zu kämpfen hatten.

Abbildung 8: „Wie beurteilen Sie die im Rahmen der Exzellenzinitiative zur Verfügung gestellte jährliche Förderhöhe für Ihre Exzellenzeinrichtung?"

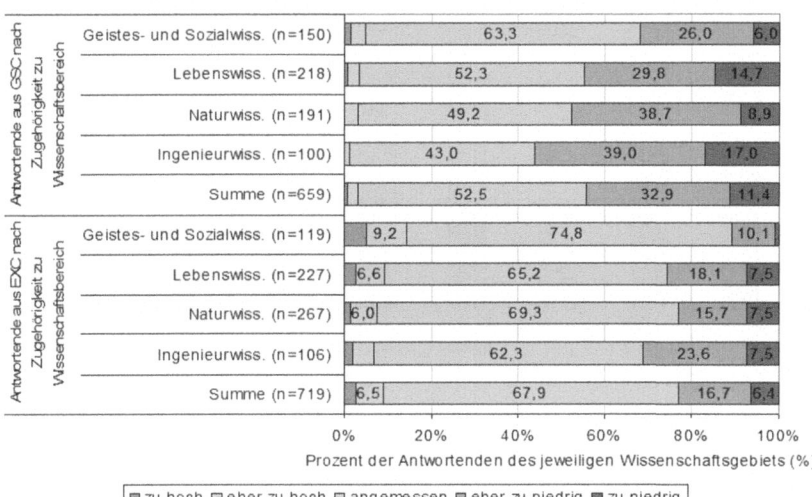

Quelle: Sondermann et al. 2008: 101.

Auch die Vermutung, starke Belastung durch Lehr- und Prüfungsverpflichtungen in den Geisteswissenschaften lasse keine Zeit für die Forschung, wird durch die Ergebnisse der Wissenschaftlerbefragung nicht fundamental gestützt. Zwar geben die Professoren aus den geisteswissenschaftlichen Fächern höhere Zeitanteile für Lehre und Prüfungsverpflichtungen an und kompensieren dies durch etwas geringere Zeitanteile für die Betreuung von Studierenden und Promovierenden und weniger Zeitaufwand für die Akquise von Drittmitteln, die Unterschiede sind jedoch nicht gravierend. Deutlich wird aber, dass nach den Selbstauskünften der Professoren ein ebenso großer Zeitanteil für Forschung investiert wird wie in den Natur- und Lebenswissenschaften. Der gleichzeitig etwas geringere Zeitanteil für Projektakquise, Management und Doktorandenbetreuung in den Geisteswissenschaften deutet auf die verbreitete Einzelforschung ohne externe Mittel hin (vgl. Abbildung 9).

Abbildung 9: Zeitbudget deutscher Professoren nach Fachgebieten (nur Personen mit Gesamtsumme 80-120%, mit Fachangabe, N=2.607)

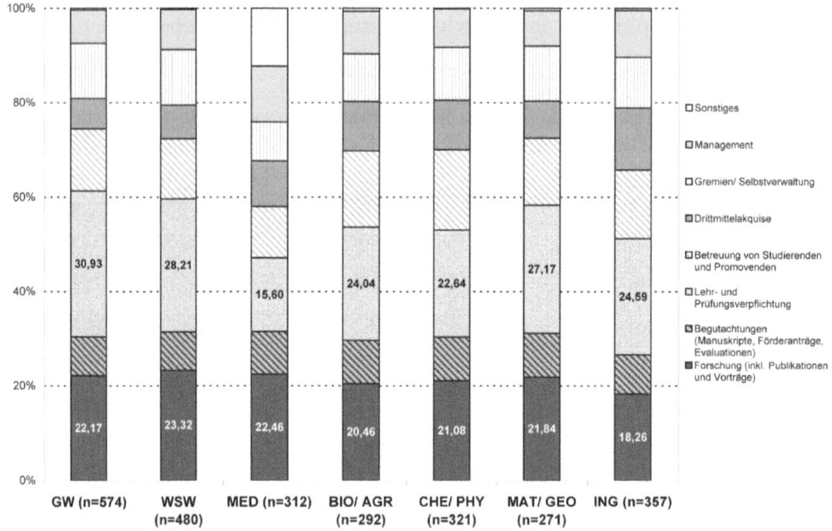

Quelle: Böhmer et al. 2011: 129.

3.3 Nachwuchs und Karriere

Die Spezifika der geisteswissenschaftlichen Forschung wirken sich auch auf die Situation des wissenschaftlichen Nachwuchses aus, wie sich bereits im Zeitbudget andeutet. Die Fokussierung auf Individualforschung setzt der Einbindung von Doktoranden und Postdocs in größere Forschungszusammenhänge Grenzen. Das führt zunächst einmal dazu, dass sich die Finanzierungssituation von Doktoranden in den Geisteswissenschaften von denjenigen in den Naturwissenschaften unterscheidet. Während in den Naturwissenschaften in der Regel mehr als die Hälfte der Doktoranden aus Haushalts- oder Drittmittelstellen finanziert wird, überwiegt in den Geisteswissenschaften die Finanzierung durch Stipendien und externe Erwerbstätigkeit. Schließlich findet sich ein besonders hoher Anteil an

Schisma oder Diversifikation

Befragten ohne Beschäftigung oder Stipendium in den Kunst- und Rechtswissenschaften, der Philosophie, Geschichte und Germanistik.[144] Hochrechnungen des Statistischen Bundesamtes kommen zu ähnlichen Ergebnissen: Danach promovieren in den Sprach- und Kulturwissenschaften knapp 40 Prozent ohne eine Beschäftigung an der Hochschule, während in den Natur- und Ingenieurwissenschaften nur ca. 12 Prozent der Doktoranden zu dieser Gruppe gehören.[145] Die vergleichsweise geringe Intensität an größeren Forschungsprojekten schlägt sich aber nicht nur in der Finanzierung nieder, sondern auch in der Betreuungssituation. Während in den Laborwissenschaften ein wöchentlicher Kontakt zwischen Betreuer und Doktorand nicht unüblich ist, berichtet ein erheblicher Teil der geisteswissenschaftlichen Doktoranden von lediglich einem Kontakt im Semester (vgl. Abbildung 10).

Abbildung 10: Häufigkeit des Austauschs mit dem Betreuer nach Fachzugehörigkeit (Angaben in %)

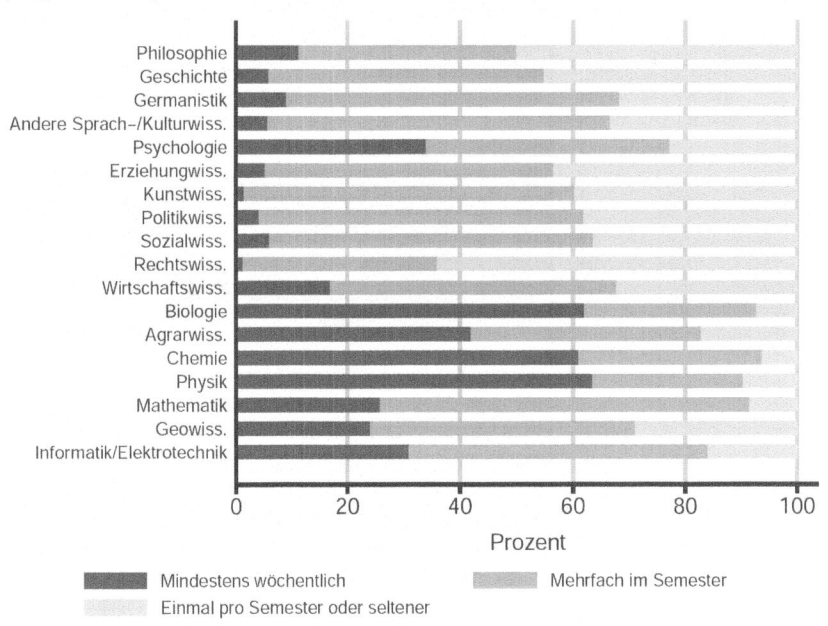

Quelle: Hauss et al. 2012: 82.

---

[144] Vgl. Kalle Hauss/Marc Kaulisch/Manuela Zinnbauer/Jakob Tesch/ Anna Fräßdorf/Sybille Hinze/Stefan Hornbostel: Promovierende im Profil. Wege, Strukturen und Rahmenbedingungen von Promotionen in Deutschland. Ergebnisse aus dem ProFile-Promovierendenpanel (iFQ-Working Paper No.13). Berlin 2012, S. 124ff.
[145] Vgl. Statistisches Bundesamt: Promovierende in Deutschland. Wiesbaden 2012.

Abbildung 11: Thematischer Bezug zwischen der Beschäftigung und dem Promotionsprojekt (N=846, Anteil in Prozent)

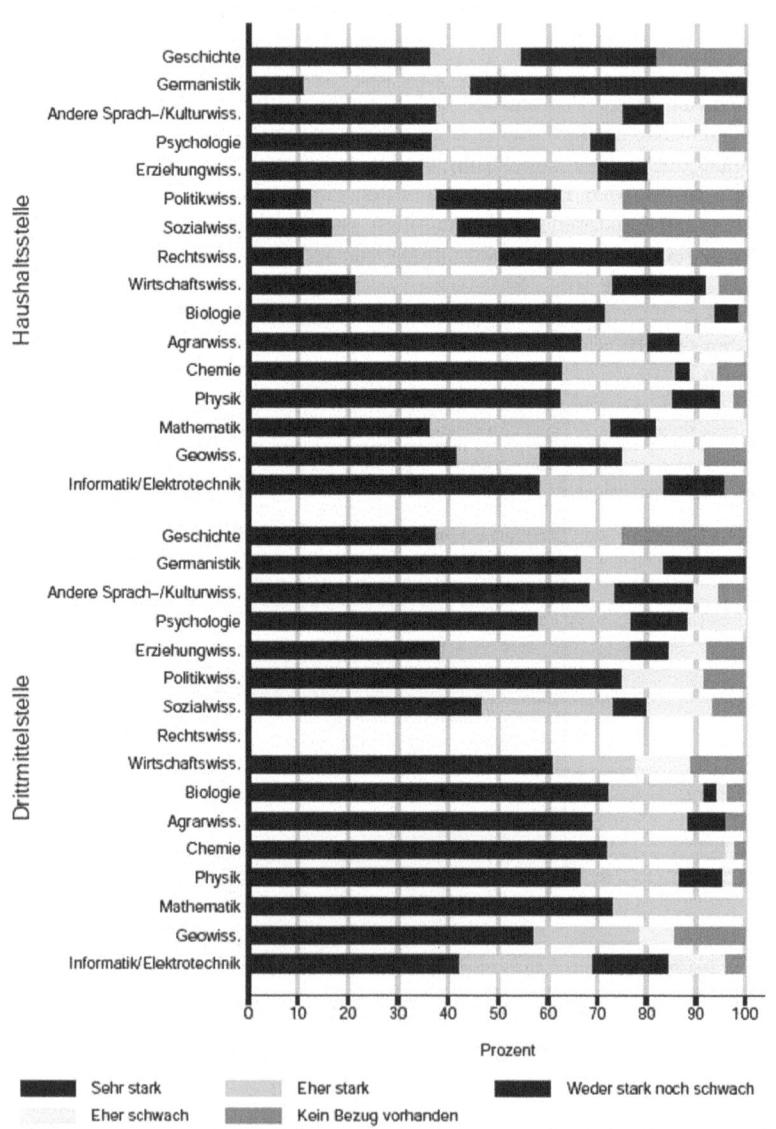

Quelle: Hauss et al. 2012: 150.

Diese geringere Kontakthäufigkeit schlägt sich zwar nicht in der Zufriedenheit der Doktoranden mit den Promotionsbedingungen nieder (die scheint sich an den Üblichkeiten der Disziplin zu orientieren), zeigt aber deutlich, dass die Verbindung zwischen Forschungsvorhaben am Institut/Lehrstuhl mit den Promotionsprojekten weitaus weniger ausgeprägt ist als in den Naturwissenschaften.

Die Angaben der Doktoranden hinsichtlich der Nähe ihrer entlohnten Tätigkeiten zum Promotionsthema bestätigen dies: Es zeigen sich deutliche Unterschiede zu den Naturwissenschaften. Letztere geben sehr viel häufiger eine enge Beziehung zwischen ihrem Promotionsvorhaben und den Inhalten ihrer entlohnten Tätigkeiten an. Erkennbar ist auch, dass auf drittmittelfinanzierten Stellen die Sondersituation der Geisteswissenschaft kaum mehr auszumachen ist (vgl. Abbildung 11).

Mit anderen Worten: Die projektifizierte Drittmittelforschung ändert die Situation der Doktoranden ganz erheblich. Das gilt tendenziell auch für die Mitgliedschaft in strukturierten Promotionsprogrammen, die allerdings – wenngleich die Geisteswissenschaften deutlich aufholen – nach wie vor einen geringeren Teil der Doktoranden erfasst als in den Naturwissenschaften.

Abbildung 12: Einschätzung der beruflichen Perspektive nach der Promotion (N=2.234)

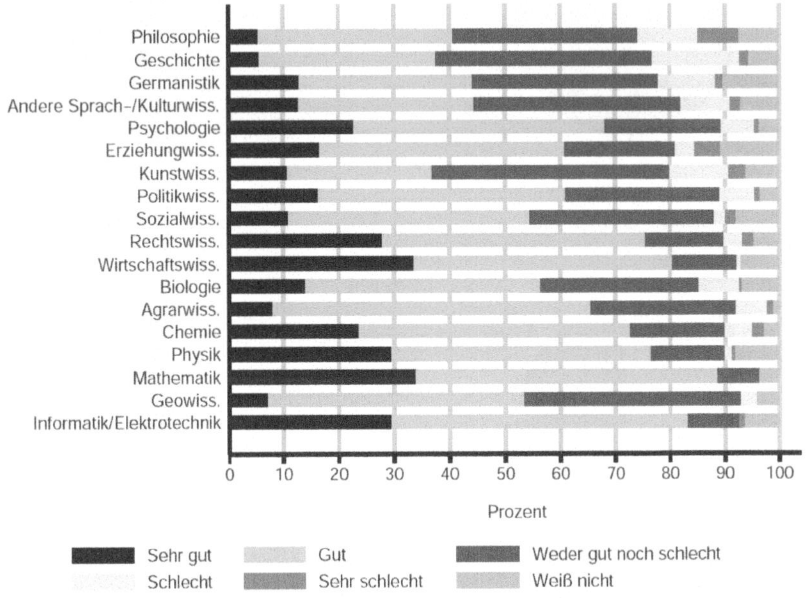

Quelle: Hauss et al. 2012: 152.

Doktoranden aus den Geisteswissenschaften unterscheiden sich schließlich auch hinsichtlich ihrer Karrierevorstellungen. Anders als die Promovierenden aus den Natur-, Lebens- und Ingenieurwissenschaften streben die Geisteswissenschaftler ganz überwiegend eine universitäre Karriere an. Dies wirkt sich erwartungsgemäß auf die Einschätzung der beruflichen Perspektiven aus. Angesichts geringer Akademikerarbeitslosigkeit ist zwar in allen Fachrichtungen die Zahl der Pessimisten relativ klein, aber insgesamt schätzen die Geisteswissenschaftler ihre beruflichen Aussichten deutlich verhaltener ein – durchaus realistisch, angesichts der Tatsache, dass nur ein sehr kleiner Teil der Doktoranden eine Chance auf eine Professur hat (vgl. Abbildung 12).

Abbildung 13: Emmy Noether-Programm: Habilitationsabsicht nach Wissenschaftsbereich

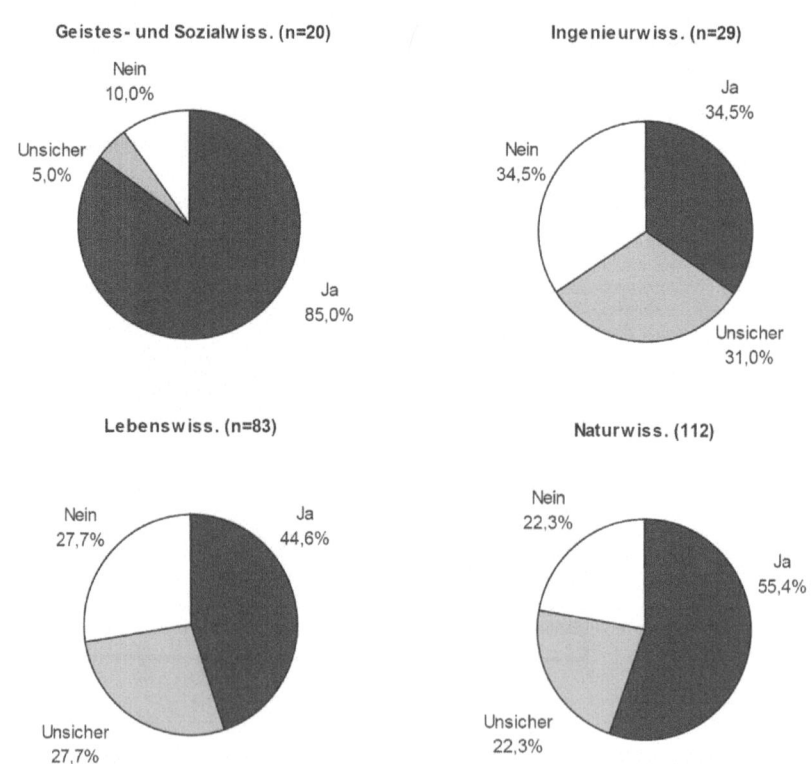

Quelle: Böhmer et al. 2008: 33.

In der Postdoc-Phase wiederholen sich die beschriebenen Muster. Geisteswissenschaftler nehmen nur in sehr geringem Umfang die Fördermöglichkeiten, die der European Research Council mit den „Starting Grants"[146] oder die DFG mit dem „Emmy Noether-Programm" bieten, wahr. Aber selbst unter denjenigen, die über diese Programme gefördert werden (die alle auf die Förderung einer Arbeitsgruppe orientieren), herrscht Verunsicherung über die Zielsetzung dieser Programme, die Berufbarkeit auch ohne Habilitation zu ermöglichen. Während den Lebens- und Ingenieurwissenschaftlern die Habilitation in der Mehrzahl überflüssig erscheint und entsprechend der Nachweis der Qualifikation durch regelmäßige Publikationstätigkeit aus dem laufenden Projekt als geeignetes Äquivalent angesehen wird, antizipieren Geisteswissenschaftler die disziplinären Bewertungsstandards und planen überwiegend, im Rahmen der Förderung eine Habilitation anzufertigen (vgl. Abbildung 13). Diese Orientierung unterbindet zwar nicht die Partizipation an derartigen Programmen, schafft aber zusätzliche Hürden für junge Geisteswissenschaftler.

Die Forschungspraxis der Geisteswissenschaften wirkt gleichermaßen als struktureller Rahmen wie als sozialisatorisches Milieu auf den wissenschaftlichen Nachwuchs: Finanzierung, Einbindung in größere Forschungszusammenhänge, Organisation von förderfähigen Projekten, Kooperationsstrukturen, Publikationspraxis und Karriereorientierung beeinflussen sich gegenseitig.

Ginge man konsequent vom Modell längerfristig angelegter und aus Haushaltsmitteln finanzierter Einzelforschung aus, müsste die Ausbildung des wissenschaftlichen Nachwuchses gemessen an den Studienabsolventen, aber auch an der Betreuungsrelation eine deutlich geringere Intensität aufweisen als in den Natur- und Lebenswissenschaften, wenn eine ähnliche Qualität erreicht werden soll. Dies ist allerdings nur sehr bedingt der Fall. Tatsächlich ist die Promotionsneigung (Anteil der Studienabsolventen, die eine Promotion beginnen) in den Geisteswissenschaften deutlich niedriger als in den Natur- und Lebenswissenschaften. Gleichwohl betreut im Durchschnitt ein Professor aus den Sprach- und Kulturwissenschaften ähnlich viele Doktoranden wie ein Professor in den Naturwissenschaften (vgl. Abbildung 14). Damit deutet sich ein Dilemma an, das sich angesichts steigender Drittmittelintensität vermutlich verschärfen wird: Während in den Naturwissenschaften extern geförderte Forschungsprojekte die Möglichkeit für Doktoranden bieten, sowohl engen Kontakt zur Forschungspraxis herzustellen als auch die Promotion über eine Stelle zu finanzieren und an den Erfahrungen der Postdocs zu partizipieren, mehren sich vermutlich in den Geisteswissenschaften prekäre Finanzierungssituationen, isolierte Promotions-

---

[146] Zwischen 2010 und 2012 bewegte sich der Anteil der Sozial- und Geisteswissenschaftler an den Starting Grants zwischen 7% und 10%.

projekte ohne Einbindung in laufende Forschungsvorhaben und eine tendenzielle Überlastung der Betreuer, da ein promovierter Mittelbau zur Unterstützung gerade wegen der starken Orientierung auf Einzelforschung nur sehr begrenzt vorhanden ist.

Dieser circulus vitiosus birgt nicht nur Gefahren für die Qualität der Nachwuchsausbildung, er begünstigt auch einen Strukturkonservatismus, der möglicherweise bereits während der Promotionsphase die disziplinären Lebenswelten des wissenschaftlichen Nachwuchses einander immer fremder werden lässt.

Abbildung 14: Promovierende je Professur nach ausgewählten Fächergruppen – WS 2010/2011

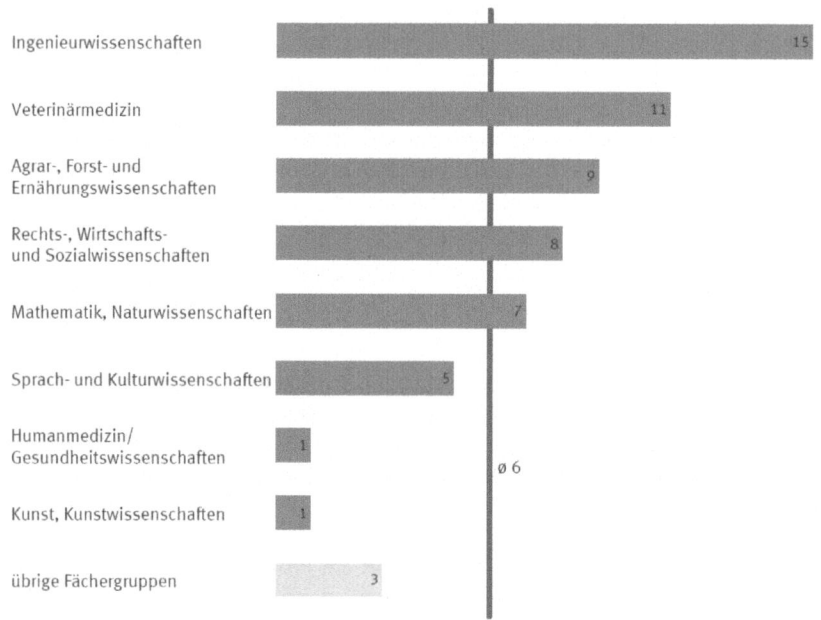

Quelle: Statistisches Bundesamt: Promovierende in Deutschland Wiesbaden 2012.

3.4 Governance und Performanzindikatoren

Bereits jetzt ist im Hinblick auf die im Rahmen des New Public Management eingetretenen Veränderungen der Governance von Forschung ein derartiger Entfremdungsprozess zu beobachten. Während die Natur- und Lebenswissenschaften sich weitgehend auf eine indikatorisierte Berichterstattung über ihre Forschungsleistungen eingelassen haben (durchaus begleitet von einem kontinuierlichen kritischen Diskurs), in der Medizin sogar flächendeckend Mittelverteilungssysteme etabliert wurden, die auf quantifizierbare Informationen zurückgreifen, und über mehrere Jahrzehnte hinweg eine international ausgerichtete Informationsinfrastruktur geschaffen wurde, ist die Lage in den Geisteswissenschaften sehr viel komplizierter.

Erstens ist eine vergleichbare Informationsbasis nicht vorhanden. Die großen bibliometrischen Datenbanken (Web of Science und Scopus) registrieren bisher keine Monografien und Sammelbände, die für die Publikationskultur der Geisteswissenschaften international wesentlich sind. Zwar zeichnen sich hier Veränderungen ab – so wird das Web of Science derzeit um einen Book Index erweitert –, aber diese Veränderungen werden zunächst nur die englischsprachigen Publikationen erfassen und die Erreichung eines akzeptablen Erfassungsgrades, die Etablierung geeigneter Auswahlkriterien und die Entwicklung angemessener Analysemethoden wird noch erhebliche Zeit in Anspruch nehmen. Die Versuche für die Geistes- und Sozialwissenschaften eine eigenständige europäische Informationsbasis – auch unabhängig von kommerziellen Anbietern – aufzubauen, sind bisher im Sande verlaufen.[147] Absehbar ist aber, dass angesichts der zersplitterten Publikationslandschaft in den Geisteswissenschaften mit vielen kleinen Verlagen und Zeitschriften der Aufwand für eine bibliometrische Datenbank, die neben den bibliografischen Angaben auch Metadaten (Referenzen, Institutionen, Autoren-IDs, Förder-Acknowlegments etc.) bereithält, sehr groß sein wird.

Zweitens ist äußerst umstritten, was als messbares Produkt von geisteswissenschaftlicher Forschung gelten soll. Hier wirkt sich nicht nur aus, dass in manchen geisteswissenschaftlichen Disziplinen auch Produkte jenseits der Publikation entstehen, sondern vor allen Dingen ein unklarer Fortschrittsbegriff. Wann und ob etwas als innovativ, originell oder sogar als paradigmatischer Umbruch gelten kann, lässt sich kaum an einem linearen Fortschrittsbegriff, wie er zumindest partiell für die Naturwissenschaft zugrunde gelegt wird, festmachen. Die Folge ist, dass kaum Einigkeit darüber besteht, was als Forschungsleistung gilt, wie sich die Qualität ermitteln lässt und welche Indikatoren und Verfahren geeignet sind. Deutlich wird das insbesondere bei den häufig verwandten Drittmittelindikatoren, die angesichts der geschildert Forschungsstruktur durchaus zu Recht als problematisch angesehen werden. Allerdings läuft diese Kritik ohne eine konstruktive Alternative schlicht darauf hinaus, dass sich geisteswissenschaftliche Forschung nicht messen lässt. Ein solche Position aber bringt unter den Bedingungen einer output-orientierten Governance die Gefahr der Marginalisierung

---

[147] Vgl. dazu den zuletzt von verschiedenen europäischen Forschungsförderern angestoßenen Versuch, die Grundlagen für eine derartige europäische Datenbank zu entwickeln: DFG/ESRC/AHRC/NWO/ANR/ESF (2010): Towards a Bibliometric Database for the Social Sciences and Humanities – A European Scoping Project.

mit sich. Aus eben diesem Grund plädierte Wissenschaftsrat jüngst mit Blick auf die Rechtswissenschaft dafür, dass „Fachvertreterinnen und Fachvertreter sich auf Anforderungen und Rahmenbedingungen verständigen sollten, auf deren Grundlage ein Verfahren mit expliziten, auf die Disziplin bezogenen Kriterien für eine transparente Leistungsbewertung rechtswissenschaftlicher Forschung entwickelt werden kann"[148]. Derartige Befürchtungen sind kein spezifisch deutsches Phänomen. In Groß Britannien wurde mit der zunehmenden „Indikatorisierung" des Research Assessment Exercise, dessen Bewertungsergebnisse Basis für die Verteilung der staatlichen Mittel für Forschung sind, immer wieder diskutiert, wieviel „Sonderbehandlung" für geisteswissenschaftliche Disziplinen zuträglich ist und wann ein Verzicht auf quantitative Indikatoren zugunsten eines reinen Peer-Reviews sich als forschungspolitischer Bumerang entpuppen könnte. Diese Frage wird in Deutschland – auch wenn es nicht um formelbasierte Mittelverteilungen geht – an Brisanz zunehmen. Der Wissenschaftsrat hat jüngst seine Empfehlungen für die Erhebung eines „Kerndatensatzes" zur Forschungsperformanz verabschiedet.[149] Damit kommen, unabhängig von der Frage, welche Indikatoren geeignet sind, auch auf die Geisteswissenschaften eine Informationsnachfrage zu, für deren Befriedigung sie schlecht gerüstet sind.

Drittens sind die Geisteswissenschaften auch in der wissenschaftspolitischen Positionierung tief gespalten. Pars pro toto sei das Forschungsrating des Wissenschaftsrats genannt. Dieses Bewertungsverfahren versucht disziplinspezifische Bewertungskriterien aufzunehmen und in einem aufwändigen Prozess des „informed peer review" quantitative und qualitative Daten zu einem Urteil zu verbinden. Die Fachgesellschaft der Historiker verweigerte sich einem solchen Bewertungsverfahren, während die Anglistik/Amerikanistik sich diesem Verfahren unterzog. Findet die Verweigerung bereits statt, bevor sich überhaupt die Chance für eine Weiterentwicklung von Bewertungsverfahren ergibt, ist ein weiteres Auseinanderdriften von Geistes- und Naturwissenschaften auch auf der wissenschaftspolitischen Bühne zu erwarten.

4 Resümee

Die Situation mutet ein wenig paradox an. Auf der inhaltlichen Ebene drängen sich gerade in vielen neuen Forschungsfeldern engere Kooperationen zwischen Sozial- und Geisteswissenschaftlern auf der einen und Natur-, Lebens- und Ingenieurwissenschaftlern auf der anderen Seite geradezu auf. Ohne die Probleme von trans- und interdisziplinärer Kooperation zu unterschätzen, zeigt sich doch in

---

[148] Wissenschaftsrat: Perspektiven der Rechtswissenschaft in Deutschland. Situation, Analysen, Empfehlungen. Hamburg 2012, S. 48.
[149] Vgl. ebd.

diesen Feldern eine Fülle von Indizien, die auf die Relevanz geisteswissenschaftlicher Forschung sowohl wissenschaftsintern für andere Disziplinen als auch wissenschaftsextern für gesellschaftliche Anwendungsfelder hindeuten. Strukturell aber scheint sich statt einer Annäherung eher eine Driftbewegung abzuzeichnen – ein neues Schisma, das nun nicht mehr entlang erkenntnistheoretischer Debatten, sondern im Rahmen differenzieller, ergebnisorientierter Governanceregime aufbricht. Für die Geisteswissenschaften stellen sich insofern eine Fülle von Fragen im Hinblick auf die Erfass- und Bewertbarkeit der eigenen Forschung, einer förderlichen Forschungsgovernance, geeigneter Formate der Forschungsorganisation und -förderung, der Ausbildung und Rekrutierung von Nachwuchs, der Neustrukturierung der wissenschaftsinternen Kommunikation und vieles mehr. Eine Lagerbildung, die Strukturkonservative auf die eine und Modernisierer auf die andere Seite sortieren würde, wäre in dieser Situation wenig hilfreich. Vielleicht werden wir uns aber auch von dem ohnehin schwammig gewordenen Konzept der Geisteswissenschaft verabschieden müssen, wenn sich die unter diesem Sammelbegriff vereinten Disziplinen angesichts der Herausforderungen in ganz unterschiedliche Richtungen entwickeln sollten. Zumindest zeigen die schon jetzt erkennbaren internen Differenzierungsprozesse, dass die Grundlage für ein gemeinsames Klagelied immer dünner wird.

Die Geistes- und Sozialwissenschaften in den Medien

Hans Mathias Kepplinger

Was versteht man unter der Medienberichterstattung über die Geistes- und Sozialwissenschaften? Was ist damit gemeint – die Erwähnung von Fächern, von Wissenschaftlern, von Publikationen oder von Forschungsergebnissen? Sind darin auch Berichte über Studentenzahlen, Organisationsstrukturen und Maßnahmen zur Forschungsförderung eingeschlossen? Und um welche Medien und Ressorts geht es – um die überregionalen Tages- und Wochenblätter, die Regionalzeitungen, das Fernsehen oder den Hörfunk? Und wie gewichtet man bei einer vergleichenden Betrachtung die sehr unterschiedliche Reichweite der Quellen und ihr ebenso unterschiedliches Ansehen in den relevanten Zielgruppen? Um welche Zielgruppen geht es überhaupt? Kommt es auf die Masse der Bevölkerung an, die politischen Entscheider oder den engeren Kollegenkreis? Das alles muss geklärt sein, bevor man belastbare Aussagen über die (Geistes- und Sozial-)Wissenschaften in den Medien machen kann.

Man könnte diese Fragen als Belege für die Beliebigkeit der Aussagen zum Thema missverstehen. Tatsächlich führen sie aber ins theoretische und methodische Zentrum der Analyse von Wissenschaftskommunikation, weil die zur Klärung erforderlichen Entscheidungen über Definitionen und Methoden auf komplexen Voraussetzungen beruhen und nur auf der Basis breiter Erfahrung in ihrer praktischen Anwendung getroffen werden können. Dies gilt sowohl für die Anwendung quantitativer Methoden, z.B. Inhaltsanalysen und Befragungen, als auch für den Einsatz qualitativer Verfahren, z.B. Textinterpretationen und Intensivinterviews. Zwar führen unterschiedliche begriffliche und methodische Entscheidungen zu verschiedenartigen Befunden, die jedoch ebenfalls keine Belege für deren Beliebigkeit sind, sondern den gleichen Sachverhalt sinnvoll aus verschiedenen Perspektiven beleuchten können. Deshalb geht der z. T. ideologisch geführte Streit um quantitative oder qualitative Methoden in den Geistes- und Sozialwissenschaften am Problem vorbei: Kreative Forschung gibt es auf beiden Grundlagen, aber nicht alles in beiden Bereichen ist erhellend.

Zwischen der Wissenschaftsberichterstattung in den Feuilletons und in den Wissenschaftsteilen der Medien einerseits und der Berichterstattung der Medien über Wissenschaften z. B. in den Politik- und Wirtschaftsteilen andererseits bestehen erhebliche Unterschiede. Sie betreffen sowohl die Anzahl der Beiträge als auch ihre Tendenz.[150] Generell gilt: Die Grenzen der Spezialressorts der Medien, deren Berichte nur von relativ wenigen Menschen verfolgt werden, überschreiten die Wissenschaften vor allem dann, wenn sie zum Gegenstand von Kontroversen werden. Bekannte Beispiele sind Konflikte um Studien zu den Ursachen des Ersten Weltkriegs und zum Einfluss der Medien auf Wahlentscheidungen. Daraus folgt, dass vor allem wissenschaftskritische Berichte die Masse des Medienpublikums erreichen. Daraus wiederum folgt: Wer viele Menschen erreichen will, darf Kontroversen nicht scheuen. Das wirft einige Fragen auf: Sollen Geistes- und Sozialwissenschaftler Themen aufgreifen, die vermutlich zu öffentlichen Kontroversen führen? Sollen sie sich diesen Kontroversen stellen – und kann man das von allen erwarten?

Im Hintergrund der Frage nach der Berichterstattung der Medien über die Wissenschaften stehen unausgesprochene Vermutungen über die Wirkung der Berichterstattung. Dabei werden meist zwei Aspekte vermischt – die Wirkung auf die Masse der unbeteiligten Beobachter, die das berichtete Geschehen aus der Zuschauerperspektive betrachten, und die reziproken Effekte der Berichte, ihr Einfluss auf die Protagonisten des Geschehens und ihr engeres soziales Umfeld – die Kollegen der Wissenschaftler im Zentrum von Kontroversen, die Administratoren in den Universitäten und Stiftungen, die Studierenden vor Ort usw. Sie machen sich anhand der Berichterstattung ein mehr oder weniger zutreffendes Bild von den Protagonisten und Themen und stellen zudem Vermutungen über den Einfluss der Berichterstattung auf die Masse der interessierten, aber unbeteiligten Beobachter an. Dieser Wirkungszusammenhang ist deshalb bemerkenswert, weil die tatsächlichen und vermuteten Medieneffekte die Mittelzuweisung für Fächer und Forschungsrichtungen beeinflussen können.[151]

Die Orientierung an der tatsächlichen oder vermeintlichen Wirkung der Medienberichte kann in letzter Konsequenz zur Mediatisierung der (Geistes- und Sozial-) Wissenschaften führen – der Anpassung der Lehre und Forschung an die Erfolgsbedingungen der Medien: Beantragt und gefördert wird im Extremfall nicht das, was aus Sicht der Wissenschaft notwendig ist, sondern das, was maximale Medienresonanz verspricht. Das wäre dann unproblematisch, wenn sich die Erfolgsbedingungen der Berichterstattung nicht wesentlich von den Erfolgsbedingungen der (Geistes- und Sozial-)Wissenschaften unterscheiden würden. Das ist aber der Fall. So interessieren sich Sozialwissenschaftler für Verteilungen, z. B. relative Häufigkeiten verschiedener Straftaten, die Medien aber für seltene Extremfälle; erstere legen die Grenzen der Genauigkeit ihrer Realitätsaussagen offen, letztere nennen sie in der Regel nicht usw. Das Handeln der Akteure in beiden Bereichen beruht auf klaren Grundlagen, trotzdem unterschei-

---

[150] Vgl. Hans Mathias Kepplinger/Senja Post: Der Einfluss der Medien auf die Klimaforschung. In: Johannes Gutenberg-Universität Mainz (Hg.): Natur und Geist. Das Forschungsmagazin der Johannes Gutenberg-Universität Mainz, Heft 1 (2008), S. 25–28.
[151] Vgl. ebd.

det sich die Rationalität ihres Handelns. Die Orientierung des Handelns von Geistes- und Sozialwissenschaftlern an den Handlungsbedingungen von Journalisten wäre allerdings genauso dysfunktional wie die Orientierung des Handelns von Journalisten an jener der Geistes- und Sozialwissenschaftler. Deshalb ist die entschlossene Orientierung an der Rationalität des eigenen Tätigkeitsbereichs - trotz der notwendigen Beachtung des jeweils anderen - eine unabdingbare Voraussetzung für herausragende Leistungen in beiden Tätigkeitsbereichen.

Die kleinen Fächer und die Medien: Das Beispiel der Ethnologie

Karl-Heinz Kohl

Obgleich sich die Ethnologie als eigenständige Universitätsdisziplin in Deutschland nicht vor dem Beginn des 20. Jahrhunderts etablieren konnte, ist die erste *Venia legendi* für das Fach bereits 1869 von der Berliner Universität an den Arzt und Forschungsreisenden Adolf Bastian verliehen worden, der wenige Jahre später zum Gründungsvater des Berliner Völkerkundemuseums werden sollte. Auch in anderen Universitätsstädten wie München oder Leipzig waren es zunächst die Direktoren und Kuratoren der völkerkundlichen Museen, die Ethnologie als Honorarprofessoren, Privatdozenten oder Lehrbeauftragte unterrichteten.[152] Historisch gesehen hat sich das Fach über einen Mangel an öffentlicher Aufmerksamkeit nie zu beklagen brauchen. In der ersten Hälfte des 20. Jahrhunderts zählten die völkerkundlichen Museen, die in Deutschland nahezu alle zwischen 1864 und 1904 gegründet worden waren, zu den populärsten überhaupt. Über die von den Museumsdirektoren organisierten ethnographischen Forschungsreisen nach Afrika oder in die Südsee wurde bereits vorab breit in der Presse berichtet.[153] Kehrten die Teilnehmer von ihren Expeditionen zurück, war ihnen ein Empfang durch den Magistrat ihrer Stadt gewiss. Die Vorträge, in denen sie von den Ergebnissen ihrer Reisen berichteten, richteten sich sowohl an Fachkollegen als auch an ein breites Laienpublikum. Leo Frobenius, der 1898 in Berlin ein privates Afrika-Archiv gegründet hatte und seit 1904 mehrere Expeditionen in das Innere des Kontinents unternahm, profitierte von der Popularität ethnologischer Unternehmen, indem er 1925 der Stadt Frankfurt seine – mittlerweile in Forschungsinstitut für Kulturmorphologie umbenannte – Sammlung für die damals beachtliche Summe von 260.000 Reichsmark verkaufte und zu ihrer Betreuung eine zusätzliche jährliche Apanage von 6.000 Reichsmark erhielt.[154] Kam er nach ein, zwei Jahren von seinen aufwendigen Forschungsreisen zurück,

---

[152] Zur Geschichte des Faches in Deutschland vgl. Werner Petermann: Die Geschichte der Ethnologie. Wuppertal 2004.
[153] Vgl. zur Geschichte einer solchen Forschungsexpedition im frühen 20. Jahrhundert: Hans Fischer: Die Hamburger Südsee-Expedition. Über Ethnographie und Kolonialismus. Frankfurt am Main 1981.
[154] Vgl. Hans-Jürgen Heinrichs: Die fremde Welt, das bin ich. Leo Frobenius: Ethnologe, Forschungsreisender, Abenteurer. Wuppertal 1998, S. 73.

pflegte er zuvor seine Expeditionsfahrzeuge im Frankfurter Stadtwald mit „Wüstensand" zu bestreuen, um sie bei dem triumphalen Einzug seiner Mitarbeiter in die Stadt besonders „authentisch" erscheinen zu lassen. Frobenius scheute nicht einmal davor zurück, im Zirkus auf Elefanten oder Kamelen zu reiten, um für seine Unternehmen zu werben.[155] Da die öffentlichen Kassen unter der Weltwirtschaftskrise litten, benötigte er für die Finanzierung seiner Expeditionen die Unterstützung privater Mäzene. Im Blick auf die zunehmende Kommerzialisierung der Wissenschaften muten diese Methoden heute durchaus aktuell an.

Frobenius war allerdings vor allem deshalb auf solche spektakulären Aktionen angewiesen, weil er ein Außenseiter und Autodidakt war, der erst wenige Jahre vor seinem Tod zum Honorarprofessor und Direktor des Frankfurter Völkermuseums ernannt wurde. Seine an den Universitäten lehrenden Kollegen hatten solche Auftritte nicht nötig. Einige von ihnen, wie etwa der zur gleichen Zeit an der Columbia University in New York lehrende Ethnologe Franz Boas und seine Schüler nutzten ihre akademische Position zusammen mit der Popularität ihres Faches, um ihre Autorität zu unterstreichen und die öffentliche Meinung im Sinne ihrer liberalen Auffassungen und politischen Reformpläne zu beeinflussen. So hat in den USA neben dem Kinsey-Report wahrscheinlich keine andere wissenschaftliche Veröffentlichung mehr zur Revision der konventionellen Sexualmoral beigetragen als Margaret Meads Buch *Coming of Age in Samoa*, das die damals erst 26 Jahre alte Autorin 1928 mit dem programmatischen Untertitel „A Psychological Study of Primitive Youth for Western Civilsation" veröffentlichte. Die Wirkung dieser Abhandlung über das von äußeren Zwängen so viel freiere sexuelle Verhalten von Heranwachsenden auf einer Südsee-Insel lässt sich bis in die Zeit der Studentenbewegung hinein verfolgen. Auch der moderne Multikulturalismus geht im Prinzip auf eine Erfindung der amerikanischen Ethnologen aus demselben Umfeld zurück: nämlich den Kulturrelativismus mit seiner Behauptung, dass alle Kulturen grundsätzlich gleich seien, da es keinen objektiven Maßstab gibt, an dem deren wechselseitige Über- oder Unterlegenheit gemessen werden könne. So liest man es, ebenfalls programmatisch dargelegt, im Vorwort von Ruth Benedicts *Patterns of Culture*, einer 1934 erschienenen vergleichenden Studie über die Kulturen der Zuni in New Mexico, der Kwakiutl an der amerikanischen Nordwestküste und der Dobu in Melanesien. Es gilt als das „meistverkaufte und einflussreichste Buch der Ethnologie des 20. Jahrhunderts".[156] An Öffentlichkeitswirksamkeit hat es selbst die wenige Jahre zuvor publizierte Arbeit von Ruth Benedicts Schülerin und engen Freundin

---

[155] Vgl. Marcus Riverein: „Der Loki im Walhall der Wissenschaft". Die Darstellung von Leo Frobenius in der Presseberichterstattung. In: Karl-Heinz Kohl/Editha Platte (Hg.): Gestalter und Gestalten. 100 Jahre Ethnologie in Frankfurt am Main. Frankfurt am Main/Basel 2006, S. 61–92.
[156] Sylvia Schomburg-Scherff: Art. „Ruth Fulton Benedict (*5.6.1887 New York;†17.9.1948, New York), Patterns of Culture". In: Christian Feest,/Karl-Heinz Kohl (Hg.): Hauptwerke der Ethnologie. Stuttgart 2001, S. 41.

Margaret Mead übertroffen. Beide konnten sich nicht nur mit ihren Ansätzen, sondern auch hinsichtlich ihres Engagements an ihrem gemeinsamen Lehrer Franz Boas orientieren. In den 1880er Jahren aus Deutschland in die USA emigriert, hatte Boas es in seiner neuen Wahlheimat viele Sympathien gekostet, als er sich während des Ersten Weltkriegs für eine neutrale Politik gegenüber dem Deutschen Reich einsetzte. Doch gewann er sie bald wieder zurück: In den 1920er und 1930er Jahren verwahrten nur wenige andere Ethnologen ähnlich vehement wie er gegen die sozialdarwinistischen, rassistischen und antisemitischen Theorien, die auch in der Neuen Welt ihre Anhänger suchten.[157]

Der von Franz Boas begründete und von seinen Schülern systematisch weiterentwickelte Kulturrelativismus erlebte seine Blütezeit in den späten 1940er und in den 1950er Jahren. In der Epoche der beginnenden Dekolonisierung und des sich verschärfenden Ost-West-Konflikts sahen sich die USA als Hüter der Diversität der Kulturen, die vom Kommunismus bedroht schien. Die kulturrelativistischen Doktrinen entsprachen der offiziellen Politik. Das hierarchische Gefälle war in den USA damals eindeutig. Ethnologen verkündeten ex cathedra ihre Lehrsätze, und die Öffentlichkeit nahm sie auf. Die goldenen Zeiten der Ethnologie waren danach allerdings ziemlich schnell vorbei.
Mit dem Einsetzen des modernen Flugverkehrs gehörten Reisen in exotische Länder bald nicht mehr zu den Privilegien von Geographen, Völkerkundlern und anderer Wissenschaftler. Hatte man für eine Seereise von Europa etwa nach Neuguinea Mitte der 1955 noch mehrere Wochen benötigt, so konnte man diese Strecke zehn Jahre später in modernen Strahlturbinenflugzeugen in knapp zwei Tagen zurücklegen. Zugleich wurden die letzten von der westlichen Zivilisation noch unberührten Völker im Zuge der forcierten wirtschaftlichen Erschließung der tropischen Regenwälder und anderer bis dahin kaum zugänglicher Regionen aus ihrer Isolation gerissen. Die früher sogenannten Naturvölker veränderten sich nur allzu schnell infolge der Maßnahmen, die nationale und internationale Entwicklungsorganisationen ergriffen, um sie an die Weltgesellschaft und die globale Ökonomie anzupassen. Den wenigen von ihnen, denen es dennoch gelang, an ihren Traditionen festzuhalten, wurden bald zum Ziel von Dokumentarfilmern, Journalisten und erlebnishungrigen Touristen. Der Nimbus der Ethnologie verblasste. Die Vertreter des Faches hatten nicht nur den privilegierten Zugang zum Exotischen, sondern auch das Monopol der Wissensvermittlung verloren. Dass zwischen einem Forschungsaufenthalt von ein bis zwei Jahren und dem dreitägigen Kurzbesuch eines Zeitungs- oder Fernsehreporters ein qualitativer Unterschied besteht, kümmerte die Öffentlichkeit dabei nur wenig.
Für die Ethnologie bedeutete diese Wende, dass sie sich von nun an in die übrigen Geistes- und Sozialwissenschaften einzureihen hatte. Wie die Soziologie, die

---

[157] Vgl. zu Franz Boas politischem Engagement auch die verschiedenen Aufsätze in: Volker Rodekamp (Hg.): Franz Boas 1858–1942. Ein amerikanischer Anthropologe aus Minden. Bielefeld 1994.

Politologie, die Publizistik und die Theaterwissenschaften, aber auch die meisten anderen kleinen, als „Orchideenfächer" bezeichneten Disziplinen bildet das Fach ja für kein festes, außerhalb von Universität oder Museum liegendes Berufsfeld aus. Dennoch nahm die Zahl der Neuimmatrikulierten seit Ende der 1970er Jahre sprunghaft zu. Der Aufstieg der Ethnologie entsprach den neoromantisch-zivilisationskritischen Strömungen der Zeit und ging nicht zufällig mit dem der ökologischen Bewegung und der Partei der Grünen parallel einher. Keineswegs an allen deutschen Universitäten vertreten und meist nur mit ein oder zwei Professuren ausgestattet, konnte das Fach den Ansturm kaum bewältigen und musste mit den anderen kleineren Disziplinen verstärkt um die knapper werdenden Ressourcen konkurrieren. Der Druck wurde für die kleinen kultur- und sozialwissenschaftlichen Fächer noch größer, als der Geist des Neoliberalismus seit Mitte der 1990er Jahre auch die Universitäten zu erfassen begann. Die während der Studentenbewegung aufgebrachte Rede von der „gesellschaftlichen Relevanz" wissenschaftlicher Forschung hatte schon die vergangenen zwei Jahrzehnte dazu beigetragen, dass der Anwendungsbezug sozialwissenschaftlicher Forschung immer mehr in den Vordergrund getreten war. Diese Tendenz verstärkte sich noch erheblich mit der Ökonomisierung der Universität. Wie ließ sich gegenüber den Steuerzahlern rechtfertigen, dass man sich an den Universitäten mit Dingen beschäftigte, von denen sich niemand irgendeinen Profit erwarten konnte – direkten schon gar nicht, und indirekten kaum? Wertkonservative aus allen politischen Lagern protestierten zwar gegen diese Einstellung im Namen des alten humanistischen Bildungsideals, doch blieben sie eine Minderheit. Denn die Universitäten hatten sich durch die sogenannte Bildungsexplosion grundlegend gewandelt. Anfang der 60er Jahre noch von 8 %, Mitte der 90er Jahre aber schon von über 30% eines jedes Geburtsjahrgangs besucht, waren sie notwendig zu Ausbildungsstätten geworden, ohne dass der Staat dem durch einen entsprechenden Ausbau der Lehrkapazitäten Rechnung getragen hätte. Gemeinsames Lehren *und* Forschen scheint in einem Seminar mit über 100 Studenten, wie es heute in einigen geisteswissenschaftlichen Magisterstudiengängen durchaus üblich ist, kaum mehr möglich. Im Zuge der Rationalisierungsmaßnahmen, die man an den Universitäten nach dem Vorbild industrieller Produktionsstätten durchführen wollte, hätten eigentlich zuerst die Orchideenfächer und später auch die anderen nicht-anwendungsbezogenen Disziplinen abgeschafft werden müssen.

Dass sich die heute nach dem Modell von Aufsichtsräten neu eingerichteten Hochschulräte die in einem neoliberal-ökonomischen Sinn nutzlosen kleinen Fächern überhaupt noch leisten, ist nicht allein der bekannten Zählebigkeit einmal geschaffener Institutionen geschuldet. Es verdankt sich auch der die Ökonomisierung und Kommerzialisierung zahlloser Bereiche begleitenden und ihr zugleich zuwiderlaufenden „Ökonomie der Aufmerksamkeit".[158] Auftritte in Rundfunk und Fernsehen oder Erwähnungen in wichtigen Publikationsorganen kann man sich in aller Regel nicht erkaufen. Mediale Prominenz entzieht sich der Tauschökonomie. Sie stellt nur auf der Ebene des Symbolischen ein Äquivalent zum Monetären dar. Als Agenten ebenjener Ökonomie der Aufmerksamkeit haben die Print- und Funkmedien erheblich dazu beigetragen, dass die genannten kleineren Disziplinen trotz der Verwandlung der Universitäten in Massenausbildungsstätten und ihrer Kommodifizierung nicht nur erhalten geblieben sind, sondern auch kaum nennenswertere Einbußen verzeichnen mussten.

Von medizinischen, natur- und lebenswissenschaftlichen Forschungen erwartet man zwar, dass sie zur Verbesserung unserer Lebensqualität beitragen. Doch gestaltet sich die Vermittlung ihrer Resultate an ein Laienpublikum meist schwierig. Naturwissenschaftlich vorgebildete Zeitungs- und Fernsehredakteure, die sich in der Kunst einer einigermaßen verständlichen Darstellung komplexer Forschungsergebnisse verstehen, gibt es in Deutschland nur wenige. Entschieden leichter fällt Journalisten dagegen die Behandlung geisteswissenschaftlicher und kulturhistorischer Themen. Die Vermittlung neuer wissenschaftlicher Erkenntnisse der entsprechenden Fächer lässt sich meist auch mit einem bestimmten Unterhaltungswert verbinden, gleichgültig ob es um prähistorische Funde wie etwa den der Himmelsscheibe von Nebra oder um Untersuchungen über besonders exotischer Sprach- und Grammatikformen handelt. Im Zeichen der neoliberalen Wende im Wissenschaftsbetrieb sind Universitätspräsidenten stärker denn je daran interessiert, das Image ihrer Hochschule zu verbessern. Das Aufsehen, das eine kleine Spezialdisziplin wie die Afrikanische Archäologie mit der Ausgrabung hervorragend gearbeiteter Skulpturen aus einer über 2000 Jahren alten prähistorischen nigerianischen Kultur zu erregen vermag,[159] hilft in dieser Hinsicht sicher weit mehr als ein den Laien überfordernder Bericht über die neuesten Forschungsresultate aus dem Bereich der theoretischen Physik. Von Orchideenfächern zu reden erweist sich hier als eine durchaus angebrachte Metaphorik, scheint die Existenz solcher kleinen akademischen Disziplinen doch tatsächlich die großen Universitäten zu zieren. Oft ziehen ihre Vertreter mit den Ergebnissen ihrer Untersuchungen weit mehr öffentliche Aufmerksamkeit auf sich als die der großen Fächer.

---

[158] Der Begriff geht im Wesentlichen zurück auf: Georg Franck: Ökonomie der Aufmerksamkeit. Ein Entwurf. München, 1998.
[159] Vgl. den Bericht über die Ausgrabungen der nigerianischen Nok-Kultur durch das Team des Frankfurter Afrika-Archäologen Peter Breunig in: Matthias Schulz: Urknall in den Tropen. In: Der Spiegel 33 (2009), S. 108–110, http://www.spiegel.de/spiegel/print/d-66360437.html (abgerufen am 26.4.2012).

Einen Beleg für diese These stellt eine stichprobenartige Untersuchung dar, die ich im Februar 2011 anhand des Archivs der Frankfurter Allgemeinen Zeitung durchführte. Unter den überregionalen deutschen Tageszeitungen unterhält die Frankfurter Allgemeine mit einer wöchentlichen Beilage von durchschnittlich acht Seiten wahrscheinlich die umfangreichste Berichterstattung über die neuesten natur- und geisteswissenschaftlichen Forschungsergebnisse. Hinzukommen inzwischen nahezu täglich unter der Rubrik „Neue Sachbücher" Besprechungen von wissenschaftlichen Neuerscheinungen, die nicht nur von den Redakteuren der Zeitung, sondern auch von zahlreichen Universitätswissenschaftlern verfasst werden. Die Stichprobe bestand darin, dass ich die Bezeichnungen von 17 größeren und kleineren kultur- und sozialwissenschaftlichen Universitätsdisziplinen in die Suchmaske des Archivs einnahm, das zum Zeitpunkt der Erhebung einen 1993 beginnenden Zeitraum von ca. 18 Jahren umfasste. Die Auswahl der Fächer richtete sich dabei auch nach der Eindeutigkeit ihrer jeweiligen Bezeichnungen. Das heißt zum Beispiel, dass zwar Germanistik, Romanistik oder Byzantinistik eingegeben wurden, Geschichte oder Geschichtswissenschaft aber nicht, weil diese Begriffe auch in nicht-universitären Zusammenhängen verwendet werden. Das Ergebnis überraschte insofern, als zum Beispiel ein großes, der Lehrerausbildung dienendes Fach wie die Romanistik mit nur 473 Nennungen weit abgeschlagen war und damit in etwa den gleichen Rang einnahm wie die Volkskunde. Am häufigsten erwähnt wurde zwar die Soziologie mit 3.521 Treffern, doch folgten ihr mit der Archäologie an zweiter und der Ethnologie an vierter Stelle zwei Fächer, deren Popularität mit 2.646 und 1.603 Treffern die der mit Professuren weit reicher ausgestatteten, aber nur 1.583 Mal genannten Politologie übertrifft. Die geringste Zahl an Nennungen erhielten die Byzantinistik mit 31 und die Äthiopistik mit 9 Belegstellen.

Auch wenn es zu diesen Fragen noch gründlicherer statistischer Erhebungen bedarf, legt doch schon die Stichprobe die Schlussfolgerung nahe, dass man den Beitrag nicht unterschätzen darf, den die Medien als vermittelnde Institutionen zwischen Wissenschaft und Öffentlichkeit zur Erhaltung nicht-anwendungsbezogener, kultur- und sozialwissenschaftlichen Fächer leisten, die heute ja nicht nur durch die ökonomische Restrukturierung des Universitätsbetriebs, sondern auch durch die tendenzielle Auflösung des alten Fächerkanons durch die neuen Bachelorstudiengänge bedroht sind. Die Kehrseite dieser Entwicklung ist allerdings, dass sie dafür einen hohen Grad von Abhängigkeit von der Darstellung ihrer Forschungsergebnisse in den Medien eintauschen. Die Tendenz, dass auch Wissenschaften Moden unterliegen, wird dadurch noch verstärkt. Ein gutes Beispiel für den schnellen Auf- und Niedergang einer zeitgenössischen Strömungen unterliegenden Wissenschaft bietet die Soziologie. Dabei handelt es sich um eine relativ junge Disziplin, die in die meisten deutschen Universitäten erst nach dem Zweiten Weltkrieg Eingang fand. Zunächst auch nur ein kleines Fach, erlebte die Soziologie im Gefolge der Studentenbewegung einen enormen Aufschwung.

Allein in Berlin existierten gegen Ende der 1970er Jahre an die 40 Professuren für das Fach. In der Öffentlichkeit ist sie zwar bis heute präsent geblieben, verlor aber an Einfluss und damit auch an universitärer Präsenz, als ab Ende der 1980er Jahre neue politische Konstellationen neue Fragen aufzuwerfen begannen. In Berlin ist die Zahl der Soziologie-Professuren inzwischen wieder auf ca. zehn gesunken. Andere Fächer waren dagegen offensichtlich nicht mehr attraktiv genug, um sich im Konkurrenzkampf um die Aufmerksamkeit der Öffentlichkeit erfolgreich behaupten zu können. So ist zum Beispiel die deutsche Äthiopistik in den letzten beiden Jahrzehnten nahezu unbemerkt von der Öffentlichkeit untergegangen und wird heute an keiner Universität mehr als eigenständiges Fach gelehrt, obgleich sie bereits im 17. Jahrhundert begründet worden und damit weit älter ist als etwa die Germanistik.[160] Der Byzantinistik steht möglicherweise ein ähnliches Schicksal bevor. Als „auslaufender Studiengang" wird sie heute wahrscheinlich nicht nur in Mainz geführt. Dass diese beiden wissenschaftlichen Disziplinen in der von mir vorgenommenen Stichprobe auf den untersten Plätzen rangieren ist also kein Zufall. Unmittelbarer oder auch nur mittelbarer Profit lässt sich aus ihnen nicht zu beziehen. Und an ihren Forschungsresultaten sind bestenfalls ein paar Spezialisten, nicht aber die breitere Öffentlichkeit interessiert.

Den Vertretern der kleinen kultur- und sozialwissenschaftlichen Fächer sind die Folgen durchaus bewusst, die sich aus der Orientierung universitärer Politik am ökonomischen Kalkül ergeben. Da auf die Alma Mater allein heute kein Verlass mehr ist, sind sie zur langfristigen Sicherung der Existenz ihrer wissenschaftlichen Disziplinen darauf angewiesen, sich der Möglichkeiten der Aufmerksamkeitsökonomie zu bedienen. Gerade jüngere Fachvertreter drängen daher oft darauf, entsprechende Kontakte zu Presseorganen, Rundfunk- und Fernsehanstalten aufzunehmen. Während der insgesamt drei Tagungen zum Verhältnis von Ethnologie und Öffentlichkeit, die die Deutsche Gesellschaft für Völkerkunde ab 2009 unter meinem Vorsitz und mit finanzieller Unterstützung der Volkswagenstiftung organisierte, beschweren sich einige Ethnologen darüber, dass die Presse die Ergebnisse ihrer Forschungen überhaupt nicht zur Kenntnis nehmen würde. Die Pressevertreter entgegneten, dass sie ihnen diese Resultate ruhig zusenden könnten, aber bereits zusammengefasst und in einer möglichst verständlichen Form. Sie würden sich dann heraussuchen, was sie für mitteilenswert hielten. An dieser Erwiderung kann man ersehen, dass sich natürlich auch die Journalisten ihrer Rolle und der bestehenden Abhängigkeitsverhältnisse durchaus bewusst sind.

Die angeführten Beispiele zeigen, dass die öffentlichen Medien heute zu einem wichtigen Verbündeten jener Fächer geworden sind, die sich angesichts einer

---

[160] Vgl. Asfa-Wossen Asserate: Eike Haberland und die Ethnologie Äthiopiens. In: Paideuma 56 (2010), S. 23–32.

opportunistisch-neoliberalen Universitätspolitik auf die Unterstützung durch die eigenen Hochschule nicht mehr verlassen können. Auf der einen Seite mag man den in seinem Fach hoch angesehenen Spezialisten für frühmittelalterliche Geschichte bedauern, wenn er mit seiner auf ein 30-Sekunden-Statement eingedampften Stellungnahme zu einem komplexen historischen Sachverhalt nur noch zum Stichwortgeber für eine der vielen „History-Soaps" der öffentlich-rechtlichen Fernsehanstalten wird. Auf der anderen Seite gibt es aber auch die Wissenschaftsseiten der großen überregionalen Tages- und Wochenzeitungen, deren Seriosität außer Frage steht und auf denen sich nahezu jeder Kollege gern zitiert sieht. Zumindest aus der Sicht der kleinen geistes- und sozialwissenschaftlichen Fächer lässt sich daher sagen, dass die Hilfe der Medien für ihren Erhalt immer wichtiger wird. Dieses Eingeständnis sollte allerdings nicht dazu führen, jede Zumutung in Kauf zu nehmen. Noch sind die öffentlichen Kassen nicht so leer, als dass man wieder auf die Werbemethoden eines Leo Frobenius zurückgreifen müsste.

Anhang:

Nennungen einzelner geistes- und sozialwissenschaftlicher Fächer in der Frankfurter Allgemeinen Zeitung zwischen 1993 und 2011

Soziologie	3.531
Archäologie	2.646
Germanistik	2.633
Ethnologie/Völkerkunde	1.603
Politikwissenschaft/Politologie	1.583
Publizistik	1.500
Linguistik	568
Romanistik	473
Volkskunde/ Europ. Ethnologie	446
Religionswissenschaft	243
Judaistik	191
Sinologie	188
Japanologie	188
Islamwissenschaft	148
Arabistik	79
Byzantinistik	31
Äthiopistik	9

Vom Regen in die Traufe? Medien und Medialisierung

Matthias Kohring

1 Diskrepanz zwischen Wissenschaft und Journalismus

Der amerikanische Politikwissenschaftler Stanley Rothman und der Psychologe Mark Snyderman haben 1988 ein Buch namens „The IQ controversy – the media and public policy" vorgelegt, das viel Aufsehen erregt hat. Rothman und Snyderman haben die Berichterstattung von neun Elitemedien (Printmedien und Fernsehen) zwischen 1969 und 1983 daraufhin untersucht, wie über das Thema Intelligenztests berichtet wurde. Zusätzlich haben sie eine große Befragung unter insgesamt 661 Sozialwissenschaftlern (in der Regel Psychologen) und Experten aus dem Erziehungsbereich durchgeführt. Die Ergebnisse dieser Teilstudien haben sie verglichen und dabei frappante Unterschiede festgestellt: Die Nachrichtenmedien, so Snyderman und Rothman, erzeugen ein ganz anderes Bild von Intelligenztests, als es die erfragten Expertenstandpunkte nahelegen würden. Sie erzeugen vor allem ein weitaus negativeres Bild von Intelligenztests, das den Eindruck vermittelt, dass nur noch eine kleine Außenseitergruppe in der Wissenschaft an dem Nutzen und der objektiven Aussagekraft solcher Tests festhalte. Diese Auffassung sei mittlerweile eine ‚conventional wisdom', stehe aber diametral zur tatsächlichen Auffassung der Experten, die tatsächlich sehr wohl vom generellen Nutzen der Intelligenztests überzeugt seien.

Ein Beispiel: Befragt danach, in welchem Maße Intelligenzunterschiede zwischen Schwarzen und Weißen auf genetische Ursachen oder aber auf Umweltbedingungen oder aber auf eine Kombination dieser beiden Aspekte zurückzuführen seien, präferieren 45% der befragten Experten die Kombinationslösung; 15% führen Intelligenzunterschiede allein auf Umweltbedingungen zurück, nur 1% allein auf genetische Ursachen.[161] Die Nachrichtenmedien hingegen würden die Welt in Pro-Vererbung und Pro-Umwelt aufteilen. Dies führe dazu, dass fast 15% der Printberichterstattung und fast 5% der Fernsehnachrichten genetische Ursachen als alleinige Ursachen benennen, was dem Aggregat der Expertenmeinungen widerspreche und mutmaßlich von den wenigen sehr prominenten Ver-

---

[161] Mark Snyderman/Stanley Rothman: The IQ Controversy, the Media and Public Policy. New Brunswick (NJ)/Oxford (UK) 1988, S. 128.

treter dieser Hypothese herrühre, die größere öffentliche Aufmerksamkeit finden. Ein ähnlich hoher Anteil der Berichterstattung sieht genetische Ursachen als gänzlich irrelevant an, eine Meinung, die nach Überzeugung der Autoren nur von einem einzigen der zitierten Experten wirklich vertreten wird. Dass es nicht um das „Ob" des genetischen Einflusses, sondern nur um das „Wie sehr" gehe, würde unter den Tisch fallen.

Man kann unterschiedliche Ansichten dazu haben, warum sich die Situation so wie beschrieben darstellt. Ich will den Blick aber auf einen anderen Punkt lenken: Es geht mir darum, dass hier relativ deutlich und auch gar nicht mit schlechten Argumenten die Ansicht vertreten wird, dass die journalistische Berichterstattung mehr oder weniger der wissenschaftlichen Expertenmeinung folgen sollte. Die Betrachtung der IQ-Kontroverse deutet allerdings darauf hin, dass sich der Journalismus auch bei seiner Berichterstattung über die Wissenschaft nicht primär an den Perspektiven seines Berichterstattungsobjekts ausrichtet, ja diese sogar nach eigener Façon gewichtet.

2 Das Spannungsverhältnis aus Sicht der Beteiligten

Wie sehen Wissenschaftler und Journalisten selbst dieses augenscheinliche Spannungsverhältnis? Die Befragungsstudien, die der Wissenschaftskommunikations-Forscher Hans Peter Peters (2008) mit Wissenschaftlern u. a. vom Forschungszentrum Jülich durchführte, ergeben fünf Unterschiede und damit potenzielle Konfliktfelder zwischen Journalisten und Wissenschaftlern (Abb. 15; vgl. Peters 2008, S. 119 ff.).

1) Kontrolle der Berichterstattung
Die Wissenschaftler sehen sich nicht als bloße Informationsquelle, sondern beanspruchen mehr oder weniger implizit die Autorenrolle; die Journalisten lehnen ein solches Selbstverständnis ab und begreifen sich als unabhängige Autoren.

2) Wissenschaftliche Normen gelten auch für die öffentliche Kommunikation
Im Gegensatz zu den Journalisten erwarten die Wissenschaftler, dass die Normen der wissenschaftlichen Darstellung (z. B. Nüchternheit) auch für die öffentliche Kommunikation über ihre Arbeit gelten.

3) Journalismus im Dienste der Wissenschaft
Wissenschaftler erwarten, dass die journalistischen Medien sie bei der Popularisierung wissenschaftlicher Erkenntnisse und bei der Verdeutlichung von deren Nutzen unterstützen. Die Journalisten lehnen dies ab, erst recht, wenn es um die Beschaffung von Akzeptanz für Technologien geht.

4) Akzeptanz einer journalistischen Kritik- und Kontrollfunktion
Für Peters überraschend akzeptieren die Wissenschaftler die journalistische Kritik- und Kontrollfunktion, wenn auch weit weniger stark ausgeprägt als die Journalisten. Peters vermutet hier allerdings auf beiden Seiten eine Verzerrung hinsichtlich der normativen Erwünschtheit dieser Kritik- und Kontrollfunktion: Die Wissenschaftler würden sie tatsächlich weniger akzeptieren, und die Journalisten würden sie weniger praktizieren.

5) Paternalismus gegenüber dem Medienpublikum
Die Wissenschaftler neigen im Gegensatz zu den Journalisten zu einem moderaten Paternalismus gegenüber den Publika der Berichterstattung.

Nach Peters gibt es trotz dieser potenziellen Konfliktherde eine relativ hohe Zufriedenheit bei Wissenschaftlern und Journalisten. Er nennt hierfür drei Gründe:

- Zum Ersten finde eine Selbstselektion von Wissenschaftlern für den Kontakt mit Journalisten statt.

- Zum Zweiten komme es zur Ausbildung einer Ko-Orientierung zwischen Wissenschaftlern und Journalisten.

- Zum Dritten komme journalistischer Kritik an der Wissenschaft, angesichts von deren hohem öffentlichen Ansehen, nur eine geringe Legitimität zu.

Peters konstatiert einen „an der öffentlichen Selbstdarstellung der Wissenschaft orientierten Wissenschaftsjournalismus".[162] Und er fährt fort: „Die überwiegend positiven Erfahrungen der Wissenschaftler bei ihren Medienkontakten dürften daher auch mit der überwiegend affirmativen Thematisierung von Forschung in deutschen Medien und der damit verbundenen Vermeidung antagonistischer Interessenkonflikte zu erklären sein."[163]

---

[162] Hans Peter Peters: Erfolgreich trotz Konfliktpotential – Wissenschaftler als Informationsquellen des Journalismus. In: Holger Hettwer/Markus Lehmkuhl/Holger Wormer/Franco Zotta (Hg.): WissensWelten. Wissenschaftsjournalismus in Theorie und Praxis. Gütersloh 2008, S. 108–130, hier S. 125.
[163] Ebd., S. 125f.

Abbildung 15: Erwartungen von Wissenschaftlern und Journalisten (Auswahl aus Peters 2008, S. 120; Jahr der Befragung in Klammern; Grad der Zustimmung auf 7er-Skala von -3 bis +3)

Aussagen	Journ.	Wiss.	Diff.
Kontrolle der Berichterstattung			
Journalist soll Artikel gegenlesen lassen (1993)	-1,2	2,1	**3,4**
interviewte Experten haben Mitspracherecht (2003)	-1,9	1,2	**3,2**
Journalist soll in Alltagssprache übersetzen (1993)	2,5	0,9	**1,6**
Geltung wiss. Normen für öffentliche Kommunikation			
Experten sollen sich auf ihr Fachgebiet beschränken (1993)	-0,7	1,0	**1,7**
Experten sollen Wertungen unterlassen (1993)	-1,9	-0,6	**1,3**
Journalismus im Dienste der Wissenschaft			
Medien sollen Expertenwissen popularisieren (1993)	-0,7	0,9	**1,6**
Medien sollen Nutzen der Forschung herausstellen (1993)	0,2	1,4	**1,2**
Akzeptanz journalistischer Kritikfunktion			
Medien sollen Expertenaussagen nicht in Frage stellen (1993)	-2,5	-1,1	**1,4**

Wenn man auf das Beispiel von der IQ-controversy zurückblickt, sieht man, dass die Autoren Rothman und Snyderman ebenfalls die Prinzipien verfolgen, die von den befragten Wissenschaftlern für den Umgang mit der Presse vertreten werden. Dieser Konflikt von Erwartungen scheint schwer aufzulösen zu sein. Der Wissenschaftsjournalismus gerät dabei unweigerlich in eine Defensivhaltung, muss er doch begründen, warum seine Darstellung von der wissenschaftlichen Sichtweise abweicht. Im Folgenden soll allerdings eine alternative Position favorisiert werden, die das oben beschriebene Spannungsverhältnis nicht als Problem, sondern geradezu als Qualitätsindikator für den Journalismus versteht. Diese Position stellt grundsätzlich in Frage, dass Journalismus die Expertenmeinung überhaupt widerspiegeln sollte.

3 Journalismus als externer Beobachter von Wissenschaft

Es gibt auch eine Sichtweise von Journalismus als einem autonomen Beobachter von Wissenschaft, und zwar im Dienste seiner nicht-wissenschaftlichen Publika.[164] In diesem Modell beobachtet Journalismus die Wissenschaft im Hinblick auf Erkenntnisse und Ereignisse, die für seine nicht-wissenschaftlichen Publika von Interesse sind. Wissenschaft wird prinzipiell also nur dann zum Thema, wenn sie den Relevanzkriterien genügt, die in der gesellschaftlichen Umwelt der Wissenschaft existieren. Wissenschaft wird nicht zum Thema, *weil* sie Wissenschaft ist. Ihre Erkenntnisse und Aussagen werden bewertet nach wissenschaftsexternen Kriterien der praktischen und ökonomischen Nützlichkeit, der Umweltgestaltung und -kontrolle, der Lebensverlängerung und Existenzerleichterung, der Lebensgestaltung und sogar Sinnorientierung usw. usf.

Wer das kritisieren möchte, verkennt, dass sich genau diesen wissenschaftsexternen Bewertungen und Erwägungen auch der Siegeszug der modernen Wissenschaft verdankt: Es ist selbstverständlich immer der Nutzen der Wissenschaft für ihre gesellschaftliche Umwelt gewesen, der ihr zur Anerkennung verholfen hat, ja sogar ihrem Prinzip der Erkenntnisproduktion, des methodisch geschulten reflektierten Zweifels, zur Anerkennung verholfen hat. Wissenschaft *als* Wissenschaft interessiert höchstens die Wissenschaftler selbst – und auch das scheint abzunehmen.

Insofern die Geistes- und Sozialwissenschaften zur Orientierung anderer Gesellschaftsbereiche beitragen können, werden sie auch vom Journalismus nachgefragt: als Lieferanten eines speziellen, nur bei ihnen erhältlichen Orientierungswissens. Eine solche Orientierung ist beileibe nicht nur anwendungsbezogen zu verstehen; sie schließt bei etwas spezielleren Publika durchaus auch das ein, was wir recht unbestimmt unter Bildung verstehen.

---

[164] Vgl. im Folgenden Matthias Kohring: Wissenschaftsjournalismus. Forschungsüberblick und Theorieentwurf. Konstanz 2005.

Abbildung 16: Anzahl wissenschaftsjournalistischer Artikel in überregionalen deutschen Printmedien 2008 – 2009[165]

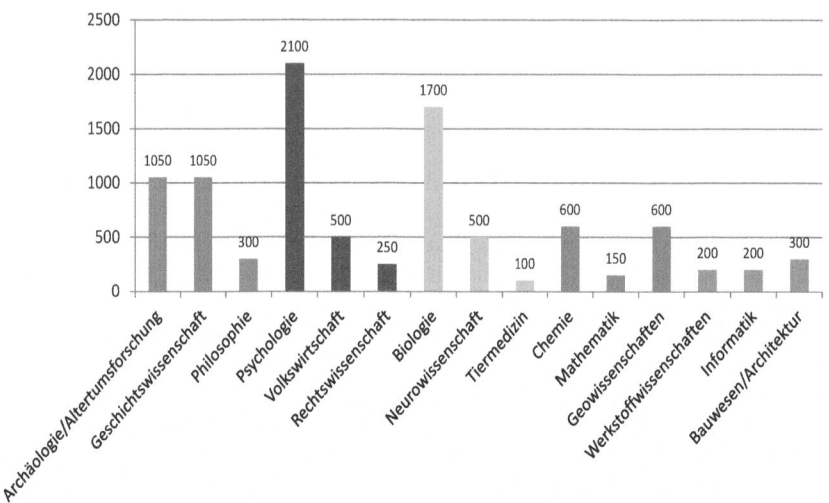

Man könnte jetzt denken, dass es die Geistes- und Sozialwissenschaften dann aber schwer hätten. So schlimm sieht es überaschenderweise aber gar nicht aus; das zeigen zumindest die Ergebnisse aus einem Projekt der VW-Stiftung zur Medialisierung verschiedener Fächer (s. Abb. 16).[166] Zumindest unter den 15 ausgewählten Disziplinen aus den Bereichen Geistes-, Sozial-, Lebens-, Natur- und Ingenieurswissenschaften nehmen die Sozial- und auch die Geisteswissenschaften eine dominierende Stellung ein, was die Publikationshäufigkeit in journalistischen Printmedien betrifft.

Das Fazit lautet: Wissenschaft muss damit leben, dass Journalismus sie nicht nach ihren eigenen Kriterien beobachtet. Sie könnte es eigentlich auch gut, denn von einem zu kritischen Wissenschaftsjournalismus kann man in Deutschland wirklich nicht sprechen. Vor lauter Empfindlichkeit, die immer noch auf Seiten der Wissenschaft anzutreffen ist, wenn sie in den Fokus medialer Aufmerksam-

---

[165] Zunächst wurden ca. 30.000 Suchtreffer, die zufällig aus insgesamt 76.000 Suchtreffern ausgewählt wurden, bereinigt, d. h. daraufhin untersucht, ob in dem Artikel tatsächlich eine wissenschaftliche Thematisierung einer der 15 Disziplinen stattfand. Die so ermittelten Artikelzahlen wurden dann anteilig hochgerechnet.

[166] „Die vielfältigen Beziehungen zwischen Wissenschaft und Nachrichtenmedien: eine vergleichende Analyse von Forschungsbereichen aus den Naturwissenschaften, den Sozialwissenschaften und den Geisteswissenschaften"; Verbundprojekt der Universitäten Mannheim (Matthias Kohring), Münster (Frank Marcinkowski), FU Berlin (Alexander Görke) und des Forschungszentrums Jülich (Hans Peter Peters).

keit gerät, wird dieser Vorteil gar nicht gewürdigt. Entgegen immer noch zu hörenden Klagen kann man also gerade nicht behaupten, dass die Wissenschaft ein Problem mit den Medien hätte. Der Trend geht vielmehr in die umgekehrte Richtung: Angesichts einer immer weiter professionalisierten und quantitativ verstärkten Hochschul-PR ist viel eher eine andere Besorgnis ernstzunehmen; dass nämlich die Wissenschaft zunehmend Einfluss auf die öffentliche Behandlung wissenschaftsjournalistischer Themen gewinnt.

4 Die Folgen der Medialisierung für die Wissenschaft

Natürlich hat es Konsequenzen für das öffentliche Bild einer Wissenschaft, nur nach journalistischen Maximen von den Nachrichtenmedien berücksichtigt zu werden. Man sollte sich hier allerdings in Erinnerung rufen, dass meistens nur vom *tages- und wochenaktuellen* Journalismus und vor allem nur vom *Journalismus* die Rede ist – als gebe es keinen anderen Weg für Wissenschaft (z. B. Schulen und Hochschulen), gesellschaftlich bekannt und anerkannt zu werden, und als sei alles, was im Argen liegen mag (‚Bildung'; ‚Akzeptanz'), der Wissenschaftskommunikation in aktuellen Nachrichtenmedien anzulasten. Solange die Thematisierung von Wissenschaft nach journalistischen Selektionskriterien nur das Verhältnis von Medien und Geistes- und Sozialwissenschaften betrifft, ist hierin kein besonderes Problem zu erkennen. Riskant wird es aber, wenn diese nach einem bestimmten Prinzip eingeschränkte öffentliche Außenwahrnehmung zum alleinigen oder herausragenden Gradmesser der gesellschaftlichen Relevanz von Geistes- und Sozialwissenschaften gemacht wird (und zwar in der Regel *nicht* durch die Massenmedien). Die Wissenschaft trägt allerdings selbst dazu bei, indem sie sich selbst aktiv an den Aufmerksamkeitsregeln einer sogenannten breiten Öffentlichkeit ausrichtet. Laut Weingart reagiert die Wissenschaft damit auf einen wachsenden Legitimationsbedarf, der nicht zuletzt durch die Verwissenschaftlichung aller Gesellschaftsbereiche verursacht wird.[167]

Aber wessen Aufmerksamkeit will man dabei eigentlich erlangen? Die Wissenschaft hat kein eigenes Publikum, das es zu überzeugen gelte. Das ist eine Besonderheit des Handlungsbereichs Wissenschaft, dass er nicht über ein Laienpublikum verfügt. Sofern es den wissenschaftlichen Erkenntnisprozess betrifft, können den Wissenschaftlern die Laien oder Nicht-Wissenschaftler relativ gleichgültig sein – das ist eine ganz andere Situation als in der Wirtschaft oder in der Politik, wo Entscheidungen ein sehr direktes Feedback erfahren können, und der Entscheider dies mitberücksichtigen muss. Wenn aber nicht die Laien selbst gemeint sind, worum geht es dann bei dem Versuch, massenmediale Aufmerksamkeit zu erlangen? Das Ziel der Selbst-Medialisierung, der aktiven, strategi-

---

[167] Peter Weingart: Die Stunde der Wahrheit? Zum Verhältnis der Wissenschaft zu Politik, Wirtschaft und Medien in der Wissensgesellschaft. Weilerswist 2001, S. 232–283.

schen Anpassung an Aufmerksamkeitskriterien einer breiten Öffentlichkeit, ist vermutlich, die Aufmerksamkeit der Entscheider vor allem in Politik und Wirtschaft zu erlangen, von deren Entscheidungen die Ressourcenverteilung im Wissenschaftssystem abhängig ist.[168] Zugleich muss aber die Unterstellung mitwirken, dass diese Entscheider wiederum selbst auf die sogenannte breite Öffentlichkeit achten, sich also von ihr beeinflussen lassen (presumed media influence).

Man kann durchaus den Eindruck gewinnen, und zwar sowohl in der Hochschuladministration als auch unter den Wissenschaftlern selbst, dass diese Ausrichtung an Kriterien öffentlicher Aufmerksamkeit immer mehr zum Selbstläufer wird, dass es als Eigenwert gilt, diese Aufmerksamkeit erlangt zu haben. Man geht anscheinend davon aus, dass dies eine anerkannte und wertvolle Währung ist – und dass die anderen sich auch so verhalten. Man muss sich dann allerdings die Frage stellen, ob diese Kommunikationsstrategie vollends durchdacht ist – ich glaube, sie ist es nicht. Die Wissenschaft zahlt einen hohen Preis, wenn sie sich diesen Kriterien einer Sichtbarkeit für eine sogenannte breite Öffentlichkeit und einer Sichtbarkeit für diejenigen Entscheider, die eben auf diese breite Öffentlichkeit zu schauen vorgeben, ausliefert.

Dieser Preis dürfte übrigens für die Geistes- und Sozialwissenschaften deutlich höher sein als für die Naturwissenschaften. Die ‚reflexive Medialisierung'[169] mit dem Ziel einer höheren öffentlichen Sichtbarkeit kann u. a. zu folgenden Konsequenzen führen:

- Es kommt zu einer Restrukturierung der Organisation von Wissenschaft; z. B. werden Hierarchien erzeugt, um für Sichtbarkeit in Form adressierbarer Personen zu sorgen. Diese werden wiederum zumindest teilweise nach ihrer ‚massenmedialen Eignung' ausgewählt.

- Wissenschaftliche Erfolgskriterien werden ersetzt oder zumindest verschoben; z. B. zählt schon das bloße Einwerben von Drittmitteln als Erfolg und auch als Kriterium für die Vergabe weiterer Drittmittel, ohne nach der Qualität des wissenschaftlichen Outputs zu fragen. Es kommt damit tendenziell zur Aufgabe des zentralen Eigenwertes ‚Wahrheit'.

---

[168] Vgl. Frank Marcinkowski/Adrian Steiner: Was heißt „Medialisierung"? Autonomiebeschränkung oder Ermöglichung von Politik durch Massenmedien? In: Klaus Arnold/ Christoph Classen/Edgar Lersch/Susanne Kinnebrock/Hans-Ulrich Wagner (Hg.): Von der Politisierung der Medien zur Medialisierung des Politischen? Zum Verhältnis von Medien, Öffentlichkeit und Politik im 20. Jahrhundert. Leipzig 2010, S. 51–76.
[169] Ebd.

Vom Regen in die Traufe? Medien und Medialisierung

- Die Öffentlichkeit wird darin bestärkt, ja sogar dahin ‚erzogen', dass eben dies die richtigen Kriterien zur Bewertung von Wissenschaft sind. Auf diese Weise werden möglicherweise die Erwartungshaltungen an Wissenschaft verändert und damit auch der Bezugspunkt für das Vertrauen in Wissenschaft.

Wie bei allen vernetzten Phänomenen fällt es schwer, hieraus eindeutige Schlussfolgerungen zu ziehen. Eine Idee könnte sein, die Aufmerksamkeitsprinzipien der Medialisierung selbst gegen deren teilweise fatalen Konsequenzen zu richten, also quasi die Erfolgskriterien öffentlicher Aufmerksamkeit einzusetzen, um sich gegen den Strom freizuschwimmen – aber dafür müsste man sich an den Hochschulen schon im Klaren darüber sein, worin man den gesellschaftlichen Wert und Nutzen der Geistes- und Sozialwissenschaften sehen will.

Auch in Zukunft attraktiv? Die Geistes- und Sozialwissenschaften am Studienstandort Deutschland

Dorothea Rüland

Sehr geehrte Damen und Herren,
ich danke Ihnen sehr herzlich für die Einladung, den Eröffnungsvortrag des heutigen Tages zu halten. Sind die Geistes- und Sozialwissenschaften am Studienstandort Deutschland auch in Zukunft noch attraktiv? So lautet die Frage, auf die ich im Folgenden eine erste Antwort versuchen werde. Der gestrige Tag war ganz den Innenansichten auf das Thema gewidmet. Heute soll ein Perspektivenwechsel vorgenommen und die Außensicht erkundet werden. Zu fragen ist hier etwa: Wie stellen sich die geistes- und sozialwissenschaftlichen Disziplinen dar? Wie werden sie wahrgenommen? Aber auch: Wie sind die einzelnen Fächer aufgestellt? Welche Reputation haben die verschiedenen Standorte in Deutschland, und was ist zu tun, um die eigene Strahlkraft zu bewahren oder gar zu steigern? Entlang welcher Linien verläuft die Profilbildung der Fächer und der Fachbereiche? Wie vermag sich das Land der Dichter und Denker heute im Ausland zu platzieren? Welche Rolle spielen deutsche Hochschulen und die deutsche Sprache im internationalen wissenschaftlichen Diskurs? Und nicht zuletzt: Für welche Tätigkeitsfelder und welche Lebensverläufe werden unsere Studierenden ausgebildet? Wie können wir sicherstellen, dass die Absolventen unserer Hochschulen in einem zunehmend globalen Wettbewerb um die besten Köpfe reüssieren? Und wie können wir zugleich dafür sorgen, dass sie dies nicht überwiegend im Ausland tun, sondern dass ein angemessener Anteil des begabten wissenschaftlichen Nachwuchses, gleich welcher Herkunft, attraktive Karrierechancen und berufliche Erfüllung in unserem Land findet?

Dieser erste Aufriss zeigt, wie umfassend die Frage nach der Attraktivität der Geistes- und Sozialwissenschaften gestellt werden kann. Ich bitte daher um Nachsicht, wenn meine folgenden Überlegungen nicht jeden der genannten Aspekte beleuchten. Vielmehr möchte ich mich auf drei Fragen beschränken, die ich für zentral halte und zu denen ich aus eigener Erfahrung etwas beitragen kann. Voranschicken möchte ich eine terminologische Klarstellung: Im Folgenden werde ich immer dann, wenn ich die Geistes- und die Sozialwissenschaften meine, von „Kulturwissenschaften" sprechen, als den „Wissenschaften vom

Menschen". Ich bin mir bewusst, dass die Definition und Abgrenzung dieser Begriffe viele Fragen aufwirft und ganze Tagungsbände nicht nur füllen kann, sondern auch schon gefüllt hat. Bitte nehmen Sie daher meine definitorische Entscheidung in erster Linie als eine pragmatische, die Bezeichnung des gemeinten Gegenstands kürzende. Ich will allerdings nicht verhehlen, dass mir diese Definition und das, was sie impliziert, nämlich Integration, Dialog und Grenzüberschreitung als Grundlagen geisteswissenschaftlichen Denkens, durchaus entgegen kommt. Nach wie vor scheint mir die Positionsbestimmung der Geisteswissenschaften als Kulturwissenschaften, wie sie von Hans Robert Jauß 1991 in der Denkschrift „Geisteswissenschaften heute" vorgenommen wurde, höchst tragfähig.[170] Doch dazu später mehr.

Nun zu den drei Fragen, denen mein Vortrag nachgeht. Diese lauten:

1. Braucht die globalisierte Welt Kulturwissenschaften?
2. Sind die deutschen Kulturwissenschaften international nachgefragt?
3. Wie können wir die Attraktivität der Kulturwissenschaften sichern?

Ich komme zu meiner ersten Frage: 1. Braucht die globalisierte Welt Kulturwissenschaften?

Lassen Sie mich eine erste Annäherung an die Fragestellung am Beispiel einer aktuellen politischen Entwicklung versuchen:

Wir alle, meine sehr geehrten Damen und Herren, haben in den vergangenen Wochen gebannt die Ereignisse im Nahen Osten verfolgt. Über Fernsehen und Internet haben wir miterlebt, wie die „Generation Facebook" sich Gehör verschafft hat, wie sie lang aufgestaute Enttäuschungen kanalisiert und den Widerstand gegen die bestehenden Regime organisiert hat. Wir im DAAD haben die Entwicklung auch mit Blick auf die Sicherheit unserer Mitarbeiter und Stipendiaten in den betroffenen Ländern beobachtet und entsprechend reagiert. Unsere Gefühle schwankten und schwanken auch jetzt noch zwischen Besorgnis

---

[170] „Es sprechen gute Gründe dafür, bei der fälligen Neuorientierung der Geisteswissenschaften von ihrer modernen Bestimmung als *Kulturwissenschaften* auszugehen. ‚Kultur' kann dann nicht länger nur das Teilgebiet einer Lebenssphäre (neben Politik, Recht, Ökonomie, Religion) meinen, sondern muss auf das kulturelle Ganze, ‚auf Kultur als Inbegriff der menschlichen Arbeit und Lebensformen, naturwissenschaftliche und andere Entwicklungen eingeschlossen', erweitert werden (Mittelstraß 1988, 16; vgl. I/5)". Hans Robert Jauß: II. Die Paradigmatik der Geisteswissenschaften im Dialog der Disziplinen. In: Wolfgang Frühwald/Hans Robert Jauß/Reinhart Koselleck/Jürgen Mittelstraß/Burkhart Steinwachs: Geisteswissenschaften heute. Eine Denkschrift. Frankfurt am Main 1991, S. 45–72, hier S. 71.

und Hoffnung. Gerade wir Deutschen kommen, bei allen Unterschieden der Lage im Detail, nicht umhin, uns an die friedliche Revolution von 1989 erinnert zu fühlen. Mit den Völkern des Nahen Orients hoffen wir, dass die Destabilisierung nicht zu einer Eskalation der Gewalt führen möge. Für diejenigen unter uns, die keine intimen Kenner der politischen Situation in den Ländern des arabischen Raums sind, kamen die Proteste in Tunesien völlig überraschend. Nichts hatte uns darauf vorbereitet, dass in einem der angeblich stabilsten Länder Nordafrikas eine solche Welle des Zorns losbrechen würde. Im Nachhinein wussten so manche Experten zu berichten, sie hätten dies alles kommen gesehen. Während die Ereignisse in Tunesien ihren Lauf nahmen, versicherten uns dieselben Kommentatoren, dass die Situation dort einzigartig sei, mit der in den Anrainerstaaten nicht zu vergleichen. Ein Übergreifen auf Ägypten, auf Algerien sei keineswegs zu erwarten. Auch diese Einschätzung wurde binnen weniger Tage Lügen gestraft.

Was hat, so werden Sie sich fragen, dieser Exkurs in die Tagespolitik mit unserem Thema zu tun? Aus meiner Sicht lässt sich an den jüngsten Ereignissen dreierlei ablesen:

1. sind die Kulturwissenschaften als hermeneutische Disziplinen heute so unverzichtbar wie nie zuvor. In einer zunehmend vernetzten und globalisierten Welt hängt der Fortbestand der Sicherheit und der Wohlstand der Weltbevölkerung ganz erheblich davon ab, ob es uns gelingt, ein zusammenhängendes Bild der menschlichen Kulturen und ihrer Beziehungen untereinander zu gewinnen. Intuition hat nie ausgereicht, um das Miteinander der Menschen in eine stabile Balance zu bringen. Das lehrt uns die Geschichte der Kriege und Vertreibungen. Doch in der heutigen Zeit, in der das andere Ende der Welt nur einen Mausklick entfernt ist, in der die Fülle dessen, was wir übereinander wissen könnten, bei weitem das übersteigt, was wir erfassen können, in der die wirtschaftlichen und kulturellen Verflechtungen ein ungeahntes Maß an Verdichtung erreicht haben, sind wir ohne gegenseitiges Verstehen schlechterdings verloren. Die Natur-, Ingenieur- und Wirtschaftswissenschaften können einen entscheidenden Beitrag dazu leisten, drängende Menschheitsprobleme, etwa in den Bereichen Gesundheit, Ernährung oder Umwelt, zu lösen. Um die mit dem Prozess der Globalisierung einhergehenden kulturellen Verwerfungen auf ein verkraftbares Maß zu reduzieren, werden jedoch die Verstehenswissenschaften nach wie vor, ja sogar mehr denn je benötigt, wie nicht zuletzt der „Human Arab Report" eindrücklich belegt hat.

2. erfordern die zunehmend komplexen Zusammenhänge ein immer stärker interdisziplinär ausgerichtetes Zusammenarbeiten. Der Druck auf

die Hochschulen ist erheblich. Nationale und internationale Drittmittelgeber fordern und fördern die disziplinenübergreifende Bearbeitung von Forschungsfragen. Entsprechend lässt sich ein kontinuierlich wachsender Bereich von Forschungsaktivitäten beobachten, die genau diesen Anspruch umzusetzen suchen. Dies gilt für alle Wissenschaftszweige. Die herkömmlichen Strukturen an den Universitäten tun sich jedoch weiterhin schwer damit, dieses notwendige Zusammenwirken, über die persönlichen Kontakte zwischen Wissenschaftlern hinaus, zu institutionalisieren. Wo dies nicht gelingt, bleibt Interdisziplinarität viel zu häufig auf einige wenige Leuchttürme beschränkt, während im Alltag von Forschung und Lehre Insellösungen fortbestehen. Um jedoch zu verstehen und seinen Studierenden zu vermitteln, wie es zu den aktuellen Protesten in Tunesien oder Ägypten gekommen ist und, noch wichtiger, worauf sie zusteuern, genügt es nicht, eine der in Frage kommenden Einzeldisziplinen zu befragen. Weder eine traditionelle, philologisch-historisch ausgerichtete Arabistik noch die bis heute stark an westlichen Erfahrungen und Gegebenheiten orientierte Politikwissenschaft weiß hier die Antwort. Nur ein disziplinenübergreifender Ansatz ist in der Lage, die Vielschichtigkeit und Interdependenz der kulturellen Äußerungen einigermaßen angemessen abzubilden.

3. Die Fragmentierung der Welt in säuberlich voneinander abzuhebende Gegenstandsbereiche war von Anfang an eine Konstruktion, der wesentliche Bereiche der Realität entgingen. Als Arbeitshypothese hat sie aber gute Dienste geleistet, solange diese Welt im Wesentlichen universalistisch und eurozentristisch organisiert war. Ein Aspekt der Globalisierung ist jedoch, dass die hierarchische Einteilung in Zentrum und Peripherie unwiderruflich zu Ende geht. Hieran haben die neuen Medien einen nicht unerheblichen Anteil. Sie stellen die Gleichzeitigkeit aller Ereignisse her, indem sie diese in rasender Geschwindigkeit über den Erdball verbreiten. Sie demokratisieren die Verfügbarkeit von Information über alles, was irgendwo auf der Welt passiert. Sie tragen dazu bei, dass Menschen sich miteinander vernetzen, unabhängig von den ihnen qua Herkunft mitgegebenen Identitäten. Staatliche, politische, regionale Grenzen verlieren an Bedeutung. Zugleich wächst die Möglichkeit, sich über das weltweite Netz mit Gleichgesinnten zusammenzuschließen, neue Identitäten und Gemeinschaften zu begründen. Staatlich gesteuerte Kollektive werden durch selbst gebildete Subkulturen ersetzt. Überall auf der Welt entstehen neue Zentren, erheben sich Stimmen, die an dem globalen Diskurs beteiligt werden wollen. Die Wissenschaft, die sich viel darauf zugutehält, dass sie in aller Regel Antworten für alle Menschen liefert, sollte hier mit gutem Beispiel voran gehen. Interdiszipli-

narität und Internationalität der Wissenschaft gehen Hand in Hand. Und so kann, um ein letztes Mal mein Beispiel zu bemühen, heutzutage ein gültiges Bild von den Umwälzungen im Nahen Osten nicht mehr ohne Beteiligung der Wissenschaftlerinnen und Wissenschaftler aus den beteiligten Ländern selber gezeichnet werden. Diese Erweiterung der Perspektiven, diese Mehrstimmigkeit des wissenschaftlichen Diskurses ist der Dreh- und Angelpunkt aller derzeitigen Internationalisierungsbestrebungen. Mobilität und Kooperation sind wichtige Elemente, um diesen Prozess voranzutreiben. Doch eigentliches Ziel von Internationalisierung ist die inhaltliche, fachliche, methodische und didaktische Bereicherung der Wissenschaft um die Fragestellungen und Lösungsansätze, die in anderen Weltregionen, vor dem Hintergrund anderer Erfahrungen und Bedingungen, gemacht werden.

Lassen Sie mich also meine eingangs gestellte Frage mit einem klaren Ja beantworten: Die Kulturwissenschaften werden heute dringender denn je benötigt, um die zunehmend globalisierte Welt erklären zu helfen. Ihrer Aufgabe können sie jedoch nur gerecht werden, wenn sie konsequent auf Interdisziplinarität und Internationalität setzen. Hierzu gibt es, insbesondere im Bereich der Spitzenforschung, bereits gute Ansätze. Diese gilt es so flächendeckend wie möglich auf die ganze Universität zu übertragen. Dabei ist darauf zu achten, dass insbesondere die Lehre von den neuen Erkenntnissen im Bereich der Forschung profitiert. Denn nur so profitieren auch die Studierenden von den erweiterten Perspektiven.

Damit dies alles nun aber nicht wie Zukunftsmusik klingt oder gar wie Traumtänzerei, möchte ich abschließend ein Beispiel guter Praxis aus Ihrer Universität anführen, bei dem dies alles, wie mir scheinen will, schon heute vorbildlich gelöst ist. Es handelt sich um das Institut für Ethnologie und Afrikastudien in Ihrem Fachbereich 7 „Geschichts- und Kulturwissenschaften". Dieses Institut ist eine interdisziplinäre Einrichtung, in der die ethnologische, kulturwissenschaftliche, soziologische und philologische Beschäftigung mit Afrika miteinander verschränkt sind. Auf der Website des Instituts liest sich das so: „Das Institut zeichnet sich durch eine in Deutschland einmalige Bandbreite der Lehr- und Forschungsaktivitäten aus, die nicht nur die klassischen Themen der Ethnologie, sondern auch Entwicklungssoziologie und -politik und die moderne populäre Kultur (insbesondere Literatur, Musik, Theater und Film) sowie die Sprachen Afrikas umfassen. Dabei gilt das besondere Interesse der Lehre und Forschung am Institut dem zeitgenössischen Afrika. Großer Wert wird auf die Zusammenarbeit mit afrikanischen Kollegen gelegt, ohne die Afrikawissenschaften heute nicht mehr denkbar sind."[171] Ohne einen genaueren Einblick in den Alltag an

---

[171] Institut für Ethnologie und Afrikastudien, Johannes-Gutenberg Universität Mainz, http://www.ifeas.uni-mainz.de/info/Ueberinstitut.html (23. Februar 2011).

diesem Institut zu haben, der sicherlich wie überall auch seine Tücken hat, kann ich nur sagen: An einem Ort, an dem die Kulturwissenschaften so aufgestellt sind, braucht man sich um die Attraktivität im In- und Ausland keine Sorgen zu machen.

Im zweiten Teil meines Vortrags stelle ich die Frage nach dem Status Quo, also:
2. Sind die deutschen Kulturwissenschaften international nachgefragt?

Eine erste Antwort können die Zahlen internationaler Studierender und deren Entwicklung in den letzten Jahren liefern.

Bitte sehen Sie es mir nach, dass ich, vielleicht aufgrund einer gewissen *déformation professionnelle*, einer berufsbedingten Voreingenommenheit, ausschließlich die internationale Attraktivität in den Blick nehme. Die Entwicklung der Nachfrage aus dem Ausland erscheint mir in der Tat besonders aussagekräftig, da sich die Zahl der mobilen Studierenden weltweit in den letzten Jahren sehr dynamisch entwickelt hat. Derzeit liegt sie bei mehr als drei Millionen Studierenden. Um diese klugen Köpfe aus aller Welt ist ein weltweiter Wettbewerb entbrannt, und so ist die Frage, wie viele von ihnen den Weg nach Deutschland finden, ein guter Indikator für die Wettbewerbsfähigkeit unserer Hochschulen und die Attraktivität unserer Angebote.

Bevor ich auf die zahlenmäßige Entwicklung in den Kulturwissenschaften näher eingehe, möchte ich zunächst ein paar allgemeine Eckwerte ins Gedächtnis rufen. Die Attraktivität des Studienstandorts Deutschland scheint im Großen und Ganzen ungebrochen. Deutschland ist zwar, den neuesten OECD-Zahlen nach, inzwischen von Platz 3 auf Platz 4 der Hitliste der weltweit attraktivsten Studienländer zurückgefallen, nach den USA, Großbritannien und Australien Dennoch bleibt dies ein respektables Ergebnis, vor allem, wenn man bedenkt, dass die drei ersten Plätze von englischsprachigen Ländern belegt sind. Gründe hierfür dürften sein:

- das Image von Deutschland als High-Tech-Land einerseits, als Land der Dichter und Denker andererseits,

- das hohe Niveau der Ausbildung an unseren Hochschulen und deren gute Ausstattung,

- die hohe Lebensqualität in Deutschland verbunden mit vertretbaren Lebenshaltungskosten,

- das Fehlen von Studiengebühren in nennenswerter Höhe,

- die zahlreichen Stipendienangebote, insbesondere der Alexander-von-

Humboldt Stiftung und des DAAD,

- das engagierte Marketing, das deutsche Hochschulen, auch mit Unterstützung des DAAD, seit nunmehr zehn Jahren betreiben.

Leider verfügen wir über keine gesicherten Informationen, welcher dieser Aspekte wie ausschlaggebend ist. Doch wie dem auch sei: Die Gesamtzahl der Studierenden aus dem Ausland steigt nach einer Delle, deren tiefster Punkt im Jahr 2008 erreicht war, allmählich wieder an und liegt derzeit bei 240.000 Studierenden.[172] Knapp 177.000 davon sind an Universitäten eingeschrieben. Was die Disziplinen angeht, liegt die Gruppe der Rechts-, Wirtschafts- und Sozialwissenschaften mit etwa 45.000 Studierenden, also 25%, an erster Stelle, dicht gefolgt von den Sprach- und Kulturwissenschaften mit etwa 44.000 Studierenden. Damit stellen beide Fächergruppen zusammen fast die Hälfte aller ausländischen Studierenden an deutschen Universitäten. Dies entspricht übrigens ziemlich exakt dem Anteil, den die beiden Fächergruppen seit Jahren an der Studierendenschaft in Deutschland, Deutsche und Ausländer zusammengenommen, insgesamt haben. Als einen ersten Befund können wir also festhalten: Die beiden Fächergruppen „Rechts-, Wirtschafts- und Sozialwissenschaften" und „Sprach- und Kulturwissenschaften" scheinen für deutsche und ausländische Studierende gleichermaßen attraktiv zu sein und ziehen etwa die Hälfte aller Studierenden auf sich.

Die Aussagekraft dieses Ergebnisses für unser Thema wird allerdings durch den Zuschnitt der Fächergruppen, wie sie die Amtliche Statistik vorgibt, gemindert. Während die Gruppe der „Sprach- und Kulturwissenschaften" weitgehend das geisteswissenschaftliche Fächerspektrum abdeckt, enthält die Gruppe der „Rechts-, Wirtschafts- und Sozialwissenschaften" zwei große nicht-sozialwissenschaftliche Fächer, nämlich Jura und Wirtschaftswissenschaften. Von den ausländischen Studierenden in dieser Fächergruppe sind wiederum etwa die Hälfte angehende Wirtschaftswissenschaftler, etwa ein Viertel Juristen und nur ein knappes Viertel Sozialwissenschaftler. Um es in absoluten Zahlen auszudrücken: Im Jahr 2008 studierten 43.688 Geisteswissenschaftler mit ausländischem Pass in Deutschland, darunter 12.720 Germanisten. Im gleichen Jahr lag die Zahl der in Deutschland studierenden ausländischen Sozialwissenschaftler bei nur 8.412. Hierin sind mit nur 460 Studierenden auch die Regionalwissenschaften enthalten. Dies führt uns zu einem zweiten Ergebnis: Die Zahl der ausländischen Studierenden in den klassischen geisteswissenschaftlichen Disziplinen liegt etwa fünfmal so hoch wie die in den Sozialwissenschaften. Allein die Germanistik ist um ein Drittel stärker vertreten als alle sozialwissenschaftlichen Fächer zusam-

---

[172] Diese und die folgenden Zahlen stammen aus: Deutscher Akademischer Austauschdienst: Wissenschaft weltoffen 2010. Daten und Fakten zur Internationalität von Studium und Forschung in Deutschland. Bielefeld2010, http://www.wissenschaftweltoffen.de/publikation/wiwe_2010_mit_ bookmarks.pdf (23.02.2011).

men. Werfen wir abschließend noch einen Blick auf die internationalen Studierenden in einigen besonders stark vertretenen geisteswissenschaftlichen Fächern außerhalb der Germanistik: An erster Stelle liegen hier die Erziehungswissenschaften mit etwa 4.500 Studierenden, gefolgt von der Anglistik – 3.800 Studierende - und der Romanistik – 3.200 Studierende. Das Schlusslicht bilden die Bibliothekswissenschaften mit gerade mal 62 Studierenden aus dem Ausland. Ohne jetzt im Detail vergleichen zu wollen, inwieweit die Verteilung der ausländischen Studierenden auf die einzelnen Fächer von der der deutschen Studierenden abweicht, lässt sich doch Folgendes festhalten: Die Germanisten führen unter den ausländischen Studierenden der Kulturwissenschaften mit Abstand. Innerhalb der Kulturwissenschaften gibt es bei den ausländischen Studierenden, genau wie bei ihren deutschen Kommilitonen, eine große Bandbreite zwischen Massenfächern und den sogenannten Orchideen. Vermutlich ähnelt die Beliebtheitsskala der Fächer bei den beiden Studierendengruppen einander im Großen und Ganzen. Und es ist davon auszugehen, dass sich die Situation im jeweiligen Fach, für *alle* Studierenden, sehr unterschiedlich darstellt, je nachdem, ob mehrere Tausend in einem Semester eingeschrieben sind oder eine Handvoll.

Nach so viel Zahlenspielerei ist es nun an der Zeit, uns stärker qualitativen Aspekten zuzuwenden. Sicherlich ist es erfreulich zu hören, dass die Zahl der internationalen Studierenden der Kulturwissenschaften mit mehr als 50.000 Studierenden in der zu erwartenden Größenordnung liegt. Doch ist damit erstens nicht bewiesen, dass diese Studierenden das hiesige Wissenschaftssystem positiv einschätzen. Zweitens bleibt unklar, wie viele von ihnen ihr Studium erfolgreich abschließen werden. Und drittens ist nicht gesagt, dass es uns dauerhaft gelingen wird, diese an den Studien- und Forschungsstandort Deutschland zu binden.

Sehr viel aussagekräftiger erscheint mir daher, wie die Internationalität der Kulturwissenschaften in Deutschland von ausländischen, aber auch von deutschen Nachwuchswissenschaftlern und Forschern gesehen wird. Bei meiner Darstellung stütze ich mich zum einen auf die Ergebnisse einer Konferenz zur Positionsbestimmung der Geisteswissenschaften, die die Freie Universität Berlin und der DAAD 2007, im Jahr der Geisteswissenschaften, veranstaltet haben. Teilnehmer an der Veranstaltung waren in erster Linie DAAD-geförderte Doktoranden aus dem Ausland. Auf Initiative dieser Nachwuchswissenschaftler fand noch im selben Jahr eine Fortsetzung des in Berlin begonnenen Diskurses an der Justus-Liebig-Universität Gießen statt. Und schließlich möchte ich von den Resultaten einer Erhebung berichten, die das Hochschul-Informations-System Hannover im Auftrag des Bundesministeriums für Bildung und Forschung durchgeführt hat und an deren Erstellung ich die Ehre hatte, als Mitglied des Wissenschaftlichen Beirats beteiligt zu sein.

Beginnen wir mit der BMBF / HIS-Studie „Die internationale Positionierung der Geisteswissenschaften in Deutschland".[173] Anhand von Interviews und einer Online-Befragung wurden Geisteswissenschaftler im In- und Ausland befragt. Über 1.200 Antworten konnten ausgewertet werden. Wesentliche Ergebnisse der Umfrage waren:

1. Das internationale Renommee der deutschen Geisteswissenschaften ist hoch. Insbesondere wird hier genannt: eine gut ausgestattete Bibliotheks-, Archiv- und Museumslandschaft und das umfangreiche Quellenmaterial, gute Fördermöglichkeiten, hohes methodisches und fachliches Niveau, das allerdings, so wird eingeschränkt, stark vom „Glanz der alten Meister" lebt.

2. Die Durchlässigkeit des deutschen Systems wird überwiegend kritisch gesehen, insbesondere die Möglichkeit, in den inneren Zirkel zu gelangen oder gar auf einen Lehrstuhl berufen zu werden. In der Kritik stehen besonders die – fehlenden - Karrierechancen für Nachwuchswissenschaftler.

3. Die ausdifferenzierte Forschungslandschaft und der breite Fächerkanon der kleinen Fächer werden als ein bewahrenswertes, aber gefährdetes Gut gesehen. Hier stellt sich vor allem die Frage, ob und wie dieses in die neue gestufte Studienstruktur hinübergerettet werden kann.

4. Deutsche wie ausländische Forscher beklagen, dass aufgrund der nach wie vor hochgradig individualisierten geisteswissenschaftlichen Forschung in Deutschland die internationale Vernetzung wenig institutionalisiert ist und stärker als in anderen Fächern von persönlichen Netzwerken abhängt.

5. Deutsch ist als Wissenschaftssprache nur noch in Teildisziplinen der Geisteswissenschaften international anerkannt. Deutschsprachigkeit kann sich daher negativ auf die Rezeption von Forschungsergebnissen auswirken.

Diese Bestandsaufnahme wird Sie vermutlich nicht allzu sehr überraschen. Sie deckt sich in wesentlichen Punkten mit den Ergebnissen der Empfehlungen des Wissenschaftsrates zur Entwicklung und Förderung der Geisteswissenschaften

---

[173] Lars Fischer/Karl-Heinz Minks: Die internationale Positionierung der Geisteswissenschaften in Deutschland. Hannover: HIS Hochschul-Informations-System GmbH 2010.

aus dem Jahr 2006. Einige der angesprochenen Punkte sind für die Kulturwissenschaften symptomatisch, andere betreffen das deutsche Wissenschaftssystem als Ganzes. Im Folgenden möchte ich auf jeden der genannten Punkte in ein paar Stichworten gesondert eingehen.

Beginnen wir mit dem Aspekt, den die Befragten uneingeschränkt positiv beurteilen, nämlich dem internationalen Renommee der deutschen Geisteswissenschaften. Die Zufriedenheit bezieht sich zunächst auf die gute Ausstattung unserer Bibliotheken und Archive, dann aber auch auf die reiche Museumslandschaft, überhaupt das breite kulturelle Leben in Deutschland. Wir alle wissen, dass die öffentliche Förderung von Kultur in Deutschland eine lange Tradition hat und sich, ebenso wie unser stetes Klagen, auf einem hohen Niveau bewegt. Wir erleben aber auch, dass in Zeiten knapper Kassen die Versuchung groß ist, bei der Kultur – und die Hochschulen schließe ich hier ein - den Rotstift anzusetzen. Und wir sollten, bei aller Bejahung von Profilbildung und Exzellenzförderung, auch ein Auge darauf haben, dass die Kluft zwischen hervorragend ausgestatteten Forschungsnischen und der Restuniversität nicht zu groß wird. Eine Stärke der deutschen Kulturlandschaft war und ist ihre hohe Qualität in der Breite. Diese sollte nicht aufs Spiel gesetzt werden. Ich spreche hier ganz bewusst die Kulturlandschaft als Ganze und nicht nur die Hochschulen an. Denn die Attraktivität des kulturwissenschaftlichen Studiums in Deutschland ist auch eng verbunden mit der Strahlkraft unseres kulturellen Lebens insgesamt. Die Museums-, Theater- und Konzertdichte in Deutschland gehört sicher mindestens im selben Maße wie die Öffnungszeiten der Universitätsbibliothek zu den Anziehungspunkten für kulturbegeisterte junge Menschen aus aller Welt. Die Hochschulen sitzen also schon deshalb in einem Boot mit den anderen kulturellen Einrichtungen. Da könnte es nicht schaden, wenn dieser Zusammenhang öfter mitgedacht und akademisches Leben konsequent als Element der städtischen und regionalen Kultur begriffen würde. Und vielleicht wäre dies auch ein erster Schritt dazu, dem von den befragten Geisteswissenschaftlern vorgebrachten kleinen Vorbehalt, man zehre vom alten Glanz, entgegenzuwirken.

Dies führt uns zu dem Kritikpunkt, das Wissenschaftssystem sei nicht hinreichend durchlässig und biete dem Nachwuchs keine ausreichenden Entwicklungsperspektiven. Die Rede vom Fehlen von *tenure track* als einer kalkulierbaren Karriereoption ist zwar sattsam bekannt, bleibt aber wichtig. Die Kritik betrifft natürlich nicht die Geisteswissenschaften allein. Hier stellt sie sich aber aufgrund der insgesamt schwierigeren Arbeitsmarktsituation verschärfter als in anderen Disziplinen dar. Während der Ingenieurnachwuchs aus dem Ausland derzeit zumindest in den deutschen Medien – und immerhin auch von einigen Unternehmen - umworben wird, sind die Chancen junger Kulturwissenschaftler aus dem Ausland, in Deutschland an Hochschule oder Kultureinrichtung eine Beschäftigung zu finden, eher gering. Doch auch wenn der heimische Arbeitsmarkt in diesen Fächern bekanntlich ausreichend Absolventen hervorbringt, um

Auch in Zukunft attraktiv? 157

die verfügbaren Stellen zu besetzen, sollten wir alles daran setzen, mehr Kulturwissenschaftler und Kulturmanager mit internationalem Hintergrund für eine Tätigkeit in Deutschland zu gewinnen. Andernfalls verstärkt sich die schon jetzt sich abzeichnende Tendenz zu stark international geprägten Mitarbeiterteams in Industrie und Wirtschaft, während ausgerechnet im Kulturbereich die Deutschen weiterhin unter sich bleiben. Wie sehr Attraktivität der Hochschulen und Berufschancen außerhalb der Universität miteinander zusammenhängen, zeigt das Beispiel der Musikhochschulen. Der Anteil ausländischer Studierender liegt dort bei etwa einem Drittel aller Studierenden und wächst beständig.[174] Insbesondere junge Musiker aus Korea, China und Japan zieht es an deutsche Musikhochschulen. Hauptgrund ist, neben dem Renommee Deutschlands als Wiege klassischer Komponisten und der guten Ausbildung, die im internationalen Vergleich immer noch hervorragende Orchesterlandschaft. Interessant ist in diesem Zusammenhang ein Blick auf die Fächerverteilung bei den Doktoranden aus dem Ausland. Hier liegen die Mathematiker und Naturwissenschaftler mit 40% aller ausländischen Doktoranden doppelt so hoch wie die Sprach- und Kulturwissenschaftler. Mathematik, Natur- und Ingenieurwissenschaften sind auch die einzigen Fachrichtungen, deren Anteil an der Gesamtzahl der Doktoranden bei den ausländischen Doktoranden höher liegt als bei den deutschen. Der Grund liegt auf der Hand: In diesen Fächern gibt es einen Bedarf, den der heimische Markt nicht decken kann, sowohl in der universitären Forschung wie in den Unternehmen. Also werden ausländische Nachwuchswissenschaftler umworben, und das mit Erfolg. Dies schlägt mittlerweile auch schon auf den Prozentsatz an wissenschaftlichem Personal aus dem Ausland durch: Während die Sprach- und Kulturwissenschaften mit 10% im statistischen Mittel liegen, stammen in der Gruppe der „Mathematik- und Naturwissenschaften" immerhin schon 13% der Wissenschaftler aus dem Ausland.[175] Auch wenn die Situation in den Geisteswissenschaften eine andere ist: Es geht auf Dauer nicht an, dass der Anteil des ausländischen Nachwuchses im Studium hoch ist, im weiteren Verlauf der wissenschaftlichen Karriere jedoch kontinuierlich zurückgeht.

Auf die Kleinen Fächer möchte ich nur ganz kurz eingehen. Damit hat sich gestern bereits ein von Herrn Professor Franz moderiertes Panel ausführlich beschäftigt. Ich möchte daher nur bekräftigen, für wie wichtig ich den Fortbestand der Kleinen Fächer auch und gerade unter den Vorzeichen von Bologna halte. Der Atlas der Kleinen Fächer, den die Potsdamer Arbeitsstelle unter Beteiligung der Hochschulrektorenkonferenz gerade neu aufarbeitet, ist hier ein überaus wertvolles Instrument. Seitens des DAAD sind wir davon überzeugt, dass insbe-

---

[174] Nähere Informationen enthält die HIS-Pressemitteilung vom 28.09.2010: Deutsche Kunst- und Musikhochschulen bei ausländischen Studierenden beliebt, http://www.his.de/presse/news/ganze_pm? pm_nr=732 (23.02. 2011).
[175] Fischer/Minks 2010, S. 16.

sondere der Erhalt der kleinen Regionalwissenschaften höchste Priorität hat. Die Hochschulen sollten daher den Spielraum, vierjährige Bachelorstudiengänge zu entwickeln, gerade in den Fächern nutzen, in denen Spracherwerb eine ebenso zeitintensive wie unerlässliche Übung ist. Ein sinnvolles Instrument kann hier das vom DAAD angebotene Bachelor Plus-Programm sein, das den Aufbau vierjähriger Bachelorprogramme mit einjähriger Auslandsphase unterstützt. Während eher generalistische, interdisziplinäre Curricula für manche regionalwissenschaftlichen Bachelorstudiengänge sinnvoll sein mögen, ist in den stark philologisch und sprachlich orientierten Fächern zu viel Breite schädlich. Hier wird von Anfang an eine Konzentration auf das ohnehin umfangreiche Grundlagenwissen benötigt. Neben fachübergreifenden Studiengängen sollte daher auch der Fortbestand spezialisierter philologischer Ausbildungen gesichert werden.

Internationale Vernetzung läuft in den Kulturwissenschaften naturgemäß stärker über den Einzelnen als über Gruppen und Projekte. Dies entspricht der Arbeitsweise in den Fächern. Dennoch hat sich auch in den Kulturwissenschaften in den letzten Jahren viel verändert. Graduiertenschulen, internationale Konferenzen, drittmittelfinanzierte Verbundprojekte: dies alles hat längst schon in den Alltag Einzug gehalten. Die neuen Medien haben es zudem leichter gemacht, Netzwerke zu bilden und Kontakte zu halten, auch ohne Forschungsgelder. Junge Forscher möchten diese Möglichkeiten nutzen und sehen darin ein Element von Selbstbestimmung, vielleicht auch von Emanzipation von einem als schwerfällig und hierarchisch wahrgenommenem Wissenschaftssystem. Dies haben die ausländischen Doktoranden, die 2007 an den beiden Konferenzen in Berlin und Gießen teilgenommen haben, sehr deutlich gemacht. Dabei geht es nicht in erster Linie um die Demonstration medialer Überlegenheit seitens der Generation der *digital natives*. Viel entscheidender sind die Erweiterung der Perspektiven und die Demokratisierung des Diskurses, die sie sich, ob zu Recht oder Unrecht, von den digitalen Netzwerken versprechen.

Dies führt uns zu dem letzten Punkt, der Frage nach der Sprache. Die Sprache des weltweiten Netzes ist Englisch, nicht Deutsch. Daran gibt es nichts zu deuteln. Doch die Sprache vieler kulturwissenschaftlicher Schlüsselwerke, von Max Weber bis zu Rudolf Stichweh, ist Deutsch. Um die deutsche Denktradition zu verstehen, ist die Lektüre der Originaltexte bis heute unerlässlich. Um uns nicht vom weltumspannenden Diskurs auszuschließen, müssen wir auf Englisch kommunizieren und publizieren. Gerade in den Geisteswissenschaften birgt die sprachliche Monokultur des Englischen die Gefahr der Verarmung. Doch das einseitige Beharren auf dem Deutschen reduziert die Zahl der möglichen Gesprächspartner und Leser dramatisch. Wie immer, wenn man sich in einem unauflösbaren Dilemma befindet, gibt es nur einen Weg: das Eine tun und das Andere nicht lassen. Der DAAD hat in dieser Gratwanderung über die Jahre erhebliche Virtuosität entwickelt. In den neunziger Jahren haben wir uns für die Schaffung der ersten englischsprachigen Bachelor- und Masterkurse an deutschen

Hochschulen eingesetzt. Die Kommunikation mit unseren Stipendiaten verläuft schon seit langem zumindest auch auf Englisch. Gleichzeitig setzen wir alles daran, die Rolle des Deutschen in der Welt und insbesondere in der Wissenschaft zu stärken. Dies beginnt bei den Stipendien für einen Studien- und Forschungsaufenthalt in Deutschland und den fast 500 Lektoren, die wir an Hochschulen in aller Welt vermitteln und die dort nicht nur Deutsch unterrichten, sondern auch die Vorzüge eines Studiums in Deutschland bekanntmachen. Das geht weiter mit der Förderung deutschsprachiger Studiengänge im Ausland, der Unterstützung von Partnerschaften zwischen germanistischen Instituten in Deutschland und Ländern in Osteuropa und GUS, aber auch in Asien, Lateinamerika und Afrika, der Förderung von DaF-Masterstudiengängen im In- und Ausland sowie der Unterstützung von Germanistikinstituten weltweit in ihrer Rolle als Ausbilder von Multiplikatoren für die deutsche Sprache. 2010 wurde ein Memorandum zu „Deutsch als Wissenschaftssprache" verabschiedet, das unter anderem in dem Ausbau der Deutschlernangebote für unsere Stipendiaten seinen Niederschlag gefunden hat. Über den Pidgin-Charakter des Wissenschaftsenglisch ist viel gespöttelt worden. Die Erfahrung, dass gerade komplexe Sachverhalte sich in einer Fremdsprache nur unvollkommen ausdrücken lassen, hat jeder von uns schon gemacht. Wenn alle sich auf den kleinsten gemeinsamen Nenner verständigen, geht vieles verloren. Und doch zeigt die Praxis, dass andere Sprachen als das Englische im internationalen Kontakt nur noch in bilateralen Nischen Anwendung finden. Es wird also wohl auch auf längere Sicht keine Alternative dazu geben, den eingeschlagenen Schlingerkurs fortzusetzen. Das heißt vor allem, je nach Situation zu entscheiden und alle Dogmatik beiseite zu lassen.

3. Wie können wir die Attraktivität der Kulturwissenschaften sichern?

In meiner abschließenden Betrachtung soll es darum gehen, ganz unabhängig von Fragen der Verteilung von Forschungsgeldern, der Nachwuchsförderung oder der Arbeitsmarktentwicklung zu erforschen, welches Selbstverständnis der Kulturwissenschaften dazu beitragen könnte, für künftige Generationen aus dem Ausland, aber auch aus dem Inland attraktiv zu bleiben.

Mein Abschlussplädoyer möchte ich, in Anlehnung an die eingangs zitierte Denkschrift „Geisteswissenschaften heute", unter drei Begriffe subsumieren, die für die Kulturwissenschaften zum einen konstitutiv sind, zum anderen aber auch bis heute Perspektiven für die künftige Entwicklung eröffnen. Diese drei Begriffe lauten: grenzüberschreitend, integrativ, dialogisch. Die Autoren der Denkschrift sehen in der Erneuerung dieser drei Funktionen die Chance zur Neubestimmung der Geisteswissenschaften als Kulturwissenschaften. Ich zitiere: „So verstanden könnten sie als Instrument interkultureller Bildung und anthropologischer Erkenntnis ihren genuinen Beitrag zum Problem einer Reintegration der technologischen Zivilisation in die gesellschaftliche Kultur der Zukunft leisten, etwas, das im gegenwärtigen Dialog aller Disziplinen wohl das Vordringlichste ist."[176]

Auf unseren Gegenstand bezogen möchte ich daraus drei Thesen ableiten:

1. Die Kulturwissenschaften müssen sich noch stärker als grenzüberschreitend bestimmen und dabei auch neue Wege gehen.

2. Die Kulturwissenschaften brauchen interdisziplinäre und internationale Vernetzung, um ihre integrative Aufgabe wahrzunehmen.

3. Die Kulturwissenschaften benötigen einen Dialog, der die verschiedenen Generationen und Kulturen, auch die außereuropäischen, stärker beteiligt.

Ich beginne mit ein paar Anmerkungen zum grenzüberschreitenden Charakter der Kulturwissenschaften:
„Geist kennt keine Grenzen", so hieß eine Konferenz, die vor ziemlich genau einem Jahr, nämlich am 25. und 26. Februar 2010 in Bonn stattgefunden hat. Veranstalter war das Bundesministerium für Bildung und Forschung. Neben der Präsentation der Ergebnisse der schon mehrfach genannten Studie wurden in mehreren Panels wesentliche Aspekte der internationalen Attraktivität der Kulturwissenschaften beleuchtet. Immer wieder wurde betont, dass die Rede von der Internationalität der Kulturwissenschaften keine bloße Globalisierungsrhetorik sei. Vielmehr habe sich das philosophische Denken, auf dem die Kulturwissenschaften fußen, von seinen Anfängen an aus dem Kulturkontakt und der Beschäftigung mit dem Fremden gespeist. Wer nur nach der Leistungsfähigkeit der Kulturwissenschaften im globalen Wettbewerb frage, greife daher zu kurz. Grenzüberschreitung wurde aber nicht nur als hermeneutische Methode postuliert, sondern auch an dem Wandel der Berufsbilder von Absolventen kulturwissenschaftlicher Studiengänge festgemacht. Diese reichten schon längst über die engen Grenzen des Wissenschafts- und Kulturbetriebs hinaus. Quereinsteiger seien in der Wirtschaft immer häufiger anzutreffen. Auch deshalb sei es an der Zeit für eine Öffnung der Kulturwissenschaften für neue Impulse und Handlungsfelder.

Den Festvortrag zum Thema „Global Pathways" hielt Professor Homi K. Bhabha von der Harvard Universität.[177] Bhabha verwies darin auf das besondere Interesse an postkolonialen Fragestellungen in Deutschland und stellte dieses in

---

[176] Wolfgang Frühwald/Hans-Robert Jauß/Reinhart Koselleck/Jürgen Mittelstraß/ Burkhart Steinwachs: Geisteswissenschaften heute. Eine Denkschrift. Frankfurt am Main 1996, S. 11.
[177] Homi K. Bhabha: Global Pathways. Festvortrag anlässlich der Konferenz „Geist kennt keine Grenzen". BMBF Bonn 25.–26.02.2010 (Sonderdruck).

den Kontext der Erfahrungen der deutschen Geschichte, insbesondere des Holocausts und der Wiedervereinigung. Grundlage des Interesses sei der humanistische Ansatz, sich dem Verständnis der eigenen Kultur über die Auseinandersetzung mit anderen Kulturen zu nähern und umgekehrt. Kulturvergleich als Methode stehe vor der Herausforderung, sich mit den Ambivalenzen einer zunehmend globalen Welt auseinanderzusetzen. Aus der konsequent kosmopolitischen Perspektive erscheine das Eigene fremd und das Fremde vertraut, eine Erfahrung, wie sie schon im west-östlichen Diwan beschrieben sei. Als Übersetzungsleistung sei diese nie abgeschlossen, bleibe ein stetes *work in progress* auf der Basis neuer Erfahrungen. War der deutsche Idealismus der Versuch, im Zeichen entstehender Nationalstaaten die Einheit des menschlichen Geistes zu beschwören, so argumentiert Bhabha, so hat dieses Denken auch Potenzial für die Stiftung neuer Identitäten in der postnationalen Ära. Und er fährt sinngemäß – ich bitte um Nachsicht für die in jeder Hinsicht stark verkürzte Wiedergabe - fort: Übersetzung im weitesten Sinne wird zur privilegierten Methode der Aneignung kultureller Diversität. Als in diesem Sinne in Bewegung bleibender Reflexionsprozess entgeht die kulturwissenschaftliche Diskussion, wenn sie auf dem sich stets erneuernden Vergleich zwischen Eigenem und Fremdem beruht, der Festschreibung von Verhältnissen, der Zementierung von Identitäten, der Selbstbestimmung allein aus der Differenz. Die Produktion von Texten, die Konstruktion des Erkenntnisgegenstands sind Grundlagen der kulturwissenschaftlichen Arbeit. Die stete Spannung zwischen objektivierendem Erfassen und ästhetischer Erfahrung führt dazu, dass „The Humanities build communities rather than models."[178] Damit leisten sie einen einzigartigen Beitrag zur Selbstverständigung der in gleichem Maße beständig zusammenwachsenden und auseinander driftenden Weltgemeinschaft. In diesem Sinne verstehe ich Bhabhas Appell für die grenzüberschreitende Kraft der hermeneutischen Methode als einen, der über Fragen von Mobilität und internationaler Forschungskooperation weit hinausgeht und die Aktualität der Kulturwissenschaften weniger als Verstehens- denn als Verständigungswissenschaften postuliert.

Hierbei möchte ich es, was das Stichwort „Grenzüberschreitung" angeht, bewenden lassen. Ich komme nun zu dem zweiten Aspekt: der integrativen Rolle der Kulturwissenschaften. Diese erstreckt sich sowohl auf die Integration verschiedener Disziplinen als auch auf die unterschiedlicher nationaler Wissenschaftskulturen. Da der disziplinäre Zuschnitt der Welt des Faktischen je nach Wissenschaftstradition variiert, spricht einiges dafür, interdisziplinäre und internationale Integration zusammen zu denken. Ganz in diesem Sinne spricht sich Bhabha in seinem Vortrag dezidiert dafür aus, in der postkolonialen Integration verschiedener disziplinärer Ansätze mehr zu sehen als das Verlangen unterschiedlicher gesellschaftlicher Minderheiten nach angemessener Berücksichti-

---

[178] Bhabha 2010, S. 10.

gung. Vielmehr geht es aus seiner Sicht um eine Zusammenschau der Bedingungen globaler Wissensproduktion. „Global interdisciplinarity (if I might coin a phrase) increases the integration of existing fields of study and, in many instances, produces a connected map of learning."[179] Eine solche interaktive Weltkarte des Lernens kann allerdings nur entstehen, wenn von vielen Orten und Hintergründen Beiträge geleistet werden. Die fachliche Vernetzung deutscher Kulturwissenschaftler ist aber, den Ergebnissen der zitierten HIS / BMBF-Studie zufolge, regional nach wie vor stark auf einige westliche Länder zugeschnitten, allen voran die USA, gefolgt von Großbritannien und Frankreich. Bei den Herkunftsländern von wissenschaftlichem Personal aus dem Ausland zeigt sich eine ähnliche Tendenz. Hier bilden Frankreich, Großbritannien, Spanien, Italien und die USA das Spitzenfeld. Es fällt zudem auf, dass sich unter den zwanzig häufigsten Herkunftsländern nur fünf nichteuropäische Staaten befinden.[180] Es bleiben also eine Reihe weißer Flecken auf der Landkarte, die das Entstehen eines umfassenden Bildes beeinträchtigen oder gar verhindern. „Umfassend" ist hier aber nicht gleichbedeutend mit „vereinheitlicht" oder gar „universell gültig". Anzustreben ist die Vielstimmigkeit des Diskurses, nicht dessen Uniformisierung. Oder, mit den Worten von Ansgar Nünning: „Aus den durch die Vielfalt der Gegenstände, Ansätze und Perspektiven unweigerlich entstehenden Spannungen jedoch ein Argument für eine größtmögliche Vereinheitlichung zu formulieren, wäre meines Erachtens völlig fehlgeleitet. Vielmehr sollte die gerade für die Geisteswissenschaften kennzeichnende Vielfalt der Forschungsgegenstände (z.B. Geschichten, Literaturen, Sprachen) und Forschungstraditionen im Zuge der Internationalisierung nicht nur unbedingt bewahrt werden, sondern auch selbst Gegenstand selbstreflexiver Forschung etwa zur Wissenschaftsgeschichte und der kulturell variablen Konstruktion von Wissensordnungen werden."[181]

Bezieht sich das Postulat der Grenzüberschreitung und Integration in erster Linie auf die Erkenntnismethode, also die Forschung, so geht es bei der Forderung nach Dialog stärker um die Art und Weise der wissenschaftlichen Kommunikation, mithin um die Lehre. Dass die deutschen Kunst- und Musikhochschulen so viele Studierende aus dem Ausland anziehen, liegt, neben den bereits genannten Gründen, auch an dem in diesen Disziplinen vorherrschenden Lehrstil. Die Ausbildung basiert auf einem engen Meister –Schüler Verhältnis, Einzelunterricht ist die Regel. Ziel der Lehre ist es, den Einzelnen in seiner individuellen künstlerischen Entwicklung voranzubringen. Aus heutiger Sicht mag dies fast schon grotesk klingen, doch auch die Bologna-Reform ist einst angetreten, den einzelnen

---

[179] Bhabha 2010, S. 11.
[180] Deutscher Akademischer Austauschdienst 2010, S. 16.
[181] Ansgar Nünning: Internationalisierung der Doktorandenausbildung und Forschung. In: Klaus W. Hempfer/Philip Anthony (Hg.): Zur Situation der Geisteswissenschaften in Forschung und Lehre. Eine Bestandsaufnahme aus der universitären Praxis. Stuttgart 2009, S. 139.

Studierenden wieder ins Zentrum der universitären Lehre zu rücken. „Studierendenzentriertes Lernen" ist kein schöner Begriff, meint aber im Grunde nichts anderes als einen auf die jeweilige Person und ihre Interessen zugeschnittenen akademischen Parcours. Und wie anders lässt dieser Parcours sich denken denn als forschendes Lernen? Und so beende ich diesen Vortrag mit einem Rekurs, den Sie vielleicht schon die ganze Zeit erwartet haben, so nahe liegend ist es, dass die Beschäftigung mit der Rolle der Geisteswissenschaften irgendwann dorthin führt. Ich spreche – Sie werden es erraten haben - vom Humboldtschen Geist, der sich ja dem Vernehmen nach auf immer vom alten Kontinent verabschiedet und in den amerikanischen *Humanities* sein neues Zuhause gefunden hat. Hans Ulrich Gumbrecht, der in Stanford lehrt, hat ihn dort wiederentdeckt und den deutschen Geisteswissenschaftlern 2010 in einer beachtenswerten Osnabrücker Universitätsrede zum Reimport empfohlen.[182] Der Autor charakterisiert darin die doppelte Reformwelle von Bologna-Prozess und Exzellenzinitiative als paradox, da sie absolute Öffnung und nostalgische Elitebildung miteinander zu versöhnen suche. Gumbrecht wirft die Frage auf, inwieweit die neuen institutionellen Formen der Exzellenz, mit ihrem Fokus auf Verbundforschung und Drittmittelbeschaffung, den Bedürfnissen der Kulturwissenschaften entsprechen. In den Kulturwissenschaften gehe es um die Produktion von innovativem Wissen, von neuen Ideen und Gedanken. Zentrales Ziel sei nicht Problemlösung, also Komplexitätsreduzierung, sondern ganz im Gegenteil gehe es darum, die Welt komplizierter zu machen. Nur so entstehe Potenzial für Veränderung, nur so blieben Gesellschaften in Bewegung. Diese Art des „riskanten Denkens" könne jedoch nicht in Massenveranstaltungen stattfinden, sondern im Gespräch eines Seminars oder aber in der Kontemplation. Ich zitiere: „Hier setzte Humboldt darauf, dass sich in der Situation der kleinen Gruppen, des Seminars und des Labors, die verschiedenen Tonalitäten der verschiedenen Enthusiasmen verschiedener Generationen wechselseitig inspirieren sollten. Der Professor könne sein Geschäft als Forscher nicht leisten, ohne die Präsenz der jungen Generation – und umgekehrt."[183] Man muss Gumbrechts Vorschlag nicht folgen, die Verbundforschung gegen *liberal arts* Professuren einzutauschen, doch Graduiertenschulen und Exzellenzcluster werden auf Dauer nur dann ein intellektueller Gewinn sein, wenn sie solche Orte des „riskanten Denkens" werden. Und täuschen wir uns nicht: Bei der Diskussion um *tenure track* mag es zwar zunächst um Planungssicherheit gehen. Doch eine wichtige Rolle spielt auch die als größer wahrgenommene Forschungsfreiheit im amerikanischen System. Aus Sicht der Befragten der HIS / BMBF-Studie ist diese in Deutschland erst nach der Berufung gegeben, während in den USA schon Nachwuchswissenschaftler selbstbestimmt Forschungsfelder bearbeiten. Kulturelle Unterschiede zwischen der eher

---

[182] Hans Ulrich Gumbrecht: Warum soll man die Geisteswissenschaften reformieren? Eine etwas amerikanische Frage. Göttingen 2010.
[183] Ebd., S. 15.

offenen und partnerschaftlichen Kommunikation in den USA und der nach wie vor hierarchisch geprägten Gesprächskultur in Deutschland spielen hier sicherlich mit hinein. Grundlegende Veränderungen in einem so sensiblen Bereich der Alltagskultur lassen sich nicht von heute auf morgen erreichen. Doch eines dürfte klar sein: Ob es darum geht, den wissenschaftlichen Nachwuchs aus dem Ausland zu halten oder die ins Ausland abgewanderten deutschen Forscher zurückzugewinnen: Ohne Bereitschaft zum offenen und partnerschaftlichen Dialog wird es keine nachhaltige Internationalisierung geben.

Abbildungsverzeichnis

Abbildung 1: Beurteilung der Wissenschaftlichkeit verschiedener Fachgebiete durch die europäische Bevölkerung. Quelle: Special Eurobarometer 224, Juni 2005

Abbildung 2: Anzahl an Autoren von Artikeln in unterschiedlichen Journals. Quelle: Web of Science, Berechnungen Stefan Hornbostel

Abbildung 3: Entwicklung der Grund- und Drittmittel an Hochschulen. Quelle: Deutsche Forschungsgemeinschaft 2012: 30

Abbildung 4: Anteile der Fördermittel nach Wissenschaftsbereichen. Deutsche Forschungsgemeinschaft 2012: 68.

Abbildung 5: Einschätzung der Fördermöglichkeiten durch Drittmittel (Mittelwerte / CI 95 %, N=2.764) Quelle: Böhmer et al. 2011: 110.

Abbildung 6: Anzahl der Drittmittelanträge in den letzten fünf Jahren (Volumen von mehr als 25.000 Euro) – nach Fächergruppe (Mittelwerte /CI 95% der Gesamtsumme, N=2.766). Quelle: Böhmer et al. 2011: 39.

Abbildung 7: Antragsaufwand für Drittmittelprojekte im Verhältnis zum Ertrag (Mittelwerte / CI 95 %, N=2.764). Böhmer et al. 2011: 110/111.

Abbildung 8: „Wie beurteilen Sie die im Rahmen der Exzellenzinitiative zur Verfügung gestellte jährliche Förderhöhe für Ihre Exzellenzeinrichtung?" Quelle: Sondermann et al. 2008: 101.

Abbildung 9: Zeitbudget deutscher Professoren nach Fachgebieten (nur Personen mit Gesamtsumme 80-120%, mit Fachangabe, N=2.607), Quelle: Böhmer et al. 2011: 129.

Abbildung 10: Häufigkeit des Austauschs zwischen mit dem Betreuer (Angaben in %), Quelle: Hauss et al. 2012: 150.

Abbildung 11: Thematischer Bezug zwischen der Beschäftigung und dem Promotionsprojekt (N=846, Anteil in Prozent), Quelle: Hauss et al. 2012: 150.

Abbildung 12:	Einschätzung der beruflichen Perspektive nach der Promotion (N=2.234), Quelle: Hauss et al. 2012: 152.
Abbildung 13:	Emmy Noether-Programm: Habilitationsabsicht nach Wissenschaftsbereich, Quelle: Böhmer et al. 2008: 33.
Abbildung 14:	Promovierende je Professur nach ausgewählten Fächergruppen – WS 2010/2011, Statistisches Bundesamt: Promovierende in Deutschland Wiesbaden 2012.
Abbildung 15:	Erwartungen von Wissenschaftlern und Journalisten bezüglich der Thematisierung von Forschung in deutschen Medien, Quelle: Peters 2008, S. 120.
Abbildung 16:	Anzahl wissenschaftsjournalistischer Artikel in überregionalen deutschen Printmedien 2008–2009.

Literaturverzeichnis

ACLS Fellows: Perspectives on Egypt, February 16, 2011, http://www.acls.org/news/2-16-11/.

Asserate, Asfa-Wossen: Eike Haberland und die Ethnologie Äthiopiens. In: Paideuma 56 (2010), S. 23–32.

Bal, Mieke: Travelling Concepts in the Humanities. A Rough Guide. Toronto/ Buffalo/London 2002.

Bal, Mieke: Kulturanalyse. Aus dem Englischen von Joachim Schulte. Frankfurt am Main 2006.

Becker, Egon: Therapien gegen das Veralten der Universität. In: Jan-Hendrik Olbertz (Hg.): Zwischen den Fächern – über den Dingen? Universalisierung versus Spezialisierung akademischer Bildung. Opladen 1998, S. 35–71.

Bhabha, Homi K.: Global Pathways. Festvortrag anlässlich der Konferenz "Geist kennt keine Grenzen", BMBF Bonn 25.–26.02.2010 (Sonderdruck).

Böhme, Gernot: Die Ausdifferenzierung wissenschaftlicher Diskurse. In: Nico Stehr/René König (Hg.): Wissenschaftssoziologie. Studien und Materialien (Sonderheft 18 der Kölner Zeitschrift für Soziologie und Sozialpsychologie). Köln 1975, S. 231–253.

Böhme, Hartmut/Mattusek, Peter/Müller, Lothar: Orientierung Kulturwissenschaft. Was sie kann, was sie will. Reinbek bei Hamburg 2002.

Böhmer, Susan/Hornbostel, Stefan/Meuser, Michael: Postdocs in Deutschland. Evaluation des Emmy Noether-Programms (iFQ-Working Paper No.3). Bonn 2008.

Böhmer, Susan/ Neufeld, Jörg/Hinze, Sybille/ Klode, Christian/Hornbostel, Stefan: Wissenschaftler-Befragung 2010. Forschungsbedingungen von Professorinnen und Professoren an deutschen Universitäten (iFQ-Working Paper No. 8). Bonn 2011.

Borchmeyer, Dieter: Unsere Universität ist tot. In: sueddeutsche.de. 23.10.2006, http://www.sueddeutsche.de/karriere/ein-nachruf-unsere-universitaet-ist-tot-1.591848 (abgerufen am 17.08.2012).

Bourdieu, Pierre: Entwurf einer Theorie der Praxis auf der ethnologischen Grundlage der kabylischen Gesellschaft. Frankfurt am Main 1976.

Brandt, Reinhard: Wozu noch Universitäten? Hamburg 2011.

Breidbach, Olaf: Radikale Historisierung. Kulturelle Selbstversicherung im Postdarwinismus. Berlin 2011.

Brenner, Peter J. (Hg.): Geist, Geld und Wissenschaft. Arbeits- und Darstellungsformen von Literaturwissenschaft. Frankfurt am Main 1993.

Brenner, Peter J.: Art. „Innovation". In: Helmut Reinalter/Peter J. Brenner (Hg.): Lexikon der Geisteswissenschaften. Sachbegriffe – Disziplinen – Personen. Wien/Köln/Weimar 2011, S. 364–368.

Brockman, John: The Third Culture. Beyond the Scientific Revolution. New York 1995.

Burchard, Amory/Warnecke, Tilmann: Exzellent vernachlässigt. In: tagesspiegel.de. 06.06.2012, http://www.tagesspiegel.de/wissen/geisteswissenschaften-im-wettbewerb-exzellent-vernachlaessigt/6714498.htm (abgerufen am 17.08.2012).

Burnett, D. Graham: A View from the Bridge. The Two Cultures Debate, Its Legacy, and the History of Science. In: Daedalus 128 (1999), S. 193–218.

Clark, R. Burton: Places of Inquiry. Research and Advanced Education in Modern Universities. Berkeley 1995.

Daston, Lorraine/Sibum, H. Otto: Introduction: Scientific Personae and Their Histories. In: Science in Context 16,1/2 (2003), S. 1–8.

Defila, Rico/Di Guilio, Antonietta: Interdisziplinarität und Disziplinarität. In: Jan-Hendrik Olbertz (Hg.): Zwischen den Fächern – über den Dingen? Universalisierung versus Spezialisierung akademischer Bildung. Opladen 1998, S. 111–113.

Deines, Stefan: Wie viel Herkunft braucht die Zukunft? Zur Struktur reformistischer und revolutionärer kultureller Transformationen. In: Stefan Deines/Daniel Martin Feige/Martin Seel (Hg.): Formen kulturellen Wandels. Bielefeld 2012, S. 103–124.

Literaturverzeichnis

Derrida, Jacques: Die unbedingte Universität. Aus dem Französischen von Stefan Lorenzer. Frankfurt am Main 2001.

Deutsche Forschungsgemeinschaft: Förderatlas 2012. Kennzahlen zur öffentlich finanzierten Forschung in Deutschland. Weinheim 2012, http://www.dfg.de/download/pdf/dfg_im_profil/evaluation_statistik/foerderatlas/dfg-foerderatlas_2012.pdf.

Deutscher Akademischer Austauschdienst: Wissenschaft weltoffen 2010. Daten und Fakten zur Internationalität von Studium und Forschung in Deutschland. Bielefeld 2010, http://www.wissenschaftweltoffen.de/publikation/wiwe_2010_mit_bookmarks.pdf.

Dilthey, Wilhelm: Der Aufbau der geschichtlichen Welt in den Geisteswissenschaften (Gesammelte Schriften VII). Stuttgart/Göttingen 1992, S. 77–291.

Engelhardt, Dietrich von: Goethes Farbenlehre und Morphologie in den Naturwissenschaften des 19. Jahrhunderts. In: Goethe-Jahrbuch 116 (1999), S. 224–233.

Fischer, Hans: Die Hamburger Südsee-Expedition. Über Ethnographie und Kolonialismus. Frankfurt am Main 1981.

Fischer, Karin/Wilhelm, Ian: Experts Ponder the Future of the American University. In: The Chronicle of Higher Education, June 21, 2010.

Fischer, Lars/Minks, Karl-Heinz: Die internationale Positionierung der Geisteswissenschaften in Deutschland. Hannover: HIS Hochschul-Informations-System GmbH 2010.

Flexner, Abraham: Universities: American, English, German. New York 1930.

Franck, Georg: Ökonomie der Aufmerksamkeit. Ein Entwurf. München 1998.

Franz, Norbert: Manövriermasse. Die Situation der so genannten Kleinen Fächer. In: Forschung und Lehre, Heft 1 (2012), http://www.forschung-und-lehre.de/wordpress/Archiv/2012/ful_01-2012.pdf (abgerufen am 10.10.2012), S. 34–36.

Frietsch, Ute: Praxeologie der Wissenschaften. In: Ute Frietsch/Jörg Rogge (Hg.): Über die Praxis des kulturwissenschaftlichen Arbeitens. Ein Handwörterbuch. Bielefeld 2013, S. 311–317.

Frietsch, Ute/Rogge, Jörg (Hg.): Über die Praxis des kulturwissenschaftlichen Arbeitens. Ein Handwörterbuch. Bielefeld 2013.

Frühwald, Wolfgang/Jauß, Hans Robert/Koselleck, Reinhart/Mittelstraß, Jürgen/ Steinwachs, Burkhart: Geisteswissenschaften heute. Eine Denkschrift. Frankfurt am Main 1996.

Gilman, Daniel C.: The Building of the University, an Inaugural Address. November 7, 1872, http://sunsite.berkeley.edu/calhistory/inaugural.gilman.html

Grafton, Anthony: Die tragischen Ursprünge der deutschen Fußnote. Aus dem Amerikanischen von H. Jochen Bußmann. München 1998.

Grimm, Reinhold R.: Zum Leistungsspektrum eines (kleinen) Faches, hg. vom Allgemeinen Fakultätentag 2003, http://www.fakultaetentag.de/presse/aft-presseerklaerung2003-04-KleineFaecher.pdf (abgerufen am 10.10.2012).

Gumbrecht, Hans-Ulrich: Warum soll man die Geisteswissenschaften reformieren? Eine etwas amerikanische Frage. Göttingen 2010.

Gumbrecht, Hans-Ulrich: Laboratorien riskanten Denkens. In: Hochschulrektorenkonferenz: Ergebnisse eines HRK-Projekts. Kleine Fächer an den deutschen Universitäten interdisziplinär und international. Rheinbreitbach 2012, http://www.hrk.de/fileadmin/redaktion/hrk/02-Dokumente/02-10-Publikationsdatenbank/EVA-2012_Kleine_Faecher.pdf (abgerufen am 10.10.2012), S. 13–18.

Haldane, Viscount Richard: Universities and National Life. London 1919.

Havel, Vaclav: The Art of the Impossible. Politics as Morality in Practice. New York 1998.

Haraway, Donna: Situiertes Wissen. Die Wissenschaftsfrage im Feminismus und das Privileg einer partialen Perspektive. In: Donna Haraway: Die Neuerfindung der Natur. Primaten, Cyborgs und Frauen. Frankfurt am Main/New York 1995, S. 73–97.

Literaturverzeichnis 171

Haß, Ulrike/Müller-Schöll, Nikolaus (Hg.): Was ist eine Universität? Schlaglichter auf eine ruinierte Institution. Bielefeld 2008.

Hauss, Kalle/Kaulisch, Marc/Zinnbauer, Manuela/Tesch, Jakob/Fräßdorf, Anna; Hinze, Sybille/Hornbostel, Stefan: Promovierende im Profil. Wege, Strukturen und Rahmenbedingungen von Promotionen in Deutschland. Ergebnisse aus dem ProFile-Promovierendenpanel (iFQ-Working Paper No.13). Berlin 2012.

Hein, Christoph: Weiskerns Nachlass. Berlin 2011.

Heinrichs, Hans-Jürgen: Die fremde Welt, das bin ich. Leo Frobenius: Ethnologe, Forschungsreisender, Abenteurer. Wuppertal 1998.

Heinze, Thomas/Münch, Richard: Intellektuelle Erneuerung der Forschung durch institutionellen Wandel. In: Thomas Heinze/Georg Krücken (Hg.): Institutionelle Erneuerungsfähigkeit der Forschung. Wiesbaden 2012, S. 15–38.

HIS-Pressemitteilung vom 28.09.2010: Deutsche Kunst- und Musikhochschulen bei ausländischen Studierenden beliebt, http://www.his.de/presse/news/ganze_pm?pm_nr=732 (abgerufen am 23.2.2011).

Hochschulrektorenkonferenz: Die Zukunft der kleinen Fächer. Potentiale – Herausforderungen – Perspektiven. Empfehlungen der HRK-Projektgruppe „Kleine Fächer". Bonn 2007, http://www.hrk.de/uploads/tx_szconvention/Empfehlung_Kleine_Faecher.pdf (abgerufen am 10.10.2012).

Hochschulrektorenkonferenz: Die kleinen Fächer an den deutschen Universitäten. Bestandsaufnahmen und Kartierung. Bonn 2008, http://www.hrk.de/de/download/dateien/Beitr4-2008_KleineFaecher.pdf (abgerufen am 10.10.2012).

Hochschulrektorenkonferenz: Ergebnisse eines HRK-Projekts. Kleine Fächer an den deutschen Universitäten interdisziplinär und international. Rheinbreitbach 2012, http://www.hrk.de/fileadmin/redaktion/hrk/02-Dokumente/02-10-Publikationsdatenbank/EVA-2012_Kleine_Faecher.pdf (abgerufen am 10.10. 2012).

Hochschulverband (Präsidium): Die Kleinen Fächer. Eine vom Hochschulverband im Auftrag des Bundesministeriums für Bildung und Wissenschaft erarbeitete Struktur- und Funktionsanalyse über die Lage an den Hochschulen in der Bundesrepublik Deutschland, 2 Bde. Bonn 1974/75.

Hogrebe, Wolfram: Kleine Fächer – Große Wirkung. In: Klaus Dicke (Hg.): Qualitätssicherung und Qualitätsförderung in der Universität (Lichtgedanken. Jenaer Universitätsschriften). Jena 2012.

Hollinger, David A. (Hg.): The Humanities and the Dynamics of Inclusion. Baltimore 2006.

Hollinger, David A.: Being Really Good vs. Being Really Public: Is This Our Choice? In: The Doreen B. Townsend Center for the Humanities. April 2010, http://townsendcenter.berkeley.edu/point_of_view_Hollinger.shtml.

Hornbostel, Stefan: Art. „Ortega y Gasset, José: La rebelión de las masas". In: Georg W. Oesterdiekhoff (Hg.): Lexikon der soziologischen Werke. Wiesbaden 2001, S. 526f.

Horst, Johanna-Charlotte/Kagerer, Johannes/Karl, Regina u.a. (Hg.): Unbedingte Universitäten. Was passiert? Stellungnahme zur Lage der Universität. Zürich 2010.

Horst, Johanna-Charlotte/Kagerer, Johannes/Karl, Regina u.a. (Hg.): Unbedingte Universitäten. Was ist Universität? Texte und Positionen zu einer Idee. Zürich 2010.

Höpfner, Felix: Wissenschaft wider die Zeit. Goethes Farbenlehre aus rezeptionsgeschichtlicher Sicht. Heidelberg 1989.

Huber, Ludwig: Festigung oder Verflüssigung? Nachdenken über fachspezifischen Habitus und fächerüberschreitendes Studium heute. In: Jan-Hendrik Olbertz (Hg.): Zwischen den Fächern – über den Dingen? Universalisierung versus Spezialisierung akademischer Bildung. Opladen 1998, S. 83–109.

Huntington, Samuel: Kampf der Kulturen. Die Neugestaltung der Weltpolitik im 21. Jahrhundert. München 2002.

Jahraus, Oliver: Sinn und Eigenrecht der Geisteswissenschaften. In: Günther Rüther/Jörg-Dieter Gauger (Hg.): Warum die Geisteswissenschaften Zukunft haben! Ein Beitrag zum Wissenschaftsjahr 2007. Freiburg 2007, S. 242–253, http://www.kas.de/upload/dokumente/verlagspublikationen/Geisteswissenschaften/geisteswissenschaften_jahraus.pdf (abgerufen am 10.10.2012).

Jauß, Hans Robert: II. Die Paradigmatik der Geisteswissenschaften im Dialog der Disziplinen, In: Wolfgang Frühwald/Hans Robert Jauß/Reinhart Koselleck/Jürgen Mittelstraß/Burkhart Steinwachs: Geisteswissenschaften heute. Eine Denkschrift. Frankfurt am Main 1991, S. 45–72.

Kelly, Kevin: The Third Culture. In: Science 279 (1998), S. 992f.

Kepplinger, Hans Mathias/Post, Senja: Der Einfluss der Medien auf die Klimaforschung. In: Johannes Gutenberg-Universität Mainz (Hg.): Natur und Geist. Das Forschungsmagazin der Johannes Gutenberg-Universität Mainz, Heft 1 (2008), S. 25–28.

Kerr, Clark: The Uses of the University. Cambridge 2011.

Kirby, William C.: On Chinese, European & American Universities. In: Daedalus 137,3 (2008), S. 139–146.

Kittler, Friedrich A. (Hg.): Die Austreibung des Geistes aus den Geisteswissenschaften. Programme des Poststrukturalismus. Paderborn/München/Wien/Zürich 1980.

Kittler, Friedrich A.: Das Subjekt als Beamter. In: Manfred Frank (Hg.): Die Frage nach dem Subjekt. Frankfurt am Main 1988, S. 401–420.

Kohring, Matthias: Wissenschaftsjournalismus. Forschungsüberblick und Theorieentwurf. Konstanz 2005.

Kraus, Alexander/Kohtz, Birte (Hg.): Geschichte als Passion. Über das Entdecken und Erzählen der Vergangenheit. Zehn Gespräche. Frankfurt am Main/New York 2011.

Kuhn, Thomas S.: Die Struktur wissenschaftlicher Revolutionen. 2. revidierte und um das Postskriptum von 1969 ergänzte Auflage. Frankfurt am Main 1976.

Kusber, Jan/Dreyer, Mechthild/Rogge, Jörg/Hütig, Andreas (Hg.): Historische Kulturwissenschaften. Positionen, Praktiken und Perspektiven. Bielefeld 2010.

Kutschera, Franz von: Grundfragen der Erkenntnistheorie. Berlin/New York 1981.

Kwaschik, Anne/Wimmer, Mario (Hg.): Von der Arbeit des Historikers. Ein Wörterbuch zu Theorie und Praxis der Geschichtswissenschaft. Bielefeld 2010.

Latour, Bruno: Science in Action. How to follow Scientists and Engineers through Society. Cambridge 2003.

Lepenies, Wolf: Die drei Kulturen. Soziologie zwischen Literatur und Wissenschaft. München 1985.

Levin, Richard: Top of the Class. The Rise of Asia's Universities. In: Foreign Affairs 89,3 (2010), S. 63–75.

Lewis, Philip: Remarks for Panel III. Delivered at the Townsend Center and Representations workshop. University of California, Berkeley, October 15, 2010 (unpublished text in possession of Pauline Yu).

Lichtblau, Klaus: Umstrittener Sinn – Zur logischen Begründung der historischen Kulturwissenschaften um 1900. In: Kulturwissenschaftliches Institut im Wissenschaftszentrum Nordrhein-Westfalen (Hg.): Jahrbuch 1998/99. Essen 1999, S. 349–368.

Luhmann, Niklas: Die Wissenschaft der Gesellschaft. Frankfurt am Main 2005.

Lübbe, Hermann: Hochschulen in der Demokratie. Zukunftsfähige Gesellschaft und ausdifferenzierte Wissenschaft. In: Die Politische Meinung 517 (2012), S. 13–18.

Marcinkowski, Frank/Steiner, Adrian: Was heißt „Medialisierung"? Autonomiebeschränkung oder Ermöglichung von Politik durch Massenmedien? In: Klaus Arnold/Christoph Classen/Edgar Lersch/Susanne Kinnebrock/Hans-Ulrich Wagner (Hg.): Von der Politisierung der Medien zur Medialisierung des Politischen? Zum Verhältnis von Medien, Öffentlichkeit und Politik im 20. Jahrhundert. Leipzig 2010, S. 51–76.

Markschies, Christoph: Brückenbauer wider den Dualismus. In: Günther Rüther/Jörg-Dieter Gauger (Hg.): Warum die Geisteswissenschaften Zukunft haben! Ein Beitrag zum Wissenschaftsjahr 2007. Freiburg 2007, S. 382–398. http://www.kas.de/upload/dokumente/verlagspublikationen/Geisteswissenschaften/geisteswissenschaften_markschies.pdf (abgerufen am 10.10.2012).

Martus, Steffen/Spoerhase, Carlos: Praxeologie der Literaturwissenschaft. In: Geschichte der Germanistik 35/36 (2009), S. 89–96.

Masschelein, Jan/Simons, Maarten: Jenseits der Exzellenz. Eine kleine Morphologie der Welt-Universität. Zürich 2010.

Masterson, Kathryn: College Leaders Share Ideas for 'Reinventing' Higher Education to Meet New Needs. In: The Chronicle of Higher Education, October 4, 2010.

Mercier, Pascal: Perlmanns Schweigen. München 1997.

Modern Language Association of America (Hg.): Issue Brief: The Academic Workforce, http://www.mla.org/pdf/awak_issuebrief09.pdf.

Müller, Irmgard: Goethes Farbenlehre und Morphologie in den Naturwissenschaften des 20. Jahrhunderts. In: Goethe-Jahrbuch 116 (1999), S. 234–243.

Munske, Horst Haider: Kleine Fächer in Gefahr. Zur Ausdünnung des Fächerkanons der Universitäten. In: Forschung und Lehre, Heft 12 (2001), S. 652f., http://www.forschung-und-lehre.de/wordpress/Archiv/2001/12_2001.pdf (abgerufen am 10.10.2012).

Musil, Robert: Der Mann ohne Eigenschaften (Gesammelte Werke in neun Bänden. Bd. 1). Reinbek bei Hamburg 1978.

Nünning, Ansgar: Internationalisierung der Doktorandenausbildung und Forschung. In: Klaus W. Hempfer/Philip Anthony (Hg.): Zur Situation der Geisteswissenschaften in Forschung und Lehre. Eine Bestandsaufnahme aus der universitären Praxis. Stuttgart 2009.

Nussbaum, Martha C.: Not For Profit. Why Democracy Needs the Humanities. Princeton (NJ) 2012.

Olbertz, Jan-Hendrik: Neugier – Nutzen – Not. Vom Wandel unseres Wissenschaftsbegriffs und den Folgen für die Bildung. In: Jan-Hendrik Olbertz (Hg.): Zwischen den Fächern – über den Dingen? Universalisierung versus Spezialisierung akademischer Bildung. Opladen 1998, S. 11–33.

Orszag, Peter: A Health Care Plan for College. In: New York Times, September 18, 2010.

Ortega y Gasset, José: Der Aufstand der Massen. In: José Ortega y Gasset: Gesammelte Werke. Bd. III. Übersetzt von Gerhard Lepiorz/Curt Meyer-Clason/Ulrich Weber/Helene Weyl. Stuttgart 1996, S. 3–155.

Pasternack, Peer: Geisteswissenschaften in Ostdeutschland 1995. Eine Inventur. Vergleichsstudie im Anschluss an die Untersuchung „Geisteswissenschaften in der DDR", Konstanz 1990. Leipzig 1996.

Petermann, Werner: Die Geschichte der Ethnologie. Wuppertal 2004.

Peters, Hans-Peter: Erfolgreich trotz Konfliktpotential – Wissenschaftler als Informationsquellen des Journalismus. In: Holger Hettwer/Markus Lehmkuhl/Holger Wormer/Franco Zotta (Hg.): WissensWelten. Wissenschaftsjournalismus in Theorie und Praxis. Gütersloh 2008, S. 108–130.

Potsdamer Arbeitsstelle Kleine Fächer: Abschlussbericht des Projekts Kartierung der sog. Kleinen Fächer mit den Statements der Internationalen Tagung Kleine Fächer in Deutschland, Europa und in den USA vom 2. Dezember 2011, Universität Potsdam, vorgelegt im März 2012 von Katrin Berwanger, Beatrix Hoffmann und Judith Stein unter der Projektleitung von Norbert P. Franz, http://www.kleinefaecher.de/pdf/KleineFaecher_Abschlussbericht_2012.pdf (abgerufen am 10.10.2012).

Prado, Plínio: Das Prinzip Universität (als unbedingtes Recht auf Kritik), gefolgt von Ein in der Universität verirrter Poet (Wittgenstein und die Erfindung der ‚Non-lectures'). Zürich 2010.

Pratt, Mary Louise: The Archive and the Aquifer (President's Column). In: Modern Language Association Newsletter 35,4 (Winter 2003), S. 3f.

Preuß, Roland: Elite der Geisteswissenschaftler. In: sueddeutsche.de. 09.07.2012, http://www.sueddeutsche.de/bildung/foerderung-aus-der-exzellenzinitiative-elite-der-geisteswissenschaftler-1.1406689 (abgerufen am 17.08.2012).

Rebenich, Stefan: Theodor Mommsen und Adolf Harnack. Wissenschaft und Politik im Berlin des ausgehenden 19. Jahrhunderts. Berlin 1997.

Reinalter, Helmut/Brenner, Peter J.: Vorwort. In: Helmut Reinalter/Peter J. Brenner (Hg.): Lexikon der Geisteswissenschaften. Sachbegriffe – Disziplinen – Personen, Wien/Köln/Weimar 2011, S. V–X.

Reinalter, Helmut: Art. „Interdisziplinarität". In: Helmut Reinalter/Peter J. Brenner (Hg.): Lexikon der Geisteswissenschaften. Sachbegriffe – Disziplinen – Personen, Wien/Köln/Weimar 2011, 368–372.

Rheinberger, Hans-Jörg: „Das Wesen der Forschung besteht im Übersteigen von Grenzen". Ein Gespräch mit Wolfert von Rahden über historische und aktuelle Grenzverläufe der Wissenschaften. In: Berlin-Brandenburgische Akademie der Wissenschaften (Hg.): Gegenworte, Heft 27: Grenzen der Wissenschaft (2012), http://www.gegenworte.org/heft-27/leseprobeheft27r.html (abgerufen am 10.10.2012).

Riverein, Marcus: „Der Loki im Walhall der Wissenschaft". Die Darstellung von Leo Frobenius in der Presseberichterstattung. In: Karl-Heinz Kohl/Editha Platte (Hg.): Gestalter und Gestalten. 100 Jahre Ethnologie in Frankfurt am Main. Frankfurt am Main/Basel 2006, S. 61–92.

Rodekamp, Volker (Hg.): Franz Boas 1858–1942. Ein amerikanischer Anthropologe aus Minden. Bielefeld 1994.

Saalmann, Gernot: Art. „Praxeologie". In: Gerhard Fröhlich/Boike Rehbein (Hg.): Bourdieu-Handbuch. Leben – Werk – Wirkung. Stuttgart/Weimar 2009, S. 196–199.

Sakai, Naoki: Translation and Subjectivity. On »Japan« and Cultural Nationalism. Minneapolis/London 1997.

Schiller, Friedrich: Was heißt und zu welchem Ende studiert man Universalgeschichte? (Sämtliche Werke 4). München 1988, 749–767.

Schindling, Anton: Aufklärung mit historischer Tiefendimension, in: Jörg-Dieter Gauger/Günther Rüther (Hg.): Warum die Geisteswissenschaften Zukunft haben! Ein Beitrag zum Wissenschaftsjahr 2007. Freiburg 2007, S. 331–343.

Schmidt, Uwe: Deutsche Familiensoziologie. Entwicklung nach dem Zweiten Weltkrieg. Wiesbaden 2002.

Schomburg-Scherff, Sylvia: Art. „Ruth Fulton Benedict (*5.6.1887 New York;†17.9.1948, New York), Patterns of Culture". In: Christian Feest/Karl-Heinz Kohl (Hg.): Hauptwerke der Ethnologie. Stuttgart 2001, S. 41.

Schorn-Schütte, Luise: Selbstbewusst und exzellent. In: forschung. Das Magazin der Deutschen Forschungsgemeinschaft, Heft 1 (2007), S. 2f.

Schulz, Matthias: Urknall in den Tropen. In: Der Spiegel 33 (2009), S. 108–110, http://www.spiegel.de/spiegel/print/d-66360437.html (abgerufen am 26.4.2012).

Schwanitz, Dietrich: Der Campus. Frankfurt am Main 1995.

Schwanitz, Dietrich: Der Zirkel. Frankfurt am Main 1998.

Siegrist, Hannes/Höpel, Thomas/Kösser, Uta: Kulturwissenschaften. In: Ulrich von Hehl/Uwe John/Manfred Rudersdorf (Hg.): Geschichte der Universität Leipzig 1409-2009. Band 4,1: Fakultäten, Institute, Zentrale Einrichtungen, Leipzig 2009, S. 760–784, http://www.uni-leipzig.de/~kuwi/ressource/Kulturwissenschaften.pdf

Snow, Charles Percy: The Two Cultures: and A Second Look. Cambridge 1965.

Snyderman, Mark/Rothman, Stanley: The IQ Controversy, the Media and Public Policy. New Brunswick (NJ)/Oxford (UK) 1988.

Sondermann, Michael/Simon, Dagmar/Scholz, Anne-Marie/Hornbostel, Stefan: Die Exzellenzinitiative. Beobachtungen aus der Implementierungsphase (iFQ-Working Paper No.5). Bonn 2008.

Special Eurobarometer 224, Juni 2005, http://ec.europa.eu/public_opinion/archives/ebs/ebs_224_report_en.pdf.

Spiegel, Hubert: Die Taten und Leiden des Lichts. In: Frankfurter Allgemeine Zeitung. 17.07.2010, S. 31.

Stachowicz, Victoria: Die Selbstthematisierung des wissenschaftlichen Milieus in der deutschen Literatur des 20. Jahrhunderts. Dissertation. Wuppertal 2001, http://elpub.bib.uni-wuppertal.de/servlets/DerivateServlet/Derivate-279/d040101.pdf.

Statistisches Bundesamt: Bildung und Kultur. Personal an deutschen Hochschulen 2003 (Fachserie 11 / Reihe 4.4). Wiesbaden 2004.

Statistisches Bundesamt: Bildung und Kultur. Personal an deutschen Hochschulen 2009, (Fachserie 11 / Reihe 4.4). Wiesbaden 2010.

Statistisches Bundesamt: Promovierende in Deutschland. Wiesbaden 2012.

Steinfeld, Thomas: Selber denken kann nicht jeder. In: sueddeutsche.de. 08.06.2010, http://www.sueddeutsche.de/karriere/geistes-vs-naturwissenschaft-selber-denken-kann-nicht-jeder-1.955088 (abgerufen am 17.08.2012).

Stichweh, Rudolf: Wissenschaft, Universität, Professionen. Soziologische Analysen. Frankfurt am Main 1994.

Strohschneider, Peter: Bericht des Vorsitzenden zu aktuellen Tendenzen im deutschen Wissenschaftssystem (Wintersitzungen des Wissenschaftsrates 2008). Berlin 2008.

Teichert, Dieter: Art. „Geisteswissenschaften". In: Helmut Reinalter/Peter J. Brenner (Hg.): Lexikon der Geisteswissenschaften. Sachbegriffe – Disziplinen – Personen. Wien/Köln/Weimar 2011, S. 250–257.

The International and Foreign Language Human Capital Challenge of the U.S. Federal Government. In: Duke University Conference, January 23–25, 2003, S. 33, http://ducis.jhfc.duke.edu/archives/globalchallenges/pdf/ruther.pdf.

Trabant, Jürgen: Jan und Hein und Klaas und Pit. In: Berlin-Brandenburgische Akademie der Wissenschaften (Hg.): Gegenworte, Heft 12: Der Mythos und die Wissenschaft (2003), S. 46–48, http://www.gegenworte.org/heft-12/trabant-probe.html.

Weber, Max: Wissenschaft als Beruf. In: Wolfgang J. Mommsen/Wolfgang Schluchter (Hg.): Studienausgabe der Max Weber-Gesamtausgabe, Band 1/17. Tübingen 1994, S. 1–23.

Weingart, Peter: Die Stunde der Wahrheit? Zum Verhältnis der Wissenschaft zu Politik, Wirtschaft und Medien in der Wissensgesellschaft. Weilerswist 2001.

Wissenschaftsrat: Empfehlungen zur Entwicklung und Förderung der Geisteswissenschaften in Deutschland. Berlin 2006, http://www.wissenschaftsrat.de/download/archiv/geisteswissenschaften.pdf.

Wissenschaftsrat: Stellungnahme zu den Programmen Sonderforschungsbereiche und Forschungszentren der Deutschen Forschungsgemeinschaft. Berlin 2009, http://www.wissenschaftsrat.de/download/archiv/8916-09.pdf.

Wissenschaftsrat: Perspektiven der Rechtswissenschaft in Deutschland. Situation, Analysen, Empfehlungen. Hamburg 2012, http://www.wissenschaftsrat.de/download/archiv/2558-12.pdf.

Wissenschaftsrat: Empfehlungen zu einem Kerndatensatz Forschung. Berlin 2013, http://www.wissenschaftsrat.de/download/archiv/2855-13.pdf.

Autorinnen und Autoren

Katharina Bahlmann M.A., Mainzer Arbeitsstelle Kleine Fächer, Johannes Gutenberg-Universität Mainz

Prof. Dr. Klaus Dicke, Rektor der Friedrich-Schiller-Universität Jena

Prof. Dr. Mechthild Dreyer, Vizepräsidentin für Studium und Lehre an der Johannes Gutenberg-Universität Mainz

Prof. Dr. Norbert Franz, Professur Ostslavische Literaturen und Kulturen, Institut für Slavistik, Universität Potsdam

PD Dr. Ute Frietsch, Forschungsschwerpunkt Historische Kulturwissenschaften an der Johannes Gutenberg-Universität Mainz

Dr. Caspar Hirschi, Professur Wissenschaftsforschung, ETH Zürich

Prof. Dr. Tassilo Schmitt, Professur Alte Geschichte, Institut für Geschichtswissenschaft, Universität Bremen

Prof. Dr. Stefan Hornbostel, Professur Soziologie, Institut für Sozialwissenschaften, Humboldt Universität Berlin

Prof. Dr. Hans Mathias Kepplinger, Professur Empirische Kommunikationsforschung, Institut für Publizistik, JGU Mainz

Prof. Dr. Karl-Heinz Kohl, Professor für Ethnologie, Johann Wolfgang Goethe-Universität Frankfurt

Prof. Dr. Matthias Kohring, Professor für Medien- und Kommunikationswissenschaft, Universität Mannheim

Dr. Dorothea Rüland, Generalsekretärin des Deutschen Akademischen Austauschdienstes, DAAD

Prof. Dr. Georg Schmidt, Professur Geschichte der frühen Neuzeit, Historisches Institut, Friedrich-Schiller-Universität Jena

Dr. Uwe Schmidt, Leiter des Zentrums für Qualitätssicherung und -entwicklung, Johannes Gutenberg-Universität Mainz

Prof. Dr. Luise Schorn-Schütte, Professur Neuere Allgemeine Geschichte, Historisches Seminar, Johann Wolfgang Goethe-Universität, Frankfurt

Prof. Pauline Yu, Präsidentin des American Council of Learned Societies (ACLS), East Asian Languages and Literature

The manufacturer's authorised representative in the EU is Springer Nature Customer Service Centre GmbH, Europaplatz 3, 69115 Heidelberg, Germany. If you have any concerns regarding our products, please contact ProductSafety@springernature.com

Printed and bound by CPI Group (UK) Ltd, Croydon, CR0 4YY
23/03/2026
02076675-0011